Bibliothèque de Philosophie scientifique

G. BLOCH
Professeur à la Sorbonne

LA

République romaine

Conflits politiques et sociaux

PARIS
ERNEST FLAMMARION ÉDITEUR
26, RUE RACINE, 26

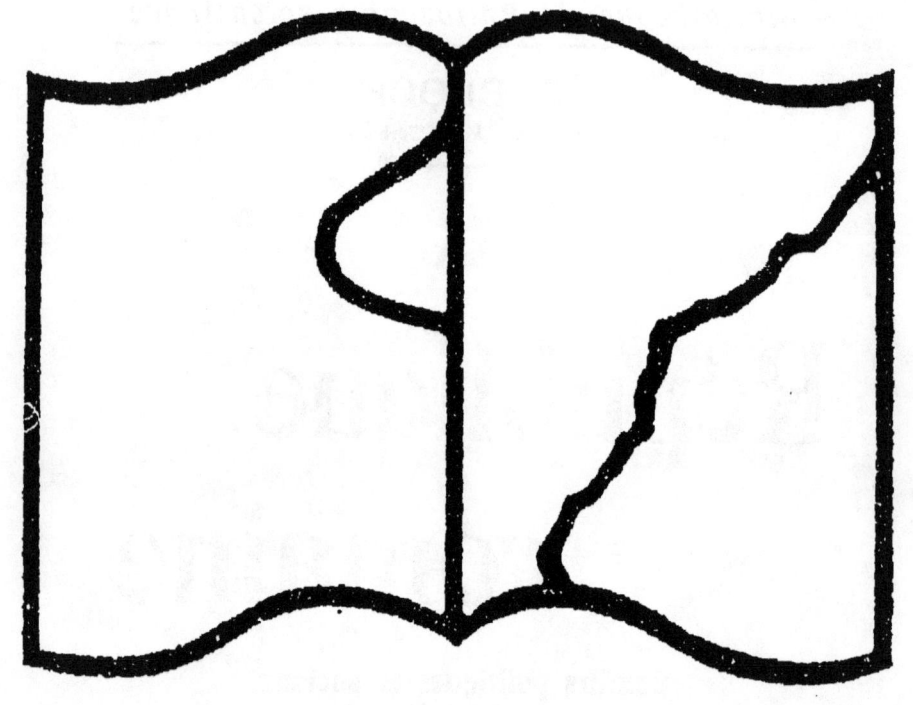

Texte détérioré
Marge(s) coupée(s)

Bibliothèque de Philosophie scientifique
DIRIGÉE PAR LE Dr GUSTAVE LE BON

1° SCIENCES PHYSIQUES ET NATURELLES

BERGET (A.), professeur à l'Institut océanographique. **La Vie et la Mort du Globe** (6ᵉ mille).

BERTIN (L.-E.), de l'Institut. **La Marine moderne** (54 figures).

BIGOURDAN, de l'Institut. **L'Astronomie** (50 figures) (5ᵉ mille).

BLARINGHEM (L.), chargé de cours à la Sorbonne. **Les Transformations brusques des êtres vivants** (49 figures).

BOINET (Dr), prof. de Clinique médicale. **Les Doctrines médicales** (6ᵉ mille).

BONNIER (Gaston), de l'Institut. **Le Monde végétal** (230 figures) (8ᵉ mille).

BOUTY (E.), de l'Institut, prof. à la Sorbonne. **La Vérité scientifique, sa poursuite** (5ᵉ mille).

BRUNHES (B.), professeur de physique. **La Dégradation de l'Énergie** (7ᵉ mille).

BURNET (Dr Étienne), de l'Institut Pasteur. **Microbes et Toxines** (71 fig.) (5ᵉ mille).

COLSON (Albert), professeur à l'École Polytechnique. **L'Essor de la Chimie appliquée**.

COMBARIEU (J.), chargé de cours au Collège de France. **La Musique** (10ᵉ mille).

DASTRE (Dr A.), de l'Institut, professeur à la Sorbonne. **La Vie et la Mort** (13ᵉ mille).

DELAGE (Y.), de l'Institut, et GOLDSMITH (M.). **Les Théories de l'Évolution** (6ᵉ mille).

DELAGE (Y.), de l'Institut et GOLDSMITH (M.). **La Parthénogénèse naturelle et expérimentale**.

DELBET (Pierre), professeur à la Faculté de Médecine de Paris. **La Science et la Réalité**.

DEPÉRET (C.), Corr. de l'Institut. **Les Transformations du Monde animal** (7ᵉ mille).

ENRIQUES (Federigo). **Les Concepts fondamentaux de la Science**.

GUIART (Dr), professeur à la Faculté de médecine de Lyon. **Les Parasites inoculateurs de maladies** (107 figures).

HÉRICOURT (Dr J.). **Les Frontières de la Maladie** (8ᵉ mille).

HÉRICOURT (Dr J.). **L'Hygiène moderne** (10ᵉ mille).

HOUSSAY (F.), professeur à la Sorbonne. **Nature et Sciences naturelles** (6ᵉ mille).

JOUBIN (Dr L.), professeur au Muséum National d'Histoire naturelle. **La Vie dans les Océans** (45 figures) (5ᵉ mille).

LAUNAY (L. de), de l'Institut. **L'Histoire de la Terre** (10ᵉ mille).

LAUNAY (L. de). **La Conquête minérale**.

LE BON (Dr Gustave). **L'Évolution de la Matière**, avec 63 figures (24ᵉ mille).

LE BON (Dr Gustave). **L'Évolution des Forces** (42 figures) (13ᵉ mille).

LECLERC DU SABLON (M.), professeur à la Faculté des Sciences de Toulouse. **Les Incertitudes de la Biologie** (24 figures).

LE DANTEC (F.), chargé de cours à la Sorbonne. **Les Influences Ancestrales** (10ᵉ mille).

LE DANTEC (F.). **La Lutte universelle** (8ᵉ mille).

LE DANTEC (F.). **De l'Homme à la Science** (6ᵉ mille).

MARTEL, directeur de *La Nature*. **L'Évolution souterraine** (80 figures) (6ᵉ mille).

MEUNIER (S.), professeur au Muséum. **Les Convulsions de l'Écorce Terrestre** (35 figures) (5ᵉ mille).

OSTWALD (W.). **L'Évolution d'une Science, la Chimie** (7ᵉ mille).

PICARD (Émile), de l'Institut, professeur à la Sorbonne. **La Science moderne** (11ᵉ mille).

POINCARÉ (H.), de l'Institut, prof. à la Sorbonne. **La Science et l'Hypothèse** (22ᵉ mille).

POINCARÉ (H.). **La Valeur de la Science** (18ᵉ mille).

POINCARÉ (H.). **Science et Méthode** (11ᵉ m.).

POINCARÉ (H.). **Dernières Pensées** (8ᵉ mil.).

POINCARÉ (Lucien), directeur au Ministère de l'Instruction publique. **La Physique moderne** (13ᵉ mille).

POINCARÉ (Lucien). **L'Électricité** (10ᵉ mille).

RENARD (C¹). **L'Aéronautique** (68 figures) (6ᵉ mille).

RENARD (C¹). **Le Vol mécanique. Les Aéroplanes** (121 figures).

ZOLLA (Daniel), professeur à l'École d'Agriculture de Grignon. **L'Agriculture moderne**.

2° PSYCHOLOGIE ET PHILOSOPHIE
Voir la liste des ouvrages page 3 de la couverture.

3° HISTOIRE
Voir la liste des ouvrages page 3 de la couverture.

9648. — Paris. — Imp. Hemmerlé et Cⁱᵉ. — 8-13.

La République romaine

Les conflits politiques et sociaux

Bibliothèque de Philosophie scientifique

G. BLOCH
PROFESSEUR A LA SORBONNE

LA
République romaine

Les conflits politiques et sociaux

PARIS
ERNEST FLAMMARION, ÉDITEUR
26, RUE RACINE, 26

1913

Tous droits de traduction, d'adaptation et de reproduction réservés
pour tous les pays.

Droits de traduction et de reproduction réservés
pour tous les pays.
Copyright 1913
by Ernest Flammarion

LA RÉPUBLIQUE ROMAINE[1]

LES CONFLITS POLITIQUES ET SOCIAUX

LIVRE I

LE PATRICIAT ET LA PLÈBE

CHAPITRE I

Le patriciat.

§ 1. La famille romaine. — § 2. La *gens*. — § 3. La cité patricienne.

§ 1. — La famille romaine.

La constitution sociale et politique de la Rome primitive se dérobe à l'observation directe. Pour essayer de s'en faire une idée il faut prendre une voie détournée, aller de ce qui est connu à ce qui l'est moins, remonter d'un passé plus récent à un passé plus lointain. Le point de départ de cette recherche devra être la notion de la famille, telle qu'elle se présente à nous trois siècles plus tard environ, à l'aurore des

---

1. Pour toutes les dates citées dans ce volume, suppléer av. J.-C.

temps historiques, dans la législation des Douze Tables.

La famille a pour objet essentiel la perpétuité du culte héréditaire. Dans la pensée des Anciens l'homme, seul apte à transmettre la vie, est aussi seul apte à transmettre le culte. La famille se compose donc exclusivement des personnes ayant reçu du même ancêtre, de mâle en mâle, le même sang et le même culte. Ce sont les *agnats*.

La famille est gouvernée par le père, le *pater familias*, maître absolu des gens et des biens, car tel est le sens très large du mot *familia* qui ne comprend pas seulement les êtres humains, mais encore les choses. Seul il est en possession d'une personnalité juridique indépendante : seul il est *sui juris*. Sa femme, ses enfants, ses petits-enfants, toute sa lignée directe, sont placés, tant qu'il vit, sous son autorité, la femme dans sa « main », *in manu*, les enfants dans sa « puissance », *in potestate*, deux termes qui d'ailleurs ne représentent pas une condition différente. Ils n'ont rien qui leur appartienne en propre. Le père peut déléguer à un fils la gestion et la jouissance d'une partie de son bien : il peut lui attribuer un « pécule », mais c'est à titre de concession bénévole et toujours révocable. Il est le propriétaire unique, comme il est le prêtre et le juge.

Sa puissance n'est dissoute qu'à sa mort. A ce moment la famille se fractionne en autant de familles nouvelles qu'il y a eu de personnalités juridiques soumises à cette puissance. Chaque fils, chaque petit-fils, si toutefois le petit-fils n'a pas un père encore vivant sous la puissance duquel il tombe nécessairement, devient à son tour un *pater familias*, et cela quand même il serait encore mineur, ou non marié, ou sans enfants, car le mot *pater* exprime l'idée de puissance, non de paternité, et au cas où il serait incapable d'exercer ses droits, parce que trop jeune ou infirme d'esprit, il est pourvu de tuteurs ou de curateurs qui les exercent à sa place et en son nom. L'héritage, conformément aux règles de la succession *ab intestat*, la seule en vigueur, sauf en certaines circonstances exceptionnelles, est partagé également entre tous ceux qui ont été sous la « puissance » ou sous la « main » du défunt. La loi les appelle héritiers « *siens* », expression remarquable que les jurisconsultes expliquent de la manière suivante. Les héritiers siens, nous disent-ils, sont ainsi appelés parce qu'ils héritent en quelque sorte d'eux-mêmes, parce que, du vivant du *pater familias*, ils sont virtuellement copropriétaires, et qu'en réalité il y a non mutation, mais continuité de propriété. Ainsi le père ne dispose pas arbitrairement du patrimoine: il n'en est que l'usufruitier; il en a reçu le dépôt des générations qui l'ont précédé, et il en doit compte moralement à celles qui le suivront. A défaut d'héritiers « siens » ce sont les *agnats* qui recueillent la succession. On distingue en effet entre les héritiers « siens » qui sont les *agnats* les plus proches, les descendants directs, et les collatéraux auxquels cette dénomination d'*agnats* a été plus spécialement réservée, encore qu'elle soit commune aux deux catégories, les *agnats* constituant le genre dont les héritiers « siens » sont l'espèce.

Puisque l'on tenait pour souhaitable le maintien du patrimoine, dans son intégrité, entre les mains des *agnats*, il fallait veiller à ce qu'il ne fût point entamé par le fait des femmes. Les filles, ainsi que la veuve qui leur était assimilée, comptaient parmi les héritiers « siens », et il était à craindre que leur part ne fût détournée par le mariage au profit d'une famille étrangère. La femme en effet, mariée sous le régime de la *manus*, apportait son bien à son mari en toute propriété; elle rompait tout lien de droit avec sa famille naturelle en entrant dans sa famille légale, de telle sorte que la première n'avait rien à prétendre sur la seconde ni la seconde sur la première. Le danger n'existait pas en ce qui concernait la fille déjà mariée et dont la dot évidemment avait été calculée de manière à ne pas compromettre le fonds; elle était une donation dont le père fixait le montant et qui très vraisemblablement ne consista d'abord qu'en objets mobiliers. Il en était autrement des filles non mariées encore et qui recueillaient leur part d'héritage sur le même pied que les héritiers mâles. A plus forte raison, s'il n'y avait qu'une fille héritière du tout. Les Grecs, chez qui la famille était fondée sur les mêmes principes qu'à Rome, et pour qui en conséquence la question se posait dans les mêmes termes, l'avaient résolue très simplement en excluant les femmes de la succession, sous cette réserve que les fils étaient obligés de pourvoir à l'entretien de leur mère et de leurs sœurs et de constituer une dot à celles-ci. Quant à la fille enfant unique, elle était considérée comme faisant partie de l'héritage, comme lui étant surajoutée, en ce sens que l'héritier désigné par la loi, celui que les Romains appelaient le plus proche *agnat*, était tenu de l'épouser, et cela quand même cette obligation devait entraîner pour lui le divorce, s'il était marié, et quel que fût son âge. Par cette combinaison on assurait la subsistance de la femme en même temps que le maintien du bien familial dans la lignée masculine.

A Rome, on arrivait aux mêmes fins par d'autres moyens. Le cas de la fille héritière unique devait se présenter rarement. Le père qui n'avait point de fils pouvait en adopter un qui recevait de ce fait tous les droits conférés par le sang, et cette coutume de l'adoption, qui a toujours tenu une grande place dans la vie des Romains, devait en tenir une plus grande encore dans le temps où les règles présidant à la constitution de la famille en avaient fait une nécessité.

L'adoption[1] n'était pas toujours possible. Le père pouvait mourir sans avoir pris cette précaution, d'autant plus qu'il n'y était autorisé qu'à un âge assez avancé, et alors qu'il était supposé ne pouvoir plus avoir d'enfants. Il pouvait arriver aussi qu'il ne trouvât personne à adopter. Tout le monde n'était pas disposé à renoncer à sa famille naturelle, à son nom, à son culte, à ses biens, à son indépendance, car l'adopté devait être en possession de sa personnalité juridique, il devait être *sui juris*, et par l'adoption il tombait sous la puissance paternelle de l'adoptant. Enfin l'acte lui-même était contrôlé par les pouvoirs publics, veillant à ce que l'adopté ne compromît point par sa désertion l'avenir de sa famille naturelle.

Il y avait la ressource du testament. Le testament n'apparaît qu'assez tard dans le monde grec, mais rien ne prouve qu'il n'ait pas existé à Rome dès une très haute antiquité, et même de tout temps. C'est qu'en Grèce il a été une institution révolutionnaire, tandis qu'à Rome il a eu un caractère essentiellement conservateur. Dans un système où tout était combiné pour empêcher en quelque sorte mécaniquement la dispersion du patrimoine, le testament ne pouvait s'introduire que comme un élément perturbateur, de manière à permettre les infractions qui étaient comme le premier coup de hache porté à l'édifice. Là où tout au contraire subsistaient certaines fissures, certaines lacunes, il avait pour objet de suppléer aux dispositions légales reconnues insuffisantes par le jeu des volontés individuelles. On conçoit très bien le père choisissant un héritier mâle

---

1. Pour simplifier nous disons *adoption*, bien que le terme exact soit *adrogatio* quand l'adopté est *sui juris* et qu'il y a intervention des pouvoirs publics.

parmi les agnats à défaut d'un fils selon la nature ou la loi. On le conçoit aussi réduisant testamentairement en faveur du fils ou des fils la part des filles, si celles-ci étaient trop nombreuses. Les Romains, nous dit-on, considéraient comme une honte de mourir *intestat*, ce qui veut dire, dans les temps les plus anciens tout au moins, qu'on était blâmable de ne pas intervenir testamentairement quand, par le fonctionnement de la succession *ab intestat*, les principes fondamentaux du droit familial se trouvaient menacés. Le testament était fait pour préserver ces principes, non pour les ébranler, et c'est pourquoi, comme l'adoption, il n'était valable qu'après l'approbation du peuple et des plus hautes autorités de l'Etat.

Enfin, à côté du testament, il y avait la tutelle. La femme qui, par la mort du mari ou du père, était entrée en possession de sa personnalité juridique, ne l'exerçait pas pour cela librement. Elle était traitée comme une mineure, non, comme on l'a cru plus tard, parce qu'on l'estimait incapable, mais dans l'intérêt même des tuteurs qui n'étaient autres que les mêmes personnes appelées à lui succéder si elle venait à décéder, à savoir les *agnats*, suivant leur degré de parenté et, s'ils étaient plusieurs du même degré, à ceux-là ensemble. Intéressés les premiers à la conservation des biens qui devaient leur revenir un jour, à plus forte raison ne pouvaient-ils pas ne pas répugner à tout mariage qui eût eu pour résultat de les leur soustraire définitivement, et comme la femme ne pouvait se marier sans leur consentement, il est à croire qu'ils ne l'accordaient qu'à bon escient, après avoir pris leurs garanties, soit en l'obligeant à contracter mariage au sein de la collectivité des *agnats*, soit en lui imposant certaines renonciations qui, sous la forme d'une donation, avec l'autorisation des tuteurs eux-mêmes, étaient légalement possibles.

Les mêmes raisons qui s'opposaient au transfert du patrimoine par le mariage devaient en interdire la vente. Nous trouvons cette interdiction nettement formulée dans les plus vieilles législations de la Grèce. Il n'en est pas ainsi à Rome où le code des Douze Tables représente un stade plus avancé. Le seul terrain dont la vente restait interdite, parce qu'elle eût été impie, c'était le tombeau. Il faut mentionner toutefois la distinction classique entre les *res*, les choses dites *mancipi*, et les choses *nec mancipi*. On sait que la première catégorie, comprenant les biens-fonds avec l'instrument nécessaire à l'exploitation, bêtes et esclaves, était celle qui tombait sous le mode d'aliénation appelé *mancipatio* et désigné de ce nom parce que l'acquéreur devait prendre en main l'objet lui-même s'il était mobilier ou, s'il s'agissait d'un domaine, d'un champ, une motte de terre qui en était détachée et était censée le représenter. Mais la saisie matérielle, effective ou symbolique, n'était qu'une des formalités dont l'ensemble constituait l'opération. Elle ne requérait pas moins de six acteurs, en outre des deux intéressés, cinq citoyens servant de témoins et un *libripens*, un porte-balance, chargé de vérifier le poids du lingot stipulé comme prix, dans le temps où l'on ne connaissait pas la monnaie. Ce luxe de garanties, ce cérémonial compliqué en usage encore sous l'Empire, sans en excepter le rite archaïque de la pesée, tout cela attestait aux yeux des générations successives la sollicitude de l'ancien droit pour la conservation de la propriété foncière, et si ce n'est pas là la preuve demandée, nous n'en tenons pas moins un indice. Au surplus, nous verrons plus loin que la terre du débiteur insolvable était intangible, et c'est encore une présomption que longtemps la terre ne fut pas susceptible d'être vendue.

L'interdiction de la vente du patrimoine nous ramène en arrière de plusieurs siècles. Le régime de la famille, tel qu'il est constitué vers le milieu du ve siècle avant notre ère, est en effet relativement moderne. Il a ses racines dans un régime plus ancien qui est celui de la *gens*.

§ 2. — La Gens.

Ce qu'était la *gens* dans ces âges reculés, nous ne pouvons que l'entrevoir en la considérant dans sa décadence, dans les traits plus ou moins effacés qui rappellent encore à cette époque son organisation première. En opérant sur ces données, nous sommes conduits à reconnaître dans la *gens* la famille, non pas la famille se démembrant incessamment à la mort de son chef, mais la famille maintenant son unité de génération en génération. Et nous n'avons pas à rechercher si elle était ou non une famille réelle, c'est-à-dire unie par le lien du sang. C'est un fait connu que, dans les plus vieilles civilisations, les liens sociaux sont toujours censés être des liens de parenté, de consanguinité. Quand donc on veut se constituer en groupe, on commence par se créer un ancêtre commun dont on est supposé descendre. Il est très probable que la *gens* romaine, dont l'origine se perdait dans la nuit des temps légendaires et dérivait d'un personnage fabuleux, mythique, était une de ces familles conventionnelles; mais peu nous importe : il suffit que la fiction soit devenue réalité dans la pensée des hommes qui l'avaient conçue.

Que la *gens* soit la famille, cela est démontré par le mot lui-même dont l'étymologie n'est pas douteuse, et attesté par l'opinion unanime des Anciens. Mais il y a une autre preuve que l'on peut tirer du droit.

Les jurisconsultes nous parlent fort peu de la *gens* pour cette raison que la partie du droit qui la concernait n'avait plus d'intérêt actuel. Néanmoins ils nous donnent un renseignement précieux. Ils nous apprennent qu'à défaut des héritiers « siens » et des *agnats*, ce sont les membres de la *gens* qui héritent. De même, et en conséquence, c'est à eux, aux *gentiles* que, dans le même cas, la tutelle est déférée. Or, nous savons que la règle, en matière de succession et de tutelle, c'est qu'elles reviennent l'une et l'autre aux parents suivant leur degré de parenté, aux héritiers « siens » qui sont les *agnats* les plus proches, puis aux collatéraux qui sont des *agnats* du second degré. Les *gentiles* ne peuvent donc être que des *agnats* plus éloignés encore; la famille avec eux nous apparaît dans toute son extension, au complet. Mais en quoi cette troisième catégorie se distinguait-elle des deux précédentes? Les Romains reconnaissaient les membres d'une même *gens* à la communauté du nom qu'ils appelaient le *gentilice*. S'ils se contentaient de ce critérium tout extérieur, c'est qu'il était très souvent le seul, en l'absence d'une filiation constatée. En effet, du jour où le démembrement de la *gens* avait commencé, les divers groupes qui la composaient perdaient peu à peu la notion exacte de leur rapport au tronc commun. Ils formaient toujours la masse des *agnats* si l'on entend par là, au sens large, les parents par les mâles. Mais ces *agnats* ne l'étaient plus au sens étroit du mot. *Agnat* vient de *ad nasci*, naître auprès, dans un même groupe ou dans un groupe voisin. Tel n'était pas le cas des *gentiles* que leur naissance plaçait si loin les uns des autres qu'ils n'avaient plus, pour se reconnaître, d'autre signe de ralliement que le nom.

La *gens* formait un tout indivisible. C'est un fait qui ressort des considérations suivantes.

La *gens*, à l'époque où elle est divisée en familles distinctes, indépendantes, forme encore une collectivité unie par les liens d'une étroite solidarité. Cette solidarité est attestée par la communauté du culte qui est le ciment de toute association dans l'antiquité. Tite-Live nous raconte l'entreprise de Fabius Dorso qui traversa les lignes gauloises pour accomplir le sacrifice de sa *gens* sur le Quirinal. Cicéron reproche à Claudius d'avoir compromis la perpétuité du culte de sa *gens* en passant à la plèbe. La solidarité de la *gens* se traduit encore par des réunions où l'on prend des résolutions qui l'engagent tout entière. Les Fabii se présentent devant le Sénat pour prendre à leur compte la guerre contre Véies. Après l'attentat de M. Manlius Capitolinus, les membres de la *gens* Manlia décident qu'aucun d'entre eux ne portera dorénavant le prénom de Marcus. Et enfin cette solidarité comporte des obligations réciproques. Lorsque M. Furius Camillus est condamné à une amende, les Furii se cotisent pour l'aider à la payer.

La *gens* eut longtemps un tombeau commun. Nous savons que celui de la *gens* Valeria était situé au pied de la Velia, celui de la *gens* Claudia au pied du Capitole. Mais elle avait en outre des propriétés, ou terres d'exploitation.

Le souvenir de cet état de choses est inscrit en caractères lisibles sur le sol même de la ville de Rome et de ses environs. Il y avait différents quartiers de la ville qui portaient des noms de *gentes*, le Cælius, l'Oppius, le Cispius, le mont Tarpeius, la colline Mucialis, les *prata* (prés) Mucia, Quinctia, Flaminia. Tous ces noms représentent une propriété non pas individuelle, mais collective, gentilice. Les tribus qui se constituèrent dans le voisinage portaient aussi des noms de *gentes*, tribus Claudia, Papiria, Cornelia, Lemonia, etc. La tribu empruntait son nom à un de ses cantons, à un *pagus*, celui où avait dominé une *gens* plus puissante sans doute et plus riche que les autres. Avant que la tribu Lemonia ne se fût constituée, il y avait eu un *pagus* Lemonius. Les historiens qui nous racontent l'immigration de la *gens* Claudia nous disent qu'on lui attribua un territoire qui devint le noyau de la tribu plus tard désignée de son nom.

Il va de soi que les terres attribuées à la *gens* Claudia ne pouvaient pas être affectées uniquement à l'élève des troupeaux. Nous lisons d'autre part dans Tite-Live que le domaine des Tarquins, confisqué après leur chute, était alors couvert d'un blé mûr pour la récolte, et ce détail, bien qu'inauthentique, nous renseigne du moins sur l'idée qu'on se faisait d'un domaine gentilice. On ne dira donc pas que le bien de la communauté ne consistant qu'en pâturages, chaque famille devait avoir en terres de culture ce qui lui était nécessaire pour subsister. Il semble au contraire que la propriété individuelle, quand elle naquit, se réduisait à fort peu de chose, s'il est vrai, comme le rapporte une certaine tradition, que chaque citoyen ne possédait d'abord en propre qu'un lot héréditaire, un *heredium* de deux jugères, deux arpents ou un demi-hectare, notoirement insuffisant pour l'entretien d'une famille, même très peu nombreuse. Aussi a-t-on pensé qu'il ne s'agissait que d'un enclos comprenant une habitation et un jardin, et ce qui tend à justifier cette interprétation, c'est qu'en effet le mot *heredium* a ce sens dans le vieux latin.

Ce qui prouve plus sûrement encore le caractère collectif de la propriété gentilice, c'est l'institution de la clientèle. La notion de la clientèle est inséparable de la notion de la *gens*, et c'est par la première de ces deux notions que nous entrons plus avant dans la seconde.

Chaque *gens* a sous sa dépendance un certain nombre d'hommes que l'on appelle des *clients*, d'un vieux mot qui signifie obéir. Il est plus facile de définir la nature de la clientèle que d'en déterminer l'origine. On a supposé qu'elle s'était recrutée tout d'abord parmi les populations autochtones, subjuguées lors de l'invasion des Italiotes. Cela est possible, mais sans essayer de remonter jusqu'à un point de départ aussi lointain, on comprend que, dans une société où le pouvoir central était encore très faible, l'individu isolé n'ait pu faire autrement que de se rattacher à ces corporations puissantes où il était sûr de trouver appui et protection, en échange de la sujétion acceptée. Elles étaient le seul groupe organisé, en dehors duquel il se sentait comme perdu dans un monde indifférent ou hostile. Une autre source de la clientèle, c'était l'affranchissement des esclaves. Les esclaves étaient peu nombreux alors, et pourtant il semble que la condition du client ait été comme un prototype pour celle de l'affranchi, telle que nous la voyons réglée par la suite. Entre les deux les analogies sont frappantes, sauf une différence capitale qui tient à la diversité des milieux. La tare de l'affranchi s'efface à la troisième génération. La condition du client est héréditaire indéfiniment. C'est que la société où l'affranchi se meut connaît une loi laïque. Celle où est née la clientèle ne connaît encore que la loi religieuse. Tout lien de droit y procède de la communauté du culte, et la communauté du culte ne peut jamais être rompue. Or, le client participe au culte de la *gens*. Cela ne veut pas dire qu'il fasse partie de la *gens*. Il participe au culte à titre passif; il y assiste, mais ne le pratique point et n'est pas apte à le continuer. Il n'en reste pas moins que le lien ainsi contracté est sacré, avec les obligations qu'il comporte réciproquement.

Quand on veut se rendre compte de la situation des clients, on s'aperçoit qu'ils appartiennent à la fois à un homme qui est le *patron*, et à une collectivité qui est la *gens*.

Les textes qui décrivent les obligations réciproques du client et du patron ne parlent jamais de ce dernier qu'au singulier. Le patron et le client se doivent assistance l'un à l'autre. Le client accompagne son patron à la guerre. Il contribue à la dotation de ses filles, à sa rançon s'il est fait prisonnier, il l'aide à payer ses amendes, etc. Les obligations de cette dernière sorte supposent qu'il possède un certain avoir. Il tient, en effet, de son patron un lot de terre, à charge, on peut du moins le conjecturer, de payer une redevance. Les historiens qui mentionnent ce fait partent de là pour assimiler les rapports du patron et des clients et ceux du père et des enfants. Le lot attribué au client est, en effet, comme le *pécule* attribué au fils, un don gratuit et révocable, avec cette différence, bien entendu, que le fils est virtuellement copropriétaire du père, tandis que le client n'est copropriétaire du patron ni actuellement ni virtuellement. Le même mot a servi pour traduire cette similitude ou cette analogie. Les Anciens ne s'y trompaient pas. Ils voyaient dans le mot « *patronus* » un dérivé, une sorte de doublet du mot « *pater* ». C'est ainsi que le mot « *matrona* » n'est qu'une autre forme du mot « *mater* », et comme ces deux mots sont restés synonymes, il est permis de croire qu'il en avait été de même à l'origine pour les mots « *pater* » et « *patronus* ». La différenciation ne se serait introduite que plus tard. Elle n'était pas nécessaire pour la mère, dont les clients ne dépendaient pas. Mais elle s'imposait pour le père en raison de son personnage double, père dans ses rapports avec ses enfants, et patron dans ses rapports avec ses clients.

Ainsi les clients ont un patron qui n'est autre que le *pater familias*, et ils n'en ont qu'un. Mais en même temps ils appartiennent à la *gens*. Ils lui empruntent leur nom, ce qui pourrait entraîner une confusion si les juristes, en adoptant l'identité du nom pour critérium de la *gentilité*, n'avaient eu soin d'exclure tous ceux qui ne comptaient pas uniquement dans leur ascendance des hommes libres. Et surtout le patron n'est et ne peut être, dans ses rapports avec ses clients, que le représentant de la *gens*. Ce n'est pas sur son propre fonds qu'il pouvait les établir, ce fonds fût-il plus étendu que les deux jugères du lot primitif. Ce ne pouvait être que sur le fonds commun, et c'est là, soit dit en passant, une raison de plus pour affirmer le caractère inaliénable de la propriété gentilice, puisqu'on ne pouvait la restreindre par la vente qu'au détriment des clients et en réduisant leur nombre, qui importait à la puissance et au prestige de la collectivité. Les clients sont donc obligés envers la *gens* non moins qu'envers le patron, ou plutôt ces deux obligations n'en font qu'une. Cicéron raconte un procès où l'on exhuma l'ancien droit gentilice[1]. C'est un procès entre les Claudii et les Claudii Marcelli, qui avaient été jadis les clients des Claudii. Ces derniers veulent faire valoir les droits qu'ils tiennent de ce fait. Ce que nous remarquons ici, c'est que tous les Claudii entrent en cause. Preuve que le lien de la clientèle existe entre les clients et la *gens* dans son ensemble.

De ce qui précède, il résulte que la *gens* est une famille qui a un *pater*. Autrement dit, la *gens* est la famille dans son état primitif d'indivision.

Les historiens se souvenaient du temps où la *gens* avait un chef. Lorsque la *gens* Claudia obtient l'entrée dans la cité, c'est son chef (*dux*, *princeps*) qui va la représenter dans le Sénat. Il est vrai que, ni à ce propos

---

1. *De Oratore*, I, 39.

ni jamais, les textes n'appellent ce chef le père de la *gens*. La cause en est qu'il n'y avait point et qu'il ne pouvait y avoir de personnage ainsi dénommé. La *gens*, c'est l'ensemble des individus. La famille, ainsi qu'on l'a vu, comprend les individus et les biens. Le chef de la *gens*, au temps où elle était la famille, était le *pater familias*, et c'était le seul titre qui lui convînt. Plus tard, quand il se forma au sein de la *gens* des groupes distincts ayant leur propriété particulière, le mot *familia* ne put caractériser que ces divers groupes, de même que le mot *pater familias* ne put s'appliquer qu'à leurs chefs respectifs. Quant au mot *gens*, il désigna la collectivité dont le lien n'était plus celui d'une propriété commune, mais celui d'une commune origine. Et c'est ainsi que l'on fut conduit à opposer les deux mots de *gens* et de famille.

Il reste un point obscur. Qui était le chef de la *gens*? Comment était-il désigné?

On a pensé au droit d'aînesse, et l'on s'est figuré ce droit s'exerçant au profit d'une branche, et dans cette branche au profit d'un individu. Mais il n'y a pas trace du droit d'aînesse dans la législation ni dans la tradition des Romains. On peut penser aussi au testament et imaginer le chef de la *gens* instituant testamentairement un héritier de son choix. On se rappelle qu'il y avait certaines circonstances où le testament s'imposait dans la famille, telle qu'elle nous apparaît constituée ultérieurement. C'est une hypothèse un peu mieux fondée que la précédente, mais ce n'est encore qu'une hypothèse.

Il y a une école d'après laquelle la *gens* aurait été un clan, gouverné démocratiquement, en ce sens que l'autorité y appartenait à tous. La puissance paternelle, dans sa rigueur, serait née plus tard, quand le clan se fractionna en groupes plus restreints, plus aptes à subir un pouvoir despotique dont ne s'accommodait pas un agrégat plus vaste.

Cette théorie invoque d'une part certaines données fournies par l'histoire comparée, et de l'autre l'ignorance où nous sommes en ce qui concerne le mode de désignation du chef de la *gens*. Mais les conclusions tirées de l'histoire comparée risquent de nous induire en erreur toutes les fois qu'elles osent attribuer à des institutions issues du même point de départ une évolution semblable, et pour ce qui est de notre ignorance sur un des éléments du problème, il ne semble pas que cet argument doive prévaloir contre l'ensemble des faits présentés plus haut. Somme toute le différend se ramène à ceci : le chef de la *gens* était-il ou non investi de la puissance paternelle? était-il ou non le *pater familias*? Mais que la *gens* eût un chef, que la *gens* fût une collectivité familiale ou censée telle, ayant en commun le nom, le culte, les biens, rien de tout cela, ni dans l'une ni dans l'autre doctrine, n'est et ne saurait être contesté.

§ 3. — La cité patricienne.

Nous ne saisissons la *gens* qu'encadrée dans un système politique. Les organes du système sont le Sénat, l'assemblée curiate et la royauté.

Le Sénat est la représentation des *gentes*. Quand la *gens* Claudia entre dans la cité, elle prend place aussitôt dans le Sénat. De même les *gentes* albaines transférées à Rome, après la destruction d'Albe. Quand Tarquin l'Ancien crée des *gentes* nouvelles, il crée du même coup des sénateurs nouveaux.

La *gens* est représentée dans le Sénat par son chef, son *pater*, et ne l'est que par lui, à condition toutefois qu'il compte parmi les *seniores*, c'est-à-dire qu'il ait atteint l'âge de quarante-cinq ans. Ces deux points ressortent des termes mêmes de la langue. *Senatus* ne veut pas dire autre chose qu'assemblée de *seniores*. Et si les sénateurs sont intitulés Pères, *Patres*, — l'appellation de Pères conscrits, *Patres conscripti*, ne s'est introduite que plus tard, on verra pour quelles raisons, — c'est que tout sénateur est un *Pater* et réciproquement, sans quoi ce titre eût prêté à des confusions incompatibles avec les habitudes de langage des Romains. C'est le chef de la *gens* Claudia, Attus Clausus, qui est admis à siéger dans le Sénat quand sa *gens* est reçue dans la cité.

Les *gentes*, au nombre de trois cents environ, sont réparties entre les trois tribus des *Ramnes*, des *Tities*, des *Luceres*, subdivisées elles-mêmes en trente curies. Les curies sont le cadre de l'assemblée populaire. Le cadre, parce que les Romains n'ont jamais admis dans leurs assemblées populaires le suffrage individuel. Les suffrages individuels se totalisaient dans une unité votante où ils formaient un suffrage unique. Ces unités, dans les comices curiates, étaient les curies. Il va de soi que les comices curiates ne pouvaient être composés à l'origine que des citoyens, c'est-à-dire des patriciens. Les patriciens, *patricii*, étaient, ainsi que le mot l'indique, ceux qui étaient issus d'un *pater*, qui tenaient à un *pater* par les liens de la parenté, en d'autres termes les membres des *gentes*. Tous ces termes, citoyens, patriciens, *gentiles*, *ingénus* ou hommes de naissance libre, qui ont fini par se différencier, ont commencé par être synonymes. Les patriciens votant dans les comices curiates constituaient donc le corps civique. Il est vrai que, si l'on met à part les pères de famille à qui leur âge interdisait pour le moment l'accès du Sénat, le corps civique ne pouvait comprendre que des personnes soumises à la puissance paternelle. Mais la majorité politique n'attendait pas la majorité civile, et rien ne nous autorise à croire que la maxime : « Dans les affaires publiques, le fils de famille est considéré comme étant un père de famille — filius familias in publicis causis loco patris familias habetur » — n'ait pas été en vigueur dès les temps les plus reculés.

Les comices curiates n'en étaient pas moins subordonnés au Sénat. Plus tard, quand s'établit le principe de la souveraineté du peuple, les rapports de subordination entre les comices et la haute assemblée ont été par le fait intervertis, mais ils n'ont pas cessé de se traduire dans la formule bien connue «*Senatus populusque romanus*», toujours inscrite en tête des actes officiels et où la mention du Sénat en première ligne témoignait encore de son éminente dignité. Au surplus, pour le fond, ces rapports se manifestèrent longtemps dans une des prérogatives les plus précieuses du Sénat et une de celles qui lui furent le plus vivement disputées, à savoir l'*auctoritas*. Le mot *auctoritas*, dont nous avons fait autorisation, a une acception très précise. Il vient du verbe *augere* signifiant augmenter. Celui qui a l'*auctoritas* est celui qui augmente, donc qui complète la valeur d'un acte en complétant par son approbation la capacité juridique de l'agent. Le tuteur a l'*auctoritas* sur son pupille. Le Sénat l'exerce sur le peuple. L'acte du peuple votant dans ses comices est incomplet, dépourvu de valeur légale si le Sénat ne le ratifie pas, s'il n'en est pas, au sens latin, l'auteur, l'*auctor*. Ainsi le Sénat nous apparaît comme le tuteur du peuple votant dans les comices curiates.

Rome, comme toutes les cités antiques, a d'abord été gouvernée par des rois, mais la royauté s'y présente sous un aspect très particulier et singulièrement complexe. Elle est élective et de droit divin. Elle est absolue et limitée. Ces traits contradictoires sont importants à démêler parce qu'ils ont survécu à la royauté et sont restés parmi les éléments fondamentaux de la constitution républicaine.

La royauté doit tirer sa légitimité de la volonté des hommes et de la volonté des dieux. La volonté des hommes se manifeste par l'élection, la volonté des dieux par les *auspices*.

La théorie des auspices est à la base du droit public. On appelle de ce nom certains phénomènes naturels dont l'observation et l'interprétation font l'objet de la science augurale. Il fallait que les auspices se fussent montrés favorables pour que l'élu du peuple parût en même temps l'homme agréé par les dieux. Mais les auspices favorables ne sont pas seulement nécessaires pour l'élection du roi. Ils le sont pour tous les actes de la vie publique. Aucun acte de ce genre ne doit être accompli sans la consultation des auspices. Or le droit de consulter les auspices au nom de la cité n'appartient pas à tout le monde. Il est réservé à celui qui, une première fois, a été désigné par la faveur divine, c'est-à-dire au roi. Le collège des augures, qui l'assiste dans cette opération, n'est qu'un corps de spécialistes versés dans les arcanes de la science augurale et dont il peut et doit réclamer les lumières, mais le droit de consulter les auspices, le *jus auspiciorum*, n'appartient qu'à lui. Le *jus auspiciorum* ou les *auspicia* tout court, la possession, la maîtrise des auspices, tel est donc le signe du pouvoir ou, pour mieux dire et pour rendre plus exactement la pensée des Romains, il est le pouvoir même.

Quand le roi meurt, les auspices dont il est détenteur meurent avec lui. Il s'agit de les faire renaître. Nous touchons ici au premier des actes dont la série est nécessaire pour la création d'un roi. Ces actes nous sont connus parce qu'ils se sont répétés régulièrement pour la création des consuls, à part quelques modifications imposées par les changements survenus dans la constitution, et notamment par la transformation de la royauté en une magistrature annuelle.

La mort du roi ouvre un *interrègne*. Les auspices ne sont plus, mais on peut les ranimer en les évoquant à leur point de départ, dans le milieu où ils ont pris naissance, où ils ne cessent de résider à l'état latent, au sein de la cité, dans la communauté des *Patres* qui, en fondant la cité ont reçu le dépôt des promesses divines, en d'autres termes dans le Sénat. On dit alors: les auspices reviennent au Sénat « auspicia ad Patres redeunt », ou bien, le gouvernement revient au Sénat « res ad Patres redit »; ce qui est d'ailleurs la même chose puisque les auspices et le gouvernement ne font qu'un. Le Sénat procède à la nomination d'un « interroi » ayant mission de convoquer le peuple pour l'élection du roi. Mais l'interroi doit, au préalable, consulter les auspices, et s'ils ne se montrent pas favorables, il passe la main à un autre et ainsi de suite, jusqu'à ce que le choix des dieux s'étant fixé, l'opération puisse commencer.

Il ne faut pas se figurer que l'élection soit libre. En premier lieu le peuple ne peut voter que sur les noms proposés par l'interroi. L'interroi, qui a consulté les auspices, sait quels sont les candidats que les dieux agréent et quels sont ceux qu'ils repoussent. Il ne présentera donc, il ne « nommera » que les premiers et si, par hasard, le peuple en choisissait un parmi les seconds, il ne le proclamera pas, et le candidat qui n'est pas proclamé suivant certains rites n'est pas élu. En deuxième lieu, conformément au principe posé plus haut, l'élection n'est valable que si elle est approuvée par le Sénat.

Le roi élu dans les comices curiates et agréé par le Sénat n'est pas encore roi. Il a reçu l'investiture des hommes; il lui reste à recevoir celle des dieux. Tel est le but de « l'inauguration ». L'inauguration est la cérémonie par laquelle une personne ou un lieu est consacré suivant les règles de la science augurale. Par l'inauguration, le roi est investi du *jus auspiciorum*. La cérémonie est solennelle, et le peuple attend en silence le résultat de la consultation.

Les Romains se sont toujours fait une très haute idée de la magistrature suprême. Ils l'ont toujours considérée comme absolue et intangible, et si, dans la suite des temps, ils ont pu, par des moyens détournés, battre en brèche cette conception primordiale, ils ne l'ont jamais attaquée de front ni contestée théoriquement. Elle dérive de cette idée que l'origine du pouvoir est divine. Comment porter atteinte au pouvoir d'un homme désigné par les dieux? Le magistrat, même quand la magistrature a cessé d'être viagère, ne peut être contraint de renoncer à son mandat; il abdique ou est censé abdiquer spontanément. Dans un seul cas, il peut être déposé : c'est quand on a découvert après coup dans son élection un vice de forme, une contravention aux règles de l'auspication, mais c'est qu'alors il n'est plus qu'un faux magistrat, créé par surprise et dépourvu de son caractère sacré.

Le roi est donc le maître. Il est le chef militaire, le juge, le prêtre. Il a des auxiliaires dans ces diverses fonctions, mais ils sont nommés par lui et dépendent de lui. Et pourtant cette royauté absolue n'est pas une royauté sans limites, sans frein. Car si la royauté est sainte, la cité l'est également. La famille, qui a pour raison d'être le culte, est sainte. De même, sainte est la cité qui n'est qu'un agrégat de familles associées dans un culte commun. Saintes sont ses divisions consacrées par les auspices, et saint tout l'ensemble de ses rites. La royauté coexiste donc avec des institutions aussi vénérables qu'elle-même, et qui s'imposent à son respect. Elles sont garanties par la coutume des ancêtres, par le « *mos majorum* » qui est la forme la plus ancienne du droit, un droit non écrit, traditionnel, religieux. Le roi est lié par le *mos majorum*.

La cité est, à beaucoup d'égards, l'image de la famille comme le roi est l'image du père. Or, pas plus que le père ne peut s'affranchir des lois constitutives de la famille, le roi ne peut s'affranchir des lois constitutives de la cité. Et comme le père doit, dans les circonstances graves, prendre l'avis d'un conseil composé de parents ou d'amis, le roi, dans le même cas, doit prendre celui du Sénat. Ils sont libres l'un et l'autre de ne pas suivre l'avis, mais ils ne sont pas dispensés d'y recourir.

Nous saisissons maintenant la cause initiale qui a assuré la future grandeur du Sénat. Alors même qu'il était devenu le premier pouvoir de l'Etat, il n'a jamais été en principe qu'une assemblée consultative, ainsi qu'en témoignent son règlement intérieur, la forme et jusqu'au nom de ses sénatus-consultes, mais une assemblée qui représentait la tradition de la vie nationale, qui associait à la fonction de l'*interrègne* celle de l'*auctoritas*, qui était à la fois la tutrice du peuple et la source où se retrempaient les auspices, tenait de ces prérogatives un prestige et une force qui ne pouvaient manquer de s'affirmer à la longue.

L'histoire des rois de Rome est fabuleuse ou légendaire. Nous ne pouvons donc nous faire de la royauté qu'une idée abstraite, et cela par une sorte d'induction rétrospective, en nous aidant des données historiques fournies par la continuité du conservatisme romain. Ce que nous voyons toutefois assez clairement, c'est qu'elle s'est transformée au cours de son existence, qu'elle a tendu à devenir une tyrannie, autrement dit qu'elle a fait effort pour se mettre au-dessus de la coutume, au-dessus du *mos majorum*, et que par là elle est entrée en conflit avec le Sénat, devenu son antagoniste naturel. Il se peut que des circonstances accidentelles aient contribué à cette crise. Il n'est pas douteux en effet que Rome, à cette époque, ne soit tombée sous la domination de maîtres étrangers, de nationalité étrusque. Mais elle tenait plus encore à une cause interne, à la formation, à l'avènement d'un peuple nouveau s'agglomérant autour de la cité patricienne, et dont la pression devait faire éclater les cadres anciens et bouleverser de fond en comble tout l'ordre politique et social.

CHAPITRE II

La Plèbe.

§ 1. L'origine de la plèbe. — § 2. La situation politique et juridique de la plèbe. Le démembrement de la *gens*. — § 3. La situation économique de la plèbe.

§ 1. — L'origine de la Plèbe.

La cité et la famille étaient chacune un monde fermé, ne s'ouvrant que rarement, la famille par l'adoption, la cité par une naturalisation concédée à titre de faveur exceptionnelle. De même que la famille, la cité entendait se réserver jalousement la propriété de son culte, des obligations qu'il imposait, des avantages et des bénédictions dont il était la source. Or, il était inévitable qu'en dehors et autour une population se formât dont l'accroissement incessant devait finir par poser un problème redoutable. C'était la *plèbe*, ainsi appelée d'un mot qui signifiait foule, masse inorganique, et par où elle s'opposait au *populus*, au peuple solidement encadré dans le système des *gentes* et des curies.

La plèbe se composait d'éléments divers dont le principal était issu de la conquête.

De très bonne heure la domination de Rome s'étendit au delà de son territoire urbain. Elle embrassait, au début du ve siècle avant notre ère, la vaste plaine comprise entre la mer Tyrrhénienne, le Tibre et le cercle dessiné par les monts albains et sabins, le vieux Latium des Anciens, la Campagne romaine actuelle. Ce pays, aujourd'hui désert, était alors très peuplé. Il ne comptait pas moins d'une cinquantaine de petits centres politiques dont il ne subsistait plus, au temps de l'Empire, que des noms. Qu'étaient devenus les habitants des villes soumises ou détruites à l'époque des rois ?

Il n'est pas douteux qu'appartenant à la même race que les Romains ils ne fussent organisés sur le même modèle, qu'ils n'eussent eux aussi leurs *gentes* composées de patriciens et de clients. On pouvait donc introduire ces *gentes* dans les mêmes curies où figuraient déjà les *gentes* romaines, et rien ne nous autorise à rejeter la tradition d'après laquelle cette mesure aurait été prise pour certaines d'entre elles. Mais il faut se garder d'ériger en règle générale quelques cas isolés. Une politique aussi généreuse, pratiquée dans ces proportions, eût abouti, non pas à la fusion des vaincus et des vainqueurs, mais à l'absorption des vainqueurs par les vaincus car, si petites que pussent être les cinquante, ou plus exactement les cinquante-trois cités latines, il n'est pas possible que leurs *gentes* réunies n'eussent pas opposé au patriciat romain un contrepoids décisif. Il est bien vrai que Rome a été la moins exclusive des cités antiques, que tel est le secret de sa fortune, le trait propre de son génie, mais elle ne s'est avancée dans cette voie que progressivement, avec beaucoup de précautions et de retours en arrière. Supposer que dès ses premiers pas elle y soit entrée de plain-pied, sans réserve, au risque de marcher à un suicide, ce ne serait rien moins qu'un non-sens historique.

Il y avait un autre moyen d'incorporer les vaincus à la cité, c'était de les réduire tous, quelle que fût leur condition, patriciens et clients, à l'état de clients romains en les répartissant entre les *gentes* romaines. Et ici encore il se peut que cette politique ait été appliquée partiellement, mais qu'elle ne l'ait pas été au delà de certaines limites, nous en avons un indice dans ce fait que, parmi les noms plébéiens les plus anciennement mentionnés, il en est un grand nombre qui ne sont pas identiques à des noms patriciens romains. Or, nous savons que les clients empruntaient leur nom à la *gens* dont ils dépendaient. On répondra que nous ne connaissons pas les noms de toutes les *gentes* patriciennes, et ce n'est donc pas là une preuve, simplement une présomption, mais on réfléchira à ce qui suit. Infliger cette humiliation à des familles puissantes encore et fières, qui avaient dominé dans leur patrie et qui conservaient dans leur défaite les débris et les souvenirs de leur grandeur passée, ce n'était peut-être pas une entreprise facile, et d'ailleurs un pareil dessein devait se heurter à l'opposition du roi. Entre les *gentes* jalouses de leur autonomie et le roi représentant du pouvoir central, le conflit était dans la nature des choses, et comment le roi eût-il prêté les mains à une multiplication des clients qui eût renforcé d'autant à son détriment la puissance de l'organisation gentilice? Ni patriciens, ni clients, les vaincus furent tout simplement des sujets traités plus ou moins durement, plus ou moins appauvris par la confiscation, conformément aux lois de la guerre. La tradition veut qu'un bon nombre d'entre eux aient été transplantés à Rome, mais cette fois encore il est évident qu'il s'agit de mesures isolées qui, généralisées, eussent eu ce résultat d'affamer la ville en dépeuplant la campagne.

A mesure que Rome grandissait, elle commençait à attirer les étrangers. Ce n'est pas qu'elle fût dès lors une place de commerce importante. Le commerce ne pouvait être qu'une occupation secondaire chez un peuple vivant de la culture et de l'élève du bétail, où chaque famille produisait elle-même, sur son propre domaine, la plupart des denrées nécessaires à sa consommation et fabriquait elle-même aussi la plupart des outils indispensables à son travail. Pourtant, même à cette époque, dans cette civilisation rudimentaire, un courant d'échanges s'était établi soit entre les populations indigènes, soit entre ces dernières et le dehors, et, pour servir de rendez-vous aux trafiquants, nul endroit n'était mieux choisi que la petite bourgade fondée, vers le milieu du viiie siècle avant notre ère, à l'entrée de la route fluviale par où elle communiquait avec l'intérieur de la péninsule, à quelques kilomètres de la mer où elle touchait par son port d'Ostie, à égale distance des pays du nord et du midi qu'elle rejoignait par le pont jeté sur le Tibre. Un point plus spécialement était devenu pour ces négociants le lieu de débarquement, le terme de leur caravane ou de leur traversée. C'était la colline de l'Aventin, placée à l'intersection des deux grandes voies commerciales, d'un côté commandant le fleuve, de l'autre dominant la dépression du Vélabre, tête de ligne des chemins conduisant vers l'Italie centrale. Ils n'y furent d'abord que des hôtes provisoires, puis ils se fixèrent définitivement, et comme l'emplacement était extérieur à la ville et à l'enceinte sacrée du *Pomoerium*, ils purent y installer leurs dieux, tolérés comme eux-mêmes, à titre d'étrangers. Ce furent les « métèques » de Rome, qui bientôt aspirèrent à devenir des Romains. Parmi eux nous distinguons la catégorie particulièrement considérable des importateurs de blé. On est surpris à la vérité que la production du Latium n'ait pas suffi dans un temps où la population urbaine ne pouvait pas encore être très nombreuse, mais il faut tenir compte de l'imperfection des méthodes de culture et des ravages incessants de la guerre de frontières, et se rappeler aussi que le blé constituait le fond de l'alimentation. Ce qu'il y a de certain, c'est que dès la plus haute antiquité on dut le faire venir, non seulement des contrées limitrophes, du pays des Etrusques ou des Volsques, mais de plus loin, de la Campanie, et même de la Sicile.

Entre les marchands grecs ou hellénisés de Cumes et de Syracuse et les rudes paysans latins, il n'y avait guère d'affinités, mais ils étaient les uns et les autres tenus en dehors de la cité, et ils avaient un égal désir d'en forcer les portes. Ainsi se noua une alliance qui trouva son expression dans la communauté du culte. Les marchands de blé avaient apporté avec eux le culte de leur patronne, la déesse des céréales, Dèmètèr, et Dèmètèr avait pour pendant la déesse italique Cérès, vouée aux mêmes fonctions et en grand honneur auprès des classes rurales. De l'une à l'autre divinité l'identification était facile, si bien que le temple de Cérès Dèmètèr, élevé sur l'Aventin, ne tarda pas à devenir le lieu de ralliement et le sanctuaire vénéré de la plèbe entière.

Il faut ajouter un troisième élément qui ne prit toute son importance que plus tard : ce furent les clients qui avaient cessé de l'être, soit par suite de l'extinction de leur *gens*, soit parce que l'institution même était entrée dans sa période de déclin. La diminution rapide du patriciat est un phénomène qui a été signalé par tous les historiens, sans qu'aucun d'eux se soit avisé d'en donner l'explication. Il est probable qu'elle est d'ordre économique. Si nous consultons les tableaux généalogiques des diverses *gentes* patriciennes, nous remarquons que, plus haut on remonte, plus la *gens* nous apparaît avec un effectif limité, réduit à quelques individus, et il n'importe que ces données ne méritent pas une confiance absolue si elles représentent l'idée que le patriciat se faisait de sa propre histoire et des lois de son développement. L'obstacle qui s'opposait à la multiplication des membres de la *gens* était précisément cette clientèle dont l'extension faisait sa force. Plus il y avait de clients, moins il y avait de lots revenant à chaque patricien. Ces lots eux-mêmes, ces petits domaines héréditaires de deux arpents ne pouvaient se morceler entre plusieurs héritiers. Il restait donc à pourvoir les fils sur le domaine commun et ce domaine, quelque vaste qu'on le suppose, ne pouvait suffire en même temps à l'établissement d'une nombreuse clientèle et de générations toujours plus nombreuses de patriciens. Or, c'est un fait connu que toute nation, toute classe, toute famille qui ne peut se multiplier qu'aux dépens de sa puissance ou de son bien-être, sent décroître aussitôt sa faculté de reproduction. La *gens* dépérissait donc et avait toute chance de succomber, à moins qu'elle ne fût sauvée par l'adoption, mais cette suprême ressource pouvait faire défaut. Dans un temps où les préjugés élevaient une barrière infranchissable entre le patriciat et la plèbe, les adoptions ne devaient guère se pratiquer qu'entre patriciens, et puisque la même menace pesait sur toutes les *gentes*, il y en avait peu sans doute assez sûres de leur avenir pour le compromettre en assurant celui du voisin. Les clients tombés en déshérence pouvaient former d'autres liens, mais peut-être n'en éprouvaient-ils pas le besoin. Depuis que la royauté, s'écartant des voies traditionnelles, avait entamé le combat contre le particularisme gentilice, l'homme isolé se sentait moins faible, moins abandonné. Il avait maintenant, sinon un patron, au sens exact du mot, du moins un protecteur qui était le roi.

Les clients qui tendent à s'émanciper parce que la clientèle tend à se dissoudre ne se confondent pas avec les précédents. Ils se rapprochent de la plèbe sans encore s'absorber en elle. Leur lien avec la *gens* est relâché de plus en plus sans être tout à fait rompu. La dissolution de la clientèle coïncidant avec celle de la *gens* est un de ces phénomènes sociaux à évolution lente dont on saisit le terme mieux qu'on n'en peut suivre la marche. Il rentre dans la série des transformations qui, après de longues luttes, feront surgir des ruines de la cité patricienne une Rome nouvelle.

§ 2. — La situation politique et juridique de la plèbe. Le démembrement de la « gens ».

On s'est représenté quelquefois la plèbe comme une population de parias, dépourvus non seulement des droits politiques, incapables non seulement de voter dans les comices et de siéger dans le Sénat, mais aussi d'acquérir, de se marier, de fonder une famille et de la gouverner, conformément aux règles et sous la sanction de la loi romaine. C'était la religion patricienne, la religion de la cité qui présidait à tous les actes de la vie publique et privée, qui les rendait par son intervention légitimes et respectables. L'organisation de la famille et de la propriété avait été réglée par elle aussi bien que celle du Sénat et des comices. Donc, les plébéiens étrangers à cette religion ne pouvaient ni entrer dans les comices et le Sénat ni avoir, à strictement parler, une propriété et une famille.

Tel est le raisonnement : il peut paraître justifié en logique, mais il n'y a pas de logique qui tienne devant les textes. La vérité, c'est que de tout temps, si loin que portent nos regards, les plébéiens nous apparaissent investis et des droits civils et d'un minimum de droits politiques, électeurs et non éligibles, comme nous dirions aujourd'hui, munis du *jus suffragii* à l'exclusion du *jus honorum*, comme disaient les Romains.

Ils avaient le droit de propriété, et de ce droit dérivait pour eux le droit de se marier, d'adopter, de tester. Tous ces actes étaient accomplis par les patriciens sous le contrôle des pouvoirs spirituels de la cité, sous la présidence du Grand Pontife. Par là, ils seraient restés interdits aux plébéiens qui ne connaissaient pas ces pouvoirs et que ces pouvoirs ne connaissaient pas si l'on n'avait imaginé, pour les mettre à leur portée, des procédés différents, indépendants de ces pouvoirs, émanant du seul droit de propriété, entés en quelque sorte et greffés sur ce droit. A côté du mariage dit par *confarreatio*, seul usité dans la société patricienne, s'introduisirent deux autres modes : le mariage par *coemptio*, par l'achat, où la femme était acquise au mari par une vente symbolique sous les formes ordinaires de la *mancipatio*, avec toutes les conséquences juridiques attachées à la notion du mariage ; le mariage par *usus*, par l'usage, procédé plus sommaire, où l'acquisition était réalisée par prescription, à la suite d'une cohabitation continue. On s'y prit de la même manière pour l'adoption, devenue réalisable elle aussi par une vente fictive conférant à l'acte la valeur qu'il ne pouvait emprunter à la consécration religieuse. Il était de règle que le père perdait définitivement sa puissance sur le fils qu'il avait vendu trois fois. Quand ce résultat était obtenu par trois mancipations successives, il ne restait à l'adoptant qu'à faire valoir de prétendus droits de paternité qui, devant le silence du père selon la nature, étaient reconnus comme fondés par le magistrat. Par un subterfuge analogue, le testateur était censé vendre ses biens à un mandataire de bonne foi qui devait, après la mort du disposant, les remettre à la personne instituée.

Il en est des droits politiques de la plèbe comme

de ses droits civils. De tout temps les plébéiens nous sont signalés comme inscrits dans les curies. Mais comment se sont-ils trouvés, dès le principe, en possession de ces divers droits, civils et politiques? Il faut revenir à la distinction établie précédemment entre les divers éléments de la plèbe. Les habitants des villes soumises étaient, comme les Romains, des Latins. En cette qualité ils avaient fait partie, avant leur assujettissement, d'une confédération embrassant tout le groupe ethnique de ce nom, le « *nomen Latinum* », et où Rome elle-même, avant d'avoir acquis la primauté, était traitée sur le même pied que les autres confédérés. Le lien entre ces peuples était un lien d'hospitalité réciproque, « *hospitium publicum* », la plus ancienne des conventions internationales. En quoi elle consistait au juste, nous ne nous le représentons pas directement, mais il y a un indice. Lorsque la confédération fut dissoute, en 338, après avoir tenté de se soustraire à la domination de Rome, les Latins conservèrent le *commercium*, c'est-à-dire le droit de propriété sur toute l'étendue du territoire romain avec tous les droits qu'on en avait déduits, et en outre, pour ceux qui établissaient leur domicile dans la ville même, le droit de suffrage. Que des avantages aussi précieux, et dont par la suite la République s'est montrée si avare, leur aient été accordés à l'occasion de leur défaite et comme en récompense de leur rébellion, on aura peine à se le persuader. On est conduit plutôt à y reconnaître une survivance, la prolongation, à travers une situation nouvelle, d'un état de choses où les hommes du « nom latin », tout en se fractionnant en groupes indépendants, conservaient encore très vif le sentiment de leur unité originelle. Or, les Latins domiciliés sont exactement traités comme les plébéiens, d'où l'on est amené à conclure que les premiers plébéiens n'étaient autres que les Latins domiciliés. Il n'y avait donc pas lieu de leur conférer un statut qui leur revenait de droit, et par là s'explique le silence des historiens sur la prétendue loi qui le leur aurait attribué.

Sans doute tous les plébéiens n'étaient pas des Latins. Cette qualité ne pouvait être reconnue aux « métèques » de nationalité étrusque, campanienne, hellénique. Les clients, d'autre part, pouvaient avoir du sang latin, mais n'ayant point passé de l'état de confédérés à celui de sujets, ils ne pouvaient bénéficier d'un droit antérieur. On comprend toutefois que la condition faite au premier noyau de la plèbe ait été étendue par voie d'assimilation à tout ce qui rentrait dans la catégorie ainsi dénommée, et pour ce qui est des clients, il faut se reporter ici aussi à une distinction établie plus haut, à la distinction entre les clients tombés en déshérence et qui allaient se perdre dans la masse plébéienne pour participer à tous ses droits, et ceux qui, étant en train de se libérer, n'ont pas dû être détachés de leur curie plus brusquement qu'ils ne se détachaient de leur *gens*, et par conséquent n'ont pas cessé d'y figurer après leur libération complète.

La présence des plébéiens dans les curies n'empêcha pas les patriciens de dominer dans les comices curiates. Ils continuèrent d'y faire la loi, soutenus par les votes des clients restés fidèles à leur *gens*. Nous les voyons plus tard, dans les premiers temps de la « lutte des deux ordres », quand c'étaient ces comices qui élisaient les tribuns de la plèbe, réussir, avec cet appoint, à faire passer les candidats de leur choix. Mais si les droits politiques reconnus à la plèbe étaient sans péril pour le moment, il en fut autrement des droits civils dont elle se trouva pourvue. Ils eurent dans la société patricienne une répercussion qui l'ébranla jusqu'en ses fondements.

Une des raisons alléguées par les patriciens pour maintenir les plébéiens dans leur état d'infériorité, c'est qu'ils n'avaient pas la *gens*. Cela ne veut pas dire qu'ils fussent étrangers aux idées qui étaient à la base de l'organisation familiale et gentilice. Ces idées n'étaient pas le privilège exclusif des Romains ni même de la nation latine. Cela veut dire qu'ils n'avaient pas, ou plutôt qu'ils n'avaient plus la *gens*, telle qu'elle continuait d'exister dans le patriciat de Rome.

Transportons-nous par la pensée au milieu de ces populations du Latium plus ou moins appauvries par les confiscations pratiquées à la suite de la conquête. Ce grand bouleversement eut pour conséquence la dissolution de la clientèle. Etablis sur ces terres mêmes dont l'Etat conquérant s'était adjugé une partie, il était naturel que les clients en vinssent à se détacher de patrons impuissants désormais à les protéger, diminués dans leur fortune et dans leur prestige. Mais les clients n'étaient pas seulement la force et le luxe de leur *gens* : ils en étaient le lien. Ils en préservaient l'unité. Leur établissement exigeait un patrimoine commun administré par un chef. Leur défection rendait ce patrimoine et cette administration inutiles. Ainsi les raisons qui avaient maintenu l'unité de la *gens* ayant perdu leur puissance, les affections, les droits naturels longtemps comprimés l'emportèrent enfin, et leur expansion fut d'autant plus rapide qu'elle n'avait pas à compter avec l'intervention de l'Etat. L'Etat, maintenant, c'était Rome. Et l'on peut croire que le patriciat romain ne faisait rien pour retenir ces forces qui se désagrégeaient. S'il avait refusé de s'incorporer les *gentes* des peuples vaincus, ce n'avait pas été sans doute pour les laisser debout, en dehors de lui, comme autant de foyers de révolte. Il consentait donc, il poussait peut-être à une transformation qui devait assurer son empire et dont il ne pressentait pas le contre-coup désastreux pour lui-même.

C'est alors que se forma dans la plèbe une conception de la *gens* qui n'est plus que l'ombre de la conception primitive. Il ne fut plus question de patrimoines indivis et inaliénables. Les entraves qui pesaient sur la propriété foncière furent levées. On put la vendre, la partager après la mort du père entre les enfants. La *gens* se décomposa en familles indépendantes qui ne furent plus reliées que par la communauté du nom, du culte et par l'aptitude des *gentiles* à hériter à défaut des *agnats*. Ce fut le nouveau droit gentilice et l'on peut dire familial, fixé dans les Douze Tables et dont nous trouvons la théorie dans les jurisconsultes.

Droit commun désormais — c'est le point capital — aux plébéiens et aux patriciens. On se figure ordinairement qu'il a été emprunté par les premiers aux seconds, après qu'il s'était développé chez ceux-ci. C'est le contraire qui est vrai. Ce n'est pas la plèbe qui a emprunté au patriciat sa théorie de la *gens*. C'est elle qui a fini par lui imposer la sienne. Le patriciat romain, dans un intérêt de domination, avait brisé ou laissé se briser les *gentes* voisines, mais en poursuivant leur ruine, il avait préparé sa chute de ses propres mains. Le spectacle de cette société et de sa libre activité fut contagieux. Le vieux système n'y résista pas.

La transition nous échappe. On voit cependant qu'elle fut grandement facilitée et activée par la procédure imaginée à l'usage des plébéiens et dont l'emploi ne tarda pas à se répandre dans le monde patricien. Sans doute on n'est pas autorisé à dire que l'unité de la *gens* fût attachée aux formalités du mariage par *confarreatio* ni à celles de l'adoption ou du testament devant le Grand Pontife. Mais c'était un grand pas d'avoir soustrait ces actes à cette surveillance, et cela était important surtout pour le testament qui pouvait ainsi être mis au service des idées nouvelles.

Nous saisissons dans l'histoire du Sénat le contrecoup de cette révolution. Elle se traduit par l'apparition relativement tardive de la formule *Patres conscripti*, Pères inscrits ensemble sur la liste. Cette détermination n'était pas nécessaire dans un temps où sur cette liste figuraient tous les *Patres*, tous les chefs des *gentes*. Elle ne devint utile et indispensable que du jour où on en laissa dehors un certain nombre, c'est-à-dire lorsque le nombre des *Patres* dépassa celui des sénateurs, et comme ce fait ne put se produire par la multiplication des *gentes* dont le nombre tout au contraire ne cessait de décroître, il ne peut s'expliquer que par leur démembrement, quand elles se scindèrent en plusieurs familles ayant chacune leur chef, leur père. Si d'autre part nous consultons encore une fois les tableaux généalogiques, nous constatons un phénomène, déconcertant au premier abord, mais qui, après ce qui vient d'être dit, ne doit plus nous surprendre, la *gens* se ramifiant en familles détachées du tronc commun et distinguées par leur surnom, et cela dans la période de sa décadence, parce que rien, dans sa constitution, ne s'oppose plus à son libre développement. Il ressort des mêmes documents — et l'on pouvait s'y attendre — que le mouvement ne s'est pas opéré en un jour ni partout avec la même célérité. Peu marqué au ve siècle avant notre ère, il continue en progressant durant le ive et ne se dessine tout à fait qu'au iiie. Il y a même des *gentes* qui ne se fractionnent que plus tard. A l'époque de Paul-Emile, au début du iie siècle, les Aelii vivent au nombre de seize, assez pauvrement du reste, dans la même maison à

Rome et sur le même bien à la campagne. Pour se défendre contre le démembrement, le patriciat avait encore le testament, instrument à deux tranchants, qui pouvait précipiter la désagrégation en partageant le patrimoine, et qui pouvait l'enrayer en le maintenant dans son unité. Il faut considérer en effet que la législation, en établissant un ordre rigoureux pour la succession *ab intestat*, ne paraît avoir imposé aucune condition au testateur. Qu'on se figure la liberté de tester reconnue après la Révolution française et exploitée par les débris de notre aristocratie pour sa conservation, et l'on aura une idée de ce qui a pu, de ce qui a dû se passer dans le patriciat romain.

Quand donc les patriciens se vantaient d'avoir la *gens* et reprochaient aux plébéiens de ne pas l'avoir, ils n'étaient pas tout à fait dans le faux. Sans doute il y a au fond de leur argumentation un sophisme. Ils confondent, et à dessein, entre la notion nouvelle de la gentilité, commune à tous les citoyens de naissance libre, à tous les *ingénus*, et l'ancienne qui avait été celle de leur caste, au temps de sa grandeur. Mais il est vrai qu'entendue ainsi, la plèbe ne connaissait pas la *gens* ou plutôt ne la connaissait plus, alors que l'image en subsistait, plus ou moins altérée d'ailleurs et s'effaçant graduellement, au sein du patriciat.

Il va sans dire que la condition pour la dissolution de la *gens* romaine comme pour celle de la *gens* latine, ce fut la désertion des clients. Mais ce fait qui, pour cette dernière, a été la conséquence de la conquête, s'est produit à Rome au cours et à la faveur d'une lutte acharnée où les clients ne pouvaient manquer finalement de faire cause commune avec leurs alliés naturels, les plébéiens.

§ 3. La situation économique de la plèbe.

A en croire certains historiens modernes, la lutte entre les patriciens et les plébéiens aurait été purement politique. Les plébéiens n'auraient réclamé que leur part du pouvoir. Si à ces revendications les auteurs anciens en ont mêlé d'autres ayant un caractère économique, social, tendant au partage des terres, à l'abolition des dettes, c'est qu'ils ont été dupes d'une illusion, c'est qu'ils ont transporté dans le passé les conflits dont ils étaient témoins dans le présent. Il y a dans cette opinion du vrai avec beaucoup d'exagération. Il est manifeste que ces écrivains, en face d'une tradition très indigente, se sont attribué le droit de l'enrichir et de la dramatiser, au risque de la fausser, en empruntant le détail et les couleurs de leurs tableaux au spectacle de la réalité contemporaine; mais que la tradition en elle-même, dans son fond, soit exacte, on ne voit aucune raison sérieuse pour le mettre en doute. La lutte entre les pauvres et les riches est de tous les temps, avec les variétés que comporte la différence des époques et des milieux et, somme toute, nous discernons assez bien ce qu'elle a pu être et la place qu'elle tient dans les péripéties de la « lutte des deux ordres ».

Il y avait des plébéiens riches. Nous en aurons la preuve quand nous les verrons figurer au sommet de la hiérarchie ploutocratique qui forma les cadres de la Rome nouvelle. C'étaient vraisemblablement des commerçants enrichis ou des Latins qui devaient à des circonstances spéciales, à leur prompte soumission, d'être restés maîtres d'une bonne partie de leurs biens. Il y avait des pauvres en beaucoup plus grand nombre, comme toujours et partout. Tous les étrangers attirés par le commerce n'avaient pas fait fortune.

Tous les vaincus n'avaient pas été traités aussi avantageusement. Et enfin les clients émancipés ne possédaient que le petit lopin de terre où ils avaient été établis comme clients. Ce sont ces petits propriétaires ruraux dont nous entendons surtout les récriminations. C'est à leur sujet que se posent la question agraire et la question des dettes.

Comment leur situation s'est-elle aggravée au point de devenir intolérable? Rome, entourée de voisins jaloux et pillards, vivait dans un état de guerre permanent. A chaque instant le paysan, appelé sous les drapeaux, devait quitter son travail, sans la compensation de la solde qui ne fut instituée que plus tard et qui, de toute manière, eût été insuffisante; le plus souvent aussi sans la ressource du butin, ressource toujours aléatoire, car il pouvait manquer, et d'ailleurs l'attribution en était réservée à l'arbitraire du général patricien. En revanche, il devait payer le *tributum*, l'impôt pesant sur la propriété foncière. Rentré dans ses foyers, il trouvait son champ abandonné, inculte, quand il n'avait pas été dévasté par les *razzias*. Le riche, lui aussi, devait servir et lui aussi courait le risque de voir son domaine en proie aux incursions ennemies. Mais ce domaine, plus ou moins vaste et n'étant pas nécessairement d'un seul tenant, pouvait n'être pas exposé également dans toutes ses parties; il était cultivé, en l'absence du maître, par ses esclaves, par ses clients; et enfin, le riche avait des avances qui lui permettaient de faire face à ses pertes. Tite-Live et Denys d'Halicarnasse, dans une de ces scènes à effet où ils se complaisent trop volontiers, mais qui, cette fois, ramasse dans un exemple unique, concret et vivant, une série de faits trop fréquents et réels, nous représentent un soldat, mieux que cela, un officier, un centurion, criblé de cicatrices et réduit après de longs et glorieux services à la misère et au désespoir. Pendant une guerre contre les Sabins, sa récolte a été enlevée, sa maison a été incendiée, ses troupeaux ont été emmenés, et avec cela, il a fallu payer l'impôt. Que faire ? Il a emprunté. Remède pire que le mal, qui a achevé sa ruine et l'a fait tomber lui-même aux mains de son créancier, devenu son bourreau.

Les Romains ne connurent le monnayage qu'assez tard, vers le milieu du ive siècle avant notre ère. L'instrument de compte fut d'abord le bétail, ainsi qu'en témoignent le mot *pecunia* qui désigne la fortune et qui est dérivé du mot *pecus*, troupeau, et l'évaluation des amendes en têtes de bœufs et de moutons. Mais il n'est pas nécessaire qu'une société connaisse la monnaie pour connaitre les dettes. Dans les civilisations primitives, le prêt en nature tient lieu du prêt en espèces : on prête les semences, la récolte, à charge de restituer au double, au triple; on prête le bétail, à charge de livrer une partie du croit. Au surplus, de bonne heure, concurremment et sans doute de plus en plus, on se servit comme étalon de la valeur de lingots de cuivre brut, *æs rude*, en suppléant par la pesée à l'empreinte de l'Etat. Les formalités de la vente dite *per æs et libram*, par le cuivre et la balance, où la pesée fut conservée comme cérémonie symbolique, évoquèrent longtemps encore le souvenir de ces vieux procédés. Mais l'emploi de l'*æs rude*, précurseur de la monnaie proprement dite, avec le développement du commerce qui en fut la cause et l'effet, n'améliora pas la situation, tout au contraire. Ces deux faits eurent une double conséquence, désastreuse pour les gens de la campagne. D'une part, les importations de blé maintenaient les prix à un niveau peu élevé, de l'autre le paysan ne pouvait plus troquer ses denrées contre les quelques objets indispensables qu'il n'était pas en mesure de fabriquer lui-même. Entre les deux marchandises l'équivalent métallique, l'argent, si l'on peut dès lors se servir de ce terme, s'était introduit qui avait fait reculer le troc. Ajoutez que l'impôt devait se payer en argent. Et comme l'argent était ce dont le paysan manquait le plus, il fallait bien qu'il l'empruntât.

Les Romains pratiquaient une forme de prêt gratuit, sans intérêt, sans sanction, le *mutuum*, qui longtemps resta en dehors de la sphère du droit, ne reposant que sur la bonne foi du débiteur. Ce n'était au fond, comme le mot l'indique, qu'un échange de bons offices entre voisins et amis appartenant à la même classe, à la classe supérieure de la société, et présentant par là même toutes les garanties de notoriété, d'honorabilité, de solvabilité. Dans ce cercle restreint, le respect de l'opinion publique remplaçait la contrainte légale et assurait l'exécution du contrat. Mais cette confiance et ce désintéressement n'étaient pas de mise de riches à pauvres, de patriciens à plébéiens. En l'absence de sympathies réciproques et de garanties solides, les premiers ne pouvaient songer qu'à tirer de leur argent le plus gros profit possible en usant pour cela des moyens que leur fournissait la loi.

Le taux de l'intérêt, du *fenus*, qui était resté libre jusqu'aux Douze Tables, fut fixé dans cette législation au douzième du capital prêté (*fenus unciarium*), au denier douze, comme nous disons, soit 8 1/3 % pour l'ancienne année de dix mois, et 10 % pour l'année ultérieure de douze mois. C'était un taux très fort, plus fort dans un temps où la terre médiocrement cultivée donnait et rapportait peu, exorbitant quand le renouvellement des circonstances qui avaient nécessité l'emprunt rendait l'exploitation du fonds moins fructueuse encore ou nulle, d'autant plus onéreux que les intérêts non payés s'ajoutaient au capital et devenaient eux-mêmes productifs d'intérêts. Il n'est pas étonnant que sous ce fardeau le débiteur succombât.

La loi concernant le débiteur insolvable, telle qu'elle est consignée dans les Douze Tables, porte l'empreinte de l'antique barbarie. Le créancier, à l'expiration de l'échéance, commençait par faire reconnaître en justice la validité de sa créance, puis, au bout de trente jours, de son autorité privée, il saisissait le débiteur, il mettait la main sur lui (*manus injectio*) et le trainait devant le magistrat. Le débiteur pouvait alors invoquer la caution d'un tiers, d'un *vindex*. Si son appel n'était pas entendu, il était attribué (*addictus*) au créancier qui l'emmenait dans sa demeure où il le tenait enchaîné. Soixante jours se passaient encore pendant lesquels un arrangement pouvait intervenir ou le « *vindex* » se présenter. Trois fois en effet, pendant ce temps, à trois marchés consécutifs, le créancier devait produire son prisonnier et proclamer le montant de la dette pour celui qui pouvait être disposé à en répondre. Si décidément cette troisième publication restait sans effet, il avait le droit de le tuer ou de le vendre comme esclave, non pas sur le territoire romain, ni même sur celui de la confédération latine, — un citoyen romain ne devenait pas esclave dans sa patrie, il pouvait seulement être réduit par la vente à une condition voisine de la servitude, *in mancipio*, — mais à l'étranger, et dans le pays étranger le plus proche, au delà du Tibre, « *trans Tiberim* », en Etrurie. Si les créanciers étaient plusieurs, ils pouvaient se partager le corps du malheureux : « *Tertiis nundinis partes secanto* ».

Cette dernière disposition a paru si énorme à quelques historiens modernes qu'ils ont imaginé pour ce texte une explication tendant à substituer le partage du fonds à celui du corps. Mais il est plus que douteux, ainsi qu'on le verra plus loin, que l'exécution sur la personne ait impliqué dès cette époque l'exécution sur les immeubles, et d'ailleurs les commentateurs anciens sont unanimes à adopter l'interprétation littérale, aussi révoltante à leurs yeux qu'aux nôtres. Ils ajoutent seulement que jamais, à leur connaissance, cette opération atroce n'a été pratiquée. Ils en pourraient dire autant de la peine de mort et de la vente au delà du Tibre. Ici, il est vrai, le droit du créancier, si odieux qu'il nous paraisse, ne saurait être contesté : la réalité en est démontrée par la comparaison avec les autres législations primitives. Mais, pas plus que l'opération sur le cadavre, il n'apparaît dans la pratique : nulle part il n'est fait mention d'un cas où le débiteur aurait été mis à mort ou vendu comme esclave, et très certainement les écrivains anciens, si empressés à dramatiser leurs récits en peignant sous les plus noires couleurs la condition des plébéiens endettés, n'eussent pas manqué de compléter le tableau en signalant cette double cruauté s'ils en avaient trouvé un exemple dans leurs sources ou dans la tradition.

On comprend que les créanciers aient renoncé à se prévaloir d'un droit de meurtre d'où ils ne tiraient qu'une satisfaction stérile. Quant à la vente du débiteur, il est à croire qu'elle ne rapportait guère plus que sa mort. On a remarqué qu'elle ne pouvait se faire à l'enchère, l'enchère ne pouvant se pratiquer qu'entre acheteur et vendeur appartenant à la même nation ou à deux nations unies par le lien du *commercium*, c'est-à-dire jouissant respectivement l'une chez l'autre du droit de propriété, ce qui n'était pas le cas pour Rome et l'Etrurie. Dans ces conditions, la vente ne pouvait atteindre un prix très élevé. On a fait observer aussi qu'elle avait un caractère purement pénal, et qu'à ce titre elle ne comportait pour le vendeur qu'un prix fictif. C'est ainsi que le déserteur était vendu à l'étranger pour la somme dérisoire d'un sesterce. De toute façon, il est évident que les deux modes d'exécution, vente et mise à mort, n'eussent pas été placés par la loi sur le même plan, s'ils n'eussent pas été aussi peu avantageux l'un que l'autre. Il ne l'est pas moins que le plus rémunérateur eût été choisi de préférence, et ainsi celui-là du moins, à défaut de l'autre, eût tenu quelque place dans les souvenirs. Mieux valait donc, au lieu de cette perte sèche, laisser vivre le débiteur et le garder pour utiliser ses services, et c'est à quoi l'on arrivait par la voie du *nexum*.

Le *nexum* (du verbe *nectere*, lier, obliger) était un acte par lequel l'emprunteur engageait sa personne en garantie de sa dette. Pour parler exactement, il la vendait, l'ancien droit n'ayant pas la notion du prêt et le prêt ne pouvant donc s'effectuer que sous forme de vente. Il la vendait, il la « mancipait », conformément aux règles établies pour la « *mancipatio* », par devant témoins, contre une somme convenue, livrée par l'acheteur, c'est-à-dire par le prêteur et dont la valeur était vérifiée par la pesée. La différence c'est que l'acheteur, le prêteur, au lieu de prononcer la formule par laquelle il affirmait son droit de propriété, en prononçait une autre stipulant les conditions du prêt, en d'autres termes fixant les obligations réciproques. Si au jour dit le débiteur n'avait pas acquitté sa dette, il appartenait à son créancier, et celui-ci était autorisé à l'appréhender au corps par l'acte dit de la *manus injectio* dont il a été question plus haut. Il ne devenait pas esclave : la loi distinguait entre l'esclave, le *servus*, et l'homme libre dit « *in mancipio* »; il ne perdait donc en théorie ni ses droits privés ni ses droits politiques, mais il était dans la dépendance du maître qui le tenait incarcéré et enchaîné jusqu'au jour où il était considéré comme ayant remboursé par son travail ce qu'il ne restituait pas en espèces.

La procédure du *nexum* et celle de l'*addictio* se présentent l'une et l'autre sous un aspect déconcertant, avec un caractère complexe, contradictoire, avec des traits qui jurent entre eux et semblent empruntés à des états sociaux différents. La première, avec la contrainte par corps sans jugement, nous reporte au temps où l'Etat intervenait le moins possible dans les transactions privées. L'existence et le montant de la dette étant un fait de notoriété publique, il s'abstenait et laissait le créancier exercer son droit. Mais d'autre part, il y a un progrès moral attesté par l'adoucissement apporté à la condition du débiteur. Même contraste dans la procédure de l'*addictio*. Déjà l'intervention de l'Etat sortant de son abstention pour trancher par un arbitrage impartial les contestations possibles entre les deux parties nous annonce qu'une période nouvelle s'est ouverte. De plus, les facilités, les délais assurés au débiteur témoignent à son égard d'une sollicitude dont l'exécution immédiate et brutale par le *nexum* est totalement affranchie. Et c'est cette même procédure qui retient finalement, en cas d'insolvabilité, le legs monstrueux des premiers âges, la vente, le meurtre, le dépècement du corps.

La solution du problème paraît être la suivante. Le *nexum*, précisément parce qu'il est indépendant de l'Etat, doit être considéré comme remontant à une très haute antiquité, et parce qu'il remonte à une très haute antiquité, comme entraînant une pénalité, car toutes les obligations, dans les sociétés primitives, ont un caractère pénal. Il est donc permis de supposer qu'il conférait à l'origine sur l'obligé, sur le « *nexus* », les pouvoirs les plus étendus, jusqu'au droit de le vendre ou de le tuer. Mais le *nexum*, en tant que convention privée, était modifiable au gré des contractants, conformément à leurs intérêts respectifs qui, dans l'espèce, s'accordaient pour substituer à la peine capitale ou à la vente un traitement moins rigoureux. Quand l'Etat intervint et quand il fixa dans les Douze Tables les règles de l'exécution légale, il ne put faire autrement que de maintenir la coutume et de l'inscrire dans la loi, comme il faisait pour toutes celles qu'il avait pris à tâche de codifier, et ainsi le débiteur livré à son créancier par le magistrat (*addictus*) encourait toutes les rigueurs de l'ancien droit. L'Etat n'avait pas en effet à s'immiscer dans les conventions conclues en dehors de son contrôle, entre particuliers. Mais, en autorisant un arrangement dans l'intervalle, entre la sentence du magistrat et l'exécution qui s'en suivait, il laissait la porte ouverte à un contrat qui n'était autre que le « *nexum* ». C'est pourquoi il n'est pas fait mention du *nexum* dans les Douze Tables qui n'ont pas à spécifier les clauses d'un contrat privé. C'est pourquoi, au contraire, il est si souvent question dans les textes de débiteurs qui volontairement s'engagent par le *nexum* (*nexum ineunt*) et qui échappent par ce moyen à l'*addictio* et à ses suites. Il est vrai que les mêmes textes distinguent entre les *nexi* et ceux qui ont été l'objet d'une condamnation (*judicio damnati*), c'est-à-dire entre ceux qui ont subi le *nexum* préalablement à toute action en justice, et ceux qui s'y sont résignés au cours de cette action, mais la condition des uns et des autres est la même.

Nous rencontrons souvent un fils ou plusieurs subissant le *nexum* à la place du père, ou avec lui pour activer par leur travail l'extinction de la dette. On ne voit pas en effet ce qui pouvait empêcher le père de « manciper » sous la forme du *nexum* les personnes placées sous sa puissance, ni le créancier d'imposer cette condition s'il lui en prenait fantaisie. Mais l'exécution sur les personnes ne s'étendait pas aux choses. Les idées enracinées au cœur des vieilles sociétés n'avaient pas tout à fait perdu leur empire.

La terre, rendue divisible, aliénable, restait soustraite à la dette. Les Douze Tables nous apprennent que le débiteur insolvable, aux mains de son créancier, était libre, s'il le voulait, de se nourrir sur son fonds : « *de suo vivito* ». Comment l'eût-il pu s'il avait été dépouillé de tout ? Et comment, dans ce cas, les juristes eussent-ils hésité sur l'interprétation du texte fameux « *partes secanto* » « qu'ils s'en partagent les morceaux » ? Comment, au lieu d'admettre, malgré leurs répugnances, la réalité de ce droit abominable, en horreur à des civilisés, n'eussent-ils pas expliqué qu'il s'agissait tout simplement du partage des biens ? Mais il n'y a pas trace de cette explication dans leurs commentaires, ni d'aucune disposition relative à la fortune, ce qui prouve bien qu'elle n'était pas entamée. Sans doute les textes ne manquent pas d'où l'on pourrait être tenté de tirer une conclusion contraire. Les historiens nous représentent plus d'une fois les malheureux débiteurs expulsés de l'héritage paternel en même temps que privés de leur liberté, mais nous savons leur tendance à reconstruire le passé sur le modèle du présent. Pour que la terre de l'homme servît de gage à sa dette en même temps que son corps ou à sa place, il fallut de nouveaux changements dans les mœurs et dans la loi.

Le sort des insolvables, malgré les bienfaits apportés par l'universalisation du *nexum*, était fort triste, d'autant plus que les garanties stipulées en leur faveur étaient en fait rendues illusoires par l'ignorance, l'indifférence ou la complicité des magistrats, appartenant eux-mêmes à la classe dominante et oppressive. Les Douze Tables avaient fixé pour les prisonniers un minimum de pitance et un maximum de poids pour leurs chaînes, mais cette disposition restait lettre morte. Qui donc se souciait, pour en vérifier l'observance, de pénétrer dans l'*ergastulum* ? Et s'il est vrai que le travail du débiteur devait l'acquitter de sa dette, qui se chargeait de mesurer la somme de temps et d'efforts nécessaire pour sa libération? Les *nexi*, livrés sans défense à la rapacité, à la cruauté de leurs créanciers, ne voyaient donc pas de terme à leur misère, et aussi n'est-il pas étonnant que la question des dettes ait été la cause de soulèvements et d'agitations sans fin.

Nous retrouverons cette question, demeurée brûlante jusqu'aux derniers jours de la République. Il en est de même de la question agraire qui se pose dès à présent, et qui restera à l'ordre du jour jusqu'au bout.

Plus que la question des dettes, la question agraire a évolué. Elle ne se pose pas, il s'en faut, à cette époque, dans les termes où elle se présentera au temps des Gracques. Il ne s'agit pas d'enrayer l'extension de l'esclavage, le développement du paupérisme, la ruine de la petite propriété et des classes moyennes, avec la surpopulation de Rome pour conséquence, par la rétrocession et la limitation des parties du domaine public usurpées dans des proportions démesurées, soustraites à l'agriculture, transformées en terres de pâture, en lieux de plaisance par les capitalistes et les riches. C'est par une de ces anticipations dont ils sont trop coutumiers et que l'on a tant de fois occasion de constater que les auteurs anciens ont transporté en arrière le spectacle qu'ils avaient sous les yeux. La race latine était forte alors et vivace, le domaine public était trop peu étendu pour se prêter à la formation de propriétés de luxe, immenses et improductives, le luxe même était un vain mot dans cette société laborieuse et pauvre, et enfin la prédominance du travail servile ne s'annonçait pas : elle ne commencera qu'après les guerres puniques. Mais si, dans ce milieu, les revendications agraires n'avaient pas la portée qu'elles acquirent trois siècles plus tard, il n'y a pas lieu pour cela d'en nier la réalité, et il n'est pas difficile non plus, à travers les falsifications des historiens, d'en démêler l'objet et d'en fixer la mesure.

Les lois de la guerre n'ont point varié chez les Romains. Telles nous les trouvons appliquées dans les grandes campagnes de la République, telles nous les observons au début de leur histoire. Le territoire conquis, propriété des particuliers comme de l'État, était confisqué en totalité ou en partie, suivant que l'on avait des raisons de traiter le vaincu plus ou moins durement. Et l'affectation du territoire confisqué a été aussi de tout temps la même. Sur les trois portions entre lesquelles il était divisé, et dont une était vendue au profit du Trésor, les deux autres étaient consacrées, soit à des attributions gratuites, par voie de colonisation ou d'assignations individuelles, soit à l'exploitation par l'État moyennant location et contre une redevance d'ailleurs bientôt tombée en désuétude. Mais les colonies, exutoire de la population indigente, étaient peu nombreuses au ve siècle avant notre ère, et d'un autre côté, sans entrer dans un détail impossible en l'état de nos documents, on comprend que les patriciens, maîtres du gouvernement, se soient octroyé la grosse part dans ces appropriations ou adjudications, de manière à ne laisser aux plébéiens qu'un lot misérable sur ce sol conquis par leurs armes et arrosé de leur sang.

Réduction des dettes et concession de terres, ce fut le cri de ralliement de la plèbe souffrante. Il se serait perdu dans le vide s'il n'avait trouvé un écho parmi les hommes de la même caste plus favorisés de la fortune. Indifférents dans le fond aux misères de leurs frères et portés plutôt, par la solidarité de la richesse, par la communauté des intérêts à se ranger du côté des exploiteurs, ils poursuivaient un autre but, l'accès aux honneurs, le partage du pouvoir, mais ils sentaient que leurs efforts n'aboutiraient pas s'ils n'étaient soutenus par les masses, et le concours dont ils avaient besoin, ils l'achetèrent en échange du leur. Les pauvres acceptèrent le marché : ils mirent la puissance du nombre, dont ils disposaient, au service d'ambitions qui ne les concernaient pas, et ainsi les revendications d'ordre politique et les revendications d'ordre social, se prêtant un mutuel appui, marchèrent du même pas vers la victoire. La lutte des deux ordres nous offre le premier exemple de cette coalition qui devait se renouveler plus d'une fois par la suite, dans des circonstances différentes, toujours invincible, tant que ne se dissocièrent pas les éléments dont elle était formée.

CHAPITRE III

La lutte des deux ordres.

§ 1. Les tribus locales. — § 2. Le tribunat de la plèbe. — § 3. La conquête de l'égalité civile et politique.

§ 1. — Les tribus locales.

Avant de retracer, dans ses grandes lignes, la lutte des deux ordres, il faut s'arrêter sur une réforme qui, vers cette époque, à une date qu'on ne saurait préciser, opéra un remaniement complet dans les institutions fondamentales de la cité romaine et prépara pour le combat livré par la plèbe un terrain favorable.

Lorsque l'Athénien Clisthène voulut incorporer à la cité tous ceux, thètes et métèques, que le préjugé en tenait exclus comme ne rentrant pas dans l'organisation gentilice, il imagina de créer des divisions nouvelles où tous les habitants de l'Attique, sans distinction d'origine, groupés suivant leur domicile, par quartiers ou par cantons, pussent se rencontrer et se confondre. Les anciennes divisions ne furent pas supprimées; les γένη, les *gentes* athéniennes, avec les *phratries* qui les encadraient, subsistèrent, protégées par une tradition immémoriale et sacrée, mais il ne fut plus nécessaire d'être membre d'une phratrie et d'un γένος pour être qualifié citoyen, pour supporter les charges et aspirer aux honneurs attachés à ce titre, ou plutôt, si l'on créa, à l'usage des nouveaux venus, des phratries nouvelles, sur le modèle des anciennes, ce fut uniquement pour ne pas les laisser dans un état d'infériorité, au point de vue religieux, par rapport aux citoyens de vieille souche, mais les seules divisions politiques et administratives furent les divisions Clisthéniennes, les dix tribus locales (φυλαὶ τοπικαί) et les dèmes inscrits dans ces tribus. Ainsi non seulement la cité s'enrichit par un afflux de citoyens nouveaux, mais les anciens prirent à ce contact d'autres mœurs et d'autres idées. Les nobles, les Eupatrĭdes, se trouvèrent rapprochés de leurs clients et mis avec eux sur un pied d'égalité, et les clients de leur côté, soustraits dans ce milieu aux influences héréditaires, virent se relâcher les liens qui les enchaînaient à leurs maîtres d'autrefois. Ce fut tout un bouleversement de la société athénienne, refondue et comme pétrie à neuf par la main puissante du grand réformateur.

L'histoire traditionnelle attribue au roi légendaire Servius Tullius une réforme analogue en faisant remonter jusqu'à lui la formation des tribus locales destinées désormais à servir de base aux deux opérations essentielles de la perception de l'impôt et du recrutement. Jusqu'alors il n'y avait eu d'autres divisions que les trente curies, encadrées dix par dix, dans les trois tribus primitives (*Ramnes, Tities, Luceres*), les tribus dites *génétiques* pour les distinguer des tribus Serviennes et ainsi nommées parce qu'elles étaient, comme les curies, des agrégats de *gentes* où les hommes étaient répartis d'après leur naissance, les patriciens en tant que faisant partie d'une *gens*, les autres en tant que s'y rattachant par la clientèle. Il est très probable assurément que les tribus génétiques et les curies ont été elles aussi primitivement un moyen de grouper dans un même ressort un certain nombre de *gentes* contiguës ou voisines, mais le principe du classement par domicile, adopté à titre exclusif pour les tribus Serviennes et s'appliquant, sans considération de caste à la population entière, patriciens, clients, plébéiens, les différencia profondément des divisions antérieurement existantes et ne put manquer d'entraîner les mêmes conséquences qu'à Athènes, politiques et sociales.

Nous avons vu, il est vrai, que la composition des curies s'était déjà altérée, tant par le maintien des clients plus ou moins détachés de leur *gens* que par l'introduction des plébéiens étrangers au système gentilice, de sorte que, ainsi transformées, elles auraient pu à la rigueur continuer de servir de cadres à la cité élargie, mais il était naturel que l'influence patricienne restât prépondérante là où si longtemps elle avait régné en souveraine, et il parut donc plus sûr de créer des circonscriptions nouvelles.

La réforme de Servius se caractérise par un trait original, par une nouveauté dont les effets à longue portée devaient se faire sentir sur tout le développement ultérieur de Rome. Elle diffère par là de la réforme de Clisthène autant que diffèrent dans leur histoire les deux villes grecque et latine.

La nouveauté, ce fut la création des tribus rurales. L'organisation de la cité antique était essentiellement urbaine, en ce sens qu'elle comportait l'incorporation de la campagne à la ville et, par suite, la prédominance de la ville sur la campagne. En d'autres termes, les divisions politiques étaient celles de la ville se prolongeant à l'extérieur et absorbant la population du voisinage, considérée comme une sorte d'annexe. Telles furent encore les tribus de Clisthène comprenant à la fois les citadins et les ruraux. Telles avaient été les curies. Aussi anciennes que la ville elle-même, c'est-à-dire remontant à une époque où elle ne s'étendait pas au delà de la banlieue, elles n'ont jamais cessé d'être les circonscriptions de la ville, plus ou moins projetées au dehors. Enfermée et comme garrottée dans ces lisières, Rome était condamnée à ne pas sortir d'elle-même; elle restait une cité comme toutes les autres, incapable de s'accroître, de former une nation. Comment en effet ces compartiments étroits, rigides, se seraient-ils dilatés au point d'embrasser successivement tous les peuples de l'Italie? Il en fut autrement quand on eut créé, pour le dehors comme pour le dedans, des corps similaires, distincts, indépendants, appelés chacun à rendre les mêmes services, à jouer le même rôle, quatre tribus pour la ville, seize ou dix-sept pour la campagne environnante. Dès lors tout pays récemment conquis devenant le noyau d'une tribu nouvelle juxtaposée aux anciennes, Rome ne trouva plus rien, dans sa constitution interne, qui s'opposât à son expansion; elle put amplifier son territoire, multiplier ses citoyens, grandir en un mot dans un vêtement plus souple, à la taille de ses destinées futures.

Une autre conséquence plus immédiate, ce fut l'interversion du rapport de la ville à la campagne. Désormais ce fut la campagne qui pesa de tout son poids sur la ville. Il se peut que l'on n'ait point prévu tout d'abord ce résultat, mais il fallut bien s'en apercevoir quand les tribus locales eurent donné naissance à une assemblée politique dont elles constituèrent, conformément au principe du vote collectif, les unités votantes, et où les seize ou dix-sept tribus rurales, renforcées peu à peu par l'addition de tribus plus éloignées, ne purent manquer d'annuler les quatre tribus urbaines. Or, les tribus rurales, c'était la plèbe rurale, placée maintenant au premier plan dans le combat engagé contre le patriciat et devenue, à la longue, le facteur capital de la politique romaine.

Le recrutement par tribus suscita une armée nouvelle. Ce que l'armée avait été auparavant, nous ne le savons guère. On peut conjecturer seulement, et à coup sûr, que tant qu'elle fut recrutée par curies, elle conserva de fortes attaches avec le système gentilice. Ces liens furent dénoués avec le recrutement par tribus locales, et ce fut une vigoureuse impulsion au mouvement d'émancipation des clients. Ils ne combattirent plus encadrés dans leur *gens*, mais mêlés aux patriciens et aux plébéiens.

Les historiens rapportent à l'époque de Servius Tullius un mécanisme compliqué sur lequel nous aurons à revenir et qui, de toute évidence, quoi qu'ils en disent, ne peut pas avoir été celui de l'armée. Mais il est plus facile de démontrer leur erreur, comme nous essayerons de le faire plus loin, que de rien mettre à la place. Ce que nous voyons de plus clair, c'est que la force de l'armée était dans la grosse infanterie, l'infanterie des Hoplites, comme disaient les Grecs, et qui, dans la tactique de cette époque, tenait le premier rang. Elle était composée des riches, renforcée au besoin par les citoyens moins aisés auxquels l'Etat fournissait le nécessaire. A Rome, en effet, comme partout dans les cités antiques, les obligations militaires étaient en rapport direct avec la fortune. Plus on possédait de parcelles du sol de la patrie, plus on paraissait intéressé à la défendre, et d'ailleurs le soldat s'équipant à ses frais, c'étaient les riches qui devaient l'armement le plus complet. La grosse infanterie formait la *classe* « classis », un mot qui plus tard finit par être synonyme de catégorie censitaire, mais qui à l'origine avait une acception exclusivement militaire. Il n'y avait alors qu'une classe, ainsi qu'il résulte de l'expression « *infra classem* », « au-dessous de la classe », au singulier, expression employée encore par habitude pour désigner ceux qui, en raison de leur pauvreté, étaient exclus des classes, quand il y en eut plusieurs. Les « *infra classem* » recrutaient l'infanterie volante, plus ou moins légèrement équipée, qui servait d'appoint pour engager et soutenir le combat. La cavalerie constituait un corps d'élite dont les cadres, qui empruntaient leurs noms aux trois tribus génétiques des *Ramnes*, des *Tities* et des *Luceres*, évoquaient dans l'armée Servienne l'image de la vieille armée patricienne. Les six centuries équestres des *Ramnes, Tities, Luceres priores* et *posteriores* étaient réservées aux patriciens, tandis que les douze autres qui leur furent ajoutées étaient ouvertes aussi aux plébéiens, et à ceux-là seulement qui pouvaient justifier d'un certain avoir. Par où nous constatons, ainsi qu'il a été dit plus haut, qu'il y avait des plébéiens riches.

De l'armée nouvelle sortit une nouvelle assemblée politique, l'assemblée centuriate, où les centuries, c'est-à-dire les unités militaires formaient les unités votantes. Les historiens nous disent que ce fut à l'occasion de l'expulsion des Tarquins. L'armée, réunie en comices, aurait procédé à l'élection des premiers consuls, et ce précédent aurait fait loi par la suite. Cela est possible. La révolution était l'œuvre du patriciat, et il se peut qu'il ait acheté moyennant cette concession le consentement de la plèbe. Il était naturel d'ailleurs de réserver à l'armée le choix de ses chefs. Mais l'assemblée issue de l'armée ne put pas rester longtemps identique à celle-ci. Si l'on ne pouvait se dispenser de faire concourir à la défense nationale les divers éléments de la population, on ne se crut pas tenu de leur laisser une part égale dans le gouvernement. L'assemblée centuriate ne cessa pas de rappeler ses origines par les formalités auxquelles elle était soumise et par les noms attribués à ses divisions et subdivisions, mais elle fut organisée hiérarchiquement de manière à concentrer le pouvoir entre les mains des riches, et c'est sous cet aspect que nous aurons à la considérer ultérieurement.

§ 2. — Le tribunat de la plèbe.

Ce n'est pas sans raison que les historiens anciens font commencer après l'expulsion des Tarquins (509) la lutte des deux ordres. Cette révolution, si elle fut une réaction contre la domination étrusque, fut aussi, d'autre part, une revanche du patriciat contre la royauté transformée en tyrannie. Les patriciens avaient une trop haute idée de la souveraine magistrature pour la réduire dans ses attributions, mais ils trouvèrent moyen de l'affaiblir en la rendant annuelle et en la partageant entre deux collègues ou *consuls* tirés de leur sein et dont les pouvoirs se faisaient équilibre de manière à requérir, en cas de conflit, l'arbitrage du Sénat. Ce fut le point de départ de la grandeur de cette assemblée. Impuissante légalement à contraindre les consuls, tant qu'ils étaient en fonctions, elle les tenait néanmoins, et par cette intervention que les circonstances pouvaient rendre nécessaire et efficace, et parce que, les résorbant aussitôt après leur courte magistrature, elle incarnait, vis-à-vis des potentats du jour, l'intérêt supérieur de l'Etat et la tradition continue de la politique romaine. Ce fut en même temps pour la plèbe le début d'une ère d'oppression et de misère. Elle avait perdu dans le roi son patron naturel, et se trouva dès lors exposée sans défense aux vexations et aux sévices de ses maîtres. Mais de l'excès des maux sortit le remède. Ce qui faisait la force des patriciens, malgré leur infériorité numérique, c'était leur cohésion, leur solide organisation. Les plébéiens, de leur côté, sentirent le besoin de s'organiser, de se donner des chefs. De là naquirent l'assemblée tribute et le tribunat.

Il en est de ces deux créations comme de tous les faits saillants de cette période semi-historique. Le fait en lui-même se détache assez nettement et d'une manière suffisamment intelligible, mais les événements qui l'ont préparé nous sont présentés avec trop d'incohérences et d'invraisemblances, le récit qui nous en est parvenu repose sur une documentation trop notoirement indigente et incertaine pour qu'on puisse se flatter, non pas seulement d'en suivre le détail, mais encore le plus souvent d'en démêler la véritable nature. A trois reprises, les historiens attribuent les victoires de la plèbe à une manœuvre tout à fait analogue à celles qui figurent aujourd'hui sur le programme de nos luttes de classes. C'était une sorte de grève appelée *sécession*, par où elle démontrait aux patriciens qu'ils ne pouvaient se passer d'elle et qu'ils n'avaient donc qu'à se plier à ses exigences. Nous pouvons admettre qu'elle employa cette tactique dès cette année 493 qui nous est donnée comme ayant marqué son premier triomphe. D'après la vulgate imposée par le prestige des écrivains contemporains d'Auguste, les plébéiens, refusant le service militaire, auraient émigré en masse sur le Mont Sacré, une colline située aux bords de l'Anio, dans l'intention d'y fonder une Rome nouvelle, c'est-à-dire de transporter sur cet emplacement le centre agricole du Latium ; pour les ramener, il aurait fallu les concessions arrachées au patriciat par la famine menaçante, jointes à la conviction où ils étaient arrivés eux-mêmes de la vanité de leur entreprise. Dans cette hypothèse, ce serait la plèbe rurale qui aurait conduit le mouvement. Mais une autre version, qu'on peut tenir pour plus authentique parce qu'elle est plus ancienne, nous représente l'Aventin comme ayant été le siège de l'insurrection, et dès lors les meneurs seraient les marchands, les « métèques » installés sur cette hauteur, aux portes de la ville. Ce qui tendrait à confirmer cette manière de voir, c'est que le tribunat nous apparait tout d'abord comme une émanation de la plèbe urbaine. Nous avons vu plus haut, en effet, que l'élection des tribuns appartint à l'origine aux comices curiates où les patriciens réussissaient à faire passer les candidats de leur choix grâce aux votes de leurs clients. A vrai dire, ce ne fut pas pour longtemps. La plèbe rurale, consciente de sa force, ne tarda pas à revendiquer ce droit pour l'assemblée où elle dominait sans rivale. Et de même qu'elle mit la main sur l'élection des tribuns, de même elle finit par s'approprier les souvenirs glorieux se rattachant à l'institution du tribunat. Par là s'explique la version qui, de l'Aventin, transféra en pleine campagne le théâtre de l'action révolutionnaire et qui prévalut à la longue. Double victoire remportée dans le domaine de l'historiographie comme dans celui des faits.

Les historiens, désireux de présenter la révolution de 509 comme ayant inauguré l'ère de la liberté, datent de cette même année la première de ces lois *de provocatione* qui autorisaient tout citoyen à en appeler au peuple d'une condamnation capitale prononcée par un magistrat. Cette loi, attribuée au consul populaire Valerius Publicola, et qui devint en effet la pierre angulaire des libertés publiques, était une nouvelle atteinte à la puissance arbitraire de la souveraine magistrature, déjà affaiblie par la substitution du consulat à la royauté. Mais, faite par les patriciens et pour les patriciens, si elle ne comportait aucune restriction en droit, dans la pratique elle restait lettre morte pour les plébéiens, clients ou plébéiens indépendants. Le client n'agissait en justice que par l'intermédiaire de son patron, peu disposé dans la plupart des cas à lui sacrifier les intérêts de sa caste. Le plébéien, saisissant directement le consul, ne pouvait pas davantage compter sur sa bonne volonté, et tout dépendait de la bonne volonté du consul, maître de convoquer ou non l'assemblée populaire transformée en tribunal. Le patricien repoussé par l'un des deux consuls avait la ressource de s'adresser à son collègue, et il était rare que sa requête ne fût pas accueillie. Les causes concernant les patriciens étaient en général d'ordre politique et de nature à susciter les passions des partis, en sorte qu'il y avait bien des chances pour qu'il se trouvât un consul favorable au condamné. Il n'en était pas ainsi de l'humble plébéien qui n'avait à défendre que ses intérêts privés. Et à supposer que par miracle il obtînt cette première satisfaction de comparaître devant l'assemblée, cette assemblée était soumise encore à la direction des pouvoirs patriciens. La loi sur l'appel au peuple était donc pour la plèbe une garantie dérisoire, et c'est pourquoi elle dut en chercher une autre tirée, non plus du dehors, mais d'elle-même.

Les tribuns ne sont pas des magistrats. Des magistrats, même à l'époque où en fait ils furent considérés comme tels, ils n'eurent jamais les insignes, ni la toge prétexte, ni la chaise curule; ni les licteurs et les faisceaux, pas plus que le droit de prendre les auspices. Ils sont, non les tribuns du peuple romain, mais les tribuns de la *plèbe*, toujours appelés ainsi, et toujours nécessairement plébéiens, alors même que la distinction entre la plèbe et les débris survivants de la caste patricienne ne correspond plus à aucune réalité politique. Ils sont institués pour s'interposer entre le magistrat patricien et le plébéien, pour venir en aide à ce dernier. C'est le droit d'intercession (*jus intercessionis*) ayant pour objet le « secours », l'*auxi*-

lium. Leur rôle originairement ne va pas au delà. Ils n'ont pas à s'opposer à une mesure générale lésant la plèbe dans son ensemble. Leur intervention n'est valable qu'en faveur des individus. Elle ne s'exerce d'ailleurs que dans la ville où ils sont tenus de résider en permanence, parce que au dehors elle pourrait avoir pour effet d'affaiblir le commandement en face de l'ennemi, et du reste cela suffit, car c'est en ville que les magistrats usent et abusent de leurs pouvoirs, c'est là qu'ils jugent les procès, qu'ils livrent les débiteurs à leurs créanciers, qu'ils procèdent aux levées. Mais comment feront-ils pour s'acquitter de leur mandat? N'étant pas magistrats, ne disposant donc d'aucune autorité et soumis eux-mêmes à l'autorité des magistrats comme tous les citoyens, leur action ne pouvait être assurée que par des voies extralégales et révolutionnaires.

Les plébéiens, ne pouvant invoquer pour leurs chefs la protection de la loi, les placèrent sous celle des dieux. Ils s'engagèrent par serment à ne tolérer aucune atteinte à leur personne ni à la liberté de leurs communications avec leurs commettants, à empêcher qu'on leur fît violence ou qu'on leur coupât la parole dans l'assemblée tenue par eux sur le forum, et conformément à la vieille conception pénale qui, dans le crime, voyait un attentat à la loi religieuse, dans le criminel une victime expiatoire offerte aux divinités vengeresses, ils déclarèrent le coupable *homo sacer*, maudit, retranché de la société des hommes, appartenant aux dieux corps et biens, ses biens devant revenir au temple de Cérès, la déesse de l'Aventin, chère à la plèbe.

C'était une chose grave que le serment dans les idées des Romains. Il constituait la plus haute des obligations morales, une obligation contractée envers les dieux et à laquelle on ne pouvait manquer sans impiété. Courir sus à l'*homo sacer*, au réprouvé, était donc pour tout plébéien, non seulement un droit, mais un devoir et un acte méritoire. Le tribun, ministre des fureurs populaires, autorisé à venger lui-même ses propres offenses, s'emparait de l'offenseur et le précipitait du haut de la roche Tarpéienne, genre de supplice en usage primitivement entre particuliers, à l'occasion d'un délit privé, alors que la vengeance privée était encore admise. Les magistrats eux-mêmes, les consuls étaient soumis à la juridiction tribunicienne, et sans doute il ne faudrait pas s'en fier aux récits légendaires, mais nous en avons des exemples plus récents dont l'authenticité n'est pas suspecte et qui devaient s'appuyer sur des précédents anciens.

Somme toute, c'était la guerre déclarée à l'Etat, l'anarchie installée en permanence dans la cité. Que pouvaient faire les patriciens? Ils ne pouvaient poursuivre comme meurtrier l'homme qui s'était borné à tenir son serment. Pour qu'il y eût meurtre (*parricidium*), la loi voulait qu'il y eût intention coupable (*dolus malus*), et le cas ne rentrait pas dans cette espèce. Ils durent subir le *lynchage* en le légalisant, espérant par là régulariser la procédure et en atténuer l'application. Tel fut l'objet de la loi dite *sacrata*, par laquelle le peuple entier, s'associant au serment prêté par la plèbe, proclamait les tribuns inviolables, « sacro-saints », « *sacrosancti* », c'est-à-dire *sancti* en vertu de la loi *sacrata*. Au fond, ils n'étaient pas plus inviolables que les consuls, mais leur inviolabilité était d'une autre nature, dérivait d'un autre principe. Le consul était inviolable en vertu de la loi, parce qu'il incarnait en lui la majesté du peuple romain. Le tribun l'était en vertu d'un acte religieux, suppléant à l'impuissance de la loi. Ce qui caractérise en effet le serment, c'est qu'il intervient là où il n'y a pas de place pour la loi. Lorsque deux peuples s'engagent l'un vis-à-vis de l'autre, ils s'engagent par serment parce que la loi de l'un ne peut contraindre l'autre. C'est pour cela que certains historiens anciens, frappés de ce qu'il y avait d'anormal dans cette loi constitutive du tribunat, et constatant cette analogie avec les conventions internationales, ont imaginé de la représenter comme une convention de ce genre, comme un traité conclu avec les formalités d'usage en pareil cas, sous la garantie des féciaux. En quoi ils ont été dupes des apparences, car il n'y a pas de traité, de *fœdus*, entre concitoyens et, malgré les inégalités qui les séparaient, les patriciens et les plébéiens étaient concitoyens, mais il faut convenir qu'on pouvait s'y tromper, non seulement en raison du caractère spécial du contrat, mais aussi parce que réellement les contractants nous apparaissent à cette époque comme deux peuples étrangers et réciproquement animés de sentiments hostiles.

On peut se demander comment l'Etat n'a point péri, frappé d'impuissance et, si l'on peut ainsi dire, d'anémie dans cette ère de convulsions internes ouverte par l'institution du tribunat, et avec le régime de terreur que ce pouvoir extraordinaire faisait planer sur les détenteurs légitimes de l'autorité publique. Sans doute, les attributions des tribuns étaient purement négatives, et de plus limitées aux cas individuels, mais la force dont ils disposaient était irrésistible et de nature à paralyser tout le jeu de la machine gouvernementale. Pour arrêter le recrutement, ils se bornaient à couvrir de leur protection le premier soldat se refusant à l'appel, mais ils continuaient par le second, puis par le troisième, et ainsi de suite. De même, il suffisait d'une obstruction répétée pour suspendre le cours entier de la justice. Heureusement, il y avait pour prévenir ces extrémités, d'une part les moyens fournis par la légalité, de l'autre le tempérament même du peuple romain.

Nous ne connaissons pas, — est-il besoin de le dire? — les clauses de la loi qui consacra les prérogatives du tribunat, mais il va de soi que cette concession énorme n'a pas été sans quelques compensations. En tout cas, il est permis de considérer comme telle la disposition qui stipule l'indépendance respective du tribunat et de la dictature. Ces deux pouvoirs n'eurent point de prise l'un sur l'autre. Ni le dictateur ne pouvait rien sur le tribun, ni le tribun sur le dictateur, et comme il appartenait au dictateur d'agir, au tribun d'empêcher, c'était le dictateur qui l'emportait. Cela était logique, la dictature n'étant autre chose que la restauration temporaire, sous l'empire de nécessités urgentes, de la magistrature suprême dans sa plénitude, sans entraves ni limites, telle qu'elle avait existé au temps de la royauté, avant la loi sur l'appel au peuple, et telle qu'elle subsistait encore en dehors de la ville, dans les camps, là précisément où s'arrêtait l'intervention des tribuns. Quand donc on voulait briser la résistance de ces derniers, on nommait un dictateur. Pourtant c'était là un expédient dont il ne fallait pas abuser, et dont les effets d'ailleurs ne se prolongeaient pas au delà des six mois qui étaient le maximum de durée fixé pour la dictature. Un moyen d'action moins violent et constamment utilisable était fourni par le nombre même des tribuns. Sur leur nombre à l'origine et sur ses augmentations successives, nous n'avons que des renseignements sans valeur et du reste contradictoires. Ce que nous savons, c'est qu'il fut porté définitivement à dix. Cette mesure que les historiens placent en 457, trente-six ans après l'institution du tribunat, était également favorable aux deux ordres. Aux plébéiens, parce que les tribuns opérant en personne il y avait avantage à ce qu'ils fussent assez nombreux pour se porter simultanément sur tous les points où leur secours était réclamé. Aux patriciens, parce que les tribuns formant un collège sur le modèle du collège consulaire, avec des pouvoirs s'équilibrant et au besoin s'annulant réciproquement, il était plus facile, sur un effectif renforcé, de trouver l'homme susceptible de se laisser détacher de la cause populaire et dont l'opposition devait suffire pour faire échec à tous ses collègues réunis. Et si l'on réfléchit que c'est dans les régions supérieures que la foule va le plus volontiers chercher ses chefs, que par suite les tribuns devaient en général appartenir à l'élite de la plèbe, à la portion riche, la plus rapprochée du patriciat par la communauté des intérêts et des goûts, la plus accessible à ses sollicitations et à ses flatteries, on n'aura pas de peine à admettre que cette tactique, dont nous rencontrons tant d'exemples plus tard, a dû être également pratiquée, et non moins fructueusement, dès ces temps plus reculés.

Plus que les précautions législatives le sens politique des Romains devait les préserver des écueils. Ils en avaient conscience quand ils osèrent organiser le conflit au cœur de leur gouvernement. Leur constitution tout entière, — nous avons eu occasion de le remarquer à propos du consulat, et nous aurons encore à le constater par la suite —, n'était-elle pas fondée sur un équilibre des pouvoirs de nature à engendrer l'immobilité ou le désordre si leur sagesse, éclairée par leur patriotisme, n'était intervenue pour aplanir les différends, pour faire marcher, sans trop de froissements ni de heurts, les rouages du mécanisme ? Il n'est pas impossible que leurs historiens aient jeté un voile sur certains épisodes violents et peut-être sanglants de la lutte ouverte dès ce moment entre la plèbe et le patriciat. Toutefois, à voir les choses dans l'ensemble, nous ne pouvons qu'admirer l'esprit de transaction qui ne cessa d'animer les deux partis et qui les arrêta toujours sur la pente des résolutions extrêmes. Les tribuns, le plus souvent, au lieu d'exercer eux-mêmes la juridiction sommaire dont ils étaient investis, se contentaient de renvoyer l'accusé devant l'assemblée plébéienne qui décidait de son sort. Faible garantie, si l'on veut, étant données les passions de cette assemblée; c'en était une néanmoins, et puis c'était une sorte de compromis avec le principe posé par la loi *de provocatione*, d'après lequel tout citoyen pouvait en appeler du verdict du magistrat à l'assemblée populaire, en l'espèce les comices centuriates. Ils se gardèrent au surplus de pousser leur droit jusqu'au bout, se bornant à infliger une amende ou l'exil au lieu de la condamnation capitale. Les patriciens, de leur côté, eurent l'habileté de céder toutes les fois que la résistance leur était démontrée vaine, mérite très rare dans toutes les aristocraties, et qui à la révolution menaçante substitua le bienfait d'une lente et relativement pacifique évolution.

Nous n'en sommes qu'aux débuts du tribunat, et déjà nous pouvons prévoir les développements qu'il devait prendre par la suite et qui étaient en germe dans son institution. S'opposer à une mesure d'ordre général par des interventions répétées en faveur de ceux qu'elle atteignait successivement, ou s'opposer à cette même mesure par un veto préventif qui l'arrêtait avant l'exécution, c'était au fond la même chose, et d'un procédé à l'autre le pas fut vite franchi. Et comme il n'était pas de mesure quelconque où l'on ne pût prétendre que les intérêts de la plèbe étaient en jeu, le veto tribunicien ne tarda pas à devenir d'une application universelle. A ces attributions négatives s'en ajoutèrent d'autres positives quand l'assemblée plébéienne fut devenue une assemblée législative dont les décisions étaient reconnues valables pour tout le peuple romain. On comprend ce qu'une pareille puissance pouvait devenir entre les mains d'hommes énergiques et ambitieux.

Cicéron, dans son *Traité des lois*[1], met dans la bouche de son frère Quintus une diatribe violente contre les méfaits et le principe même du tribunat. Il s'indigne que Cicéron lui fasse une place dans son plan de constitution. Instrument de troubles et de séditions, il fallait étouffer le monstre dès le berceau, au lieu de le laisser grandir pour la perte de la République. Quintus est un oligarque au tempérament autoritaire et à l'esprit borné. Cicéron lui répond en quelques paroles sensées. Il ne songe pas à nier les vices d'une institution dont il a personnellement souffert, mais il ne faut pas juger des choses uniquement par leurs mauvais côtés. Mieux valait donner à la foule des chefs que de la laisser livrée à ses instincts aveugles. Et, du reste, le tribunat n'a pas été seulement une force révolutionnaire. En permettant aux conservateurs de recruter des adhérents dans son propre sein, il leur a prêté plus d'une fois son appui. Il s'est tempéré lui-même. Il a pu être, il a été à divers moments un élément pondérateur. Plaidoyer judicieux, mais combien mesuré et timide! Que de choses il aurait pu dire encore si, engagé lui-même dans le parti aristocratique, il avait eu la hauteur de vues nécessaire! Nous les voyons mieux que lui, avec le recul de l'histoire. Le tribunat c'est la plèbe, et la plèbe c'est le levain de Rome, le ferment. C'est par la plèbe et pour la plèbe qu'elle a brisé le moule étroit de la cité patricienne et que, s'ouvrant toute grande elle est devenue un vaste Etat, unique dans l'antiquité, et finalement un immense empire. Si par les tribus locales elle a pu élargir indéfiniment le

1. III, 8-12.

cercle de ses citoyens, c'est par l'impulsion des tribuns que ce cercle s'est élargi. On remarque qu'à chaque progrès de la plèbe correspond la création d'une tribu nouvelle ou de plusieurs, et quoi d'étonnant puisque chaque tribu nouvelle apportait à la plèbe le renfort de combattants nouveaux, de telle sorte que l'extension du territoire et celle du droit de cité ont marché du même pas? Les tribuns obscurs qui ont poussé à ce mouvement méritaient de n'être pas oubliés. Ils ont eu des héritiers illustres auxquels ils ont, de loin, tracé la voie. Ils sont les précurseurs authentiques des grands tribuns du viie siècle de Rome, des Gracques et de Drusus, et les Gracques et Drusus ne sont-ils pas eux-mêmes, en fin de compte, les précurseurs de César?

§ 3. — La conquête de l'égalité civile et politique.

La première victoire du tribunat fut la promulgation des Douze Tables.

A Rome, comme partout, le droit a commencé par être essentiellement religieux. Il était la religion même en tant que présidant aux actes de la société humaine. Les pénalités édictées par le droit criminel étaient des expiations. Le droit privé avait pour objet de maintenir les principes sur lesquels la religion avait fondé la famille et la propriété. Ainsi le droit, dérivant de la religion, était l'œuvre de ses ministres. Il était élaboré au sein du collège pontifical, gardien attitré de la religion nationale. Ce n'étaient pas les pontifes qui « disaient le droit », qui rendaient la justice. C'était le pouvoir civil dans la personne des magistrats, des consuls. L'Etat romain était religieux, non théocratique. Mais c'étaient les pontifes qui leur dictaient leurs décisions. La connaissance du droit était, comme celle de la religion, dont elle faisait partie intégrante, une science très compliquée. Les consuls, élus pour un an, distraits par la guerre et la politique, n'avaient pas le loisir d'en scruter les arcanes. Les seuls jurisconsultes étaient les pontifes. Les consuls n'étaient que leurs interprètes, nullement soucieux d'ailleurs de s'émanciper de leur tutelle, car ils appartenaient les uns et les autres à la caste patricienne et leur cause était la même.

Le droit participait du mystère qui enveloppait les choses religieuses. La religion, monopole de la caste, était soustraite aux regards profanes. Elle se manifestait au dehors par des cérémonies dont les règlements étaient tenus secrets. Il en était de même du droit, dont on subissait les applications sans connaître les prescriptions qui les motivaient. Les Romains pratiquaient l'écriture, mais il n'est pas à croire qu'ils s'en soient servis dès lors pour fixer leurs coutumes. Ecrites ou non, elles ne sortaient pas du sanctuaire. Les justiciables ignoraient donc la loi, et l'on pouvait en user contre eux à volonté. Les lois d'ailleurs étaient peu nombreuses et peu précises, et ceci encore laissait place aux interprétations arbitraires dont les plébéiens étaient naturellement les premières, et l'on peut ajouter les seules victimes. Sans doute il y avait les tribuns. Mais ils ne pouvaient pas toujours intervenir. Peut-être n'y étaient-ils pas toujours disposés, n'ayant pas toujours intérêt — on l'a vu — à contrecarrer les patriciens. En tout cas, l'intercession tribunicienne était un moyen radical, violent, qui risquait d'entraver à tout instant le cours de la justice. Cela était possible en droit, non en fait. Les tribuns eussent été beaucoup plus forts s'ils avaient pu opposer au magistrat un texte positif, et c'est pourquoi ils réclamèrent la publicité de la loi.

La campagne entreprise par le tribun Terentilius

Arsa aboutit en 451, après de longs débats, à la création d'une commission décemvirale chargée de rédiger et de promulguer l'ensemble des lois constituant le *jus civile*, le droit de la cité. Exclusivement patricienne, malgré les instances des plébéiens qui avaient en vain demandé à en faire partie, elle était investie de pouvoirs illimités; le consulat d'une part, le tribunat de l'autre devaient être supprimés tant qu'elle restait en fonctions. L'analogie est frappante avec les *æsymnètes* des cités grecques qui, eux aussi, devant mettre un terme aux dissensions intestines par la publication d'une loi écrite, exerçaient à cet effet, à titre temporaire, une autorité absolue. L'analogie, et sans doute l'imitation, car Rome à ce moment avait les yeux fixés sur la Grèce et tous les historiens sont d'accord pour nous dire que le travail de la commission fut préparé par une enquête préliminaire sur les législations des cités grecques, très vraisemblablement les cités de l'Italie du sud. On ne comprendrait pas d'ailleurs une commission législative qui ne fût pas revêtue de l'*imperium*, c'est-à-dire des pouvoirs indispensables pour prendre l'initiative des lois et les faire voter par les comices. Et dès lors il n'y avait plus de place pour l'*imperium* consulaire à côté des décemvirs. La suppression momentanée du tribunat fut imposée comme une contre-partie de la suppression du consulat.

L'histoire du décemvirat nous est arrivée entourée de circonstances romanesques dont la critique a fait justice depuis longtemps et qui importent peu à notre sujet. Le fait tout nu, c'est que les décemvirs, après avoir accompli leur mission, ont voulu se perpétuer dans leur magistrature et gouverner despotiquement, sur quoi ils ont été renversés par un mouvement populaire qui a rétabli l'ancienne constitution et remis les choses dans leur état normal. Il y aurait plus

d'intérêt à vérifier l'opinion récemment émise par
certains érudits et d'après laquelle il faudrait reporter
à une date moins reculée l'œuvre législative faussement attribuée aux décemvirs. Mais nous ne saurions
entrer ici dans cette discussion. Il nous suffira d'avertir que la thèse ne nous paraît point fondée et que
nous nous en tenons, pour notre part, à la date traditionnelle.

La législation décemvirale, consignée sur douze
tables de bronze, est restée à la base du droit romain.
Ce n'est pas un code, si l'on entend par là un exposé
systématique des matières, conception à laquelle le
génie de Rome ne s'est élevé que beaucoup plus tard,
mais une série d'adages formulés brièvement, sur
le ton du commandement. De ce précieux document
nous ne possédons malheureusement que quelques
fragments transmis par les jurisconsultes ou les grammairiens, et plus ou moins rajeunis dans leur texte
pour les rendre intelligibles en les adaptant aux
transformations de la langue. Toutefois, nous en
savons assez pour constater que sur certains points
essentiels satisfaction était donnée aux exigences de
la plèbe. Le droit était sorti de l'officine sacerdotale.
Il n'était plus parole divine, mais œuvre humaine, ne
pouvant comporter le secret ni pour ceux qui l'avaient
élaboré ni pour ceux qui l'avaient voté. Sans doute il
contenait des prescriptions religieuses dont l'observance était réglée et surveillée par les Pontifes. Les
Pontifes restèrent donc à ce point de vue, dans ces
limites, un corps judiciaire, et trois siècles et demi
plus tard, le grand pontife Q. Mucius Scævola, consul
en 95, pouvait dire encore qu'il était impossible de
faire bonne figure dans le collège si l'on n'était bon
jurisconsulte. Mais la loi solennellement promulguée était la même pour tous. La théorie de la
famille, de la gentilité, de la propriété, telle que nous

l'avons exposée précédemment, d'après les Douze Tables, ne distinguait pas entre patriciens et plébéiens. Les Pontifes, d'autre part, ne se montrèrent pas intransigeants. Ils ne s'obstinèrent pas contre l'inévitable. Ces prêtres étaient des laïques, des hommes d'Etat, des sénateurs. Ils ne formaient pas un clergé. La prêtrise n'était pas pour eux une vocation spéciale, mais une fonction ajoutée aux autres, et susceptible, comme les autres, de se plier à la force des choses et aux considérations pratiques. Fidèles à la sage politique qui ne cessa pas d'inspirer leur ordre, et au surplus jaloux de maintenir leur autorité à travers les changements sociaux, ils trouvèrent dans les ressources de leur casuistique le moyen d'étendre leur sollicitude aux cultes des plébéiens, et ainsi les formes juridiques en usage chez ces derniers acquirent aux yeux du pouvoir spirituel la même valeur que les formes patriciennes, en attendant qu'elles fussent adoptées et de plus en plus fréquemment pratiquées, en raison de leur commodité, par les patriciens eux-mêmes.

Il ne faudrait pas croire pourtant que la victoire de la plèbe ait été complète, ni s'imaginer que la justice ait été rendue dès lors accessible de plain-pied à tous les justiciables. Les Pontifes savaient céder quand il le fallait, mais ils défendaient leurs positions pas à pas et, forcés de reculer sur un point, ils se repliaient sur un autre. S'ils avaient consenti à livrer le secret de la loi, ils gardaient celui de la procédure sans la connaissance de laquelle une action en justice était impossible. D'abord, il fallait connaître les jours où cette action était permise par la religion, et cette science était réservée aux Pontifes. Ils étaient chargés de la confection du calendrier qui avait un caractère éminemment religieux et dont l'objet principal était de tracer aux citoyens les devoirs leur incombant durant l'année envers les dieux. Pour cela, on distinguait entre les jours *fastes*, livrés aux affaires, et les jours *néfastes*, consacrés au chômage, distinction assez simple si l'on s'en tient là, mais en impliquant d'autres qui aboutissaient à un système étrangement compliqué. Le calendrier n'était pas public. C'est au fur et à mesure que les profanes apprenaient les dates qui les intéressaient, et comme elles étaient mobiles, ils n'avaient même pas la ressource, pour les fixer d'avance, de s'en rapporter aux souvenirs des années précédentes. Ainsi les plaideurs ne savaient sur quoi compter : ils pouvaient être déconcertés, renvoyés au dernier moment. Les Pontifes avaient un autre moyen, plus efficace encore, pour conserver la haute main sur l'administration de la justice. Ils avaient transporté dans le domaine juridique les habitudes contractées dans l'accomplissement des obligations religieuses. Les dieux romains étaient des dieux formalistes. Il fallait les invoquer suivant certaines formules en dehors desquelles ils n'écoutaient rien. Il suffisait qu'un mot, qu'une lettre fût changée pour que leurs oreilles fussent fermées. La loi étant fixée, non par la conscience, mais par les dieux, on trouvait juste qu'elle fût invoquée de la même manière que les dieux eux-mêmes. Il y eut donc un certain nombre de formules, dites *actions de la loi*, visant les divers litiges, et dont il était interdit de s'écarter sous peine de nullité. Les formules étaient rédigées par les Pontifes et communiquées par eux aux magistrats et aux plaideurs. Un refus de communication ou une communication volontairement erronée, c'était pour le demandeur l'incapacité de plaider ou la perte de son procès, et le demandeur plébéien avait bien des chances de se heurter à la mauvaise volonté du collège. Cela dura plus d'un siècle, jusqu'en 304. C'est alors seulement que le coup d'Etat de l'édile Cn. Flavius, en divulguant le formulaire des actions et la liste des jours fastes et néfastes, secoua le joug de la tyrannie sacerdotale et ouvrit une voie nouvelle au droit définitivement sécularisé.

Il est un autre point sur lequel les plébéiens étaient laissés, en ce qui concernait les droits privés, dans un état d'infériorité. Tout en mettant sur le même plan les mariages plébéiens et patriciens, la loi n'admettait pas plus qu'avant les mariages entre les deux ordres. Dans cette interdiction outrageante, on pourrait ne voir qu'un effet de la morgue nobiliaire, si les objections présentées par les patriciens aux réclamations de la plèbe ne faisaient entrevoir une cause plus profonde. Ils protestent que ces unions mixtes, abominables, ne pourront aboutir qu'à un mélange monstrueux des races, à une confusion inextricable de leurs droits respectifs, plébéiens et patriciens s'accouplant au hasard à la manière des animaux, des enfants ne sachant de quel sang ils sortent, de quel culte ils relèvent, appartenant moitié à la plèbe, moitié au patriciat et déchirés entre les deux. A la vérité, ces raisonnements ne portent pas, et le tribun Canuleius a beau jeu à répondre que tout ce tapage est vain, que toute cette indignation est factice, que rien ne sera bouleversé, que les choses se passeront le plus simplement du monde, que les enfants, conformément à la loi, suivront la condition du père, qu'issus d'un patricien et d'une plébéienne ils seront patriciens, et plébéiens dans le cas inverse. Ces raisonnements ne portent pas ou pour mieux dire, ils ne portent plus. Pour justifier les résistances naturelles à l'esprit de caste, les patriciens, ou les plus intraitables d'entre eux, fermaient les yeux volontairement à la réalité présente. Ils s'obstinaient dans une conception surannée qui ne correspondait plus à la situation, sinon créée, du moins formellement légalisée par les Douze Tables. Ils affectaient de ne tenir pour légitime que le mariage par *confarreatio*, comme si eux-mêmes n'avaient pas reconnu une valeur égale au mariage par *coemptio*, comme s'ils n'avaient pas déjà commencé à le pratiquer pour leur propre compte, comme si les mêmes rites n'y étaient pas observés, avec cette seule différence que les Pontifes n'intervenaient pas de leur personne, comme si les Pontifes eux-mêmes, tout en s'abstenant, n'avaient pas fini par attribuer aux deux actes les mêmes effets religieux. C'est la même équivoque où ils s'enfermaient quand ils revendiquaient pour eux seuls l'honneur de connaître la *gens*, ne tenant compte ni de la différence des temps ni de la diversité des idées qui s'abritaient sous le couvert de ce mot unique. Il ne faut pas que l'histoire soit dupe de ces déclamations plus qu'ils ne l'étaient eux-mêmes.

Dans ces conditions, leur opposition ne pouvait se soutenir bien longtemps. Si nous nous en rapportons à la chronologie traditionnelle, la proposition de Canuleius, lancée en 446, trois ans après la chute des décemvirs, passa au bout d'un an, en 445. L'opinion était préparée, non seulement parce que les patriciens n'avaient à faire valoir à l'encontre aucun argument juridique sérieux, mais encore parce que beaucoup inclinaient à un rapprochement où ils espéraient trouver leur compte. Entre les familles patriciennes et les plus distinguées des familles plébéiennes, l'abime se comblait. C'étaient des deux côtés les mêmes intérêts, les mêmes goûts, et de plus ces dernières pouvaient apporter pour leur part un supplément de puissance et même un surcroît de richesse, car déjà, sans parler de la dot, nous voyons mentionné dans les Douze Tables le biais imaginé pour permettre à la femme mariée d'échapper à la *manus* et par là de conserver ses droits sur l'héritage paternel.

Si les historiens attribuent au tribun Canuleius, en même temps que la proposition relative aux mariages mixtes, la première initiative d'une campagne plus hardie encore, tendant à obtenir pour la plèbe le partage du consulat, c'est qu'ils se rendaient compte que les deux prétentions étaient connexes et que, la première l'emportant, la seconde devait s'ensuivre et triompher à son tour. Tite-Live raconte à ce propos une anecdote qui a du moins le mérite de caractériser assez justement la situation. Le patricien M. Fabius Ambustus avait marié l'une de ses deux filles au patricien Ser. Sulpicius, l'autre au plébéien C. Licinius Stolo. Les deux sœurs se trouvaient réunies dans la maison de Sulpicius, qui précisément cette année exerçait la souveraine magistrature et rentra précédé de son licteur, conformément à l'usage. Cette vue excita chez la femme de Licinius une vive jalousie. Afin de la consoler, Fabius et Licinius s'entendirent pour mettre fin à l'interdit pesant sur les plébéiens. Ces derniers trouvaient maintenant, grâce à leurs relations de famille, des alliés au cœur de la place.

Les patriciens, cette fois, opposèrent une longue résistance. Ils invoquaient, comme précédemment, avec plus ou moins de sincérité, des motifs d'ordre religieux. Comment confier les auspices à des hommes qui ne les tenaient pas de père en fils, par une tradition ininterrompue, remontant aux fondateurs de la cité? Comment s'en rapporter à eux pour les cérémonies du culte public incombant aux chefs de l'Etat, alors que ce culte leur était étranger et que l'inobservance d'un rite ne pouvait manquer d'attirer la colère des dieux? Néanmoins ils se sentaient vaincus d'avance et, comme résignés à l'inévitable défaite, ils firent de leur mieux pour en atténuer la gravité. Puisqu'il fallait ouvrir aux plébéiens l'accès de la suprême magistrature, ils s'arrangèrent pour la leur livrer affaiblie dans son prestige et diminuée dans quelques-unes de ses attributions essentielles.

On place en l'an 443, deux ans après le tribunat de Canuleius, l'institution de la censure qui eut pour effet d'attribuer à deux magistrats spéciaux, les deux censeurs, l'opération du recensement jusqu'alors réservée aux consuls. Cette opération, très compliquée, était sans doute difficilement compatible avec les obligations de magistrats chargés en même temps de rendre la justice, de faire la guerre, et qui, de plus, ne restaient en fonctions que pendant un an, et les bonnes raisons ne manquaient donc pas pour les en dispenser. Mais cette opération était aussi très importante et, au moment où l'on pouvait craindre de voir le consulat tomber aux mains des plébéiens, il parut prudent de l'en détacher pour la remettre à une magistrature dont on comptait bien assurer la propriété au patriciat.

L'institution de la censure coïncide, ou à peu près, avec celle du tribunat militaire à pouvoir consulaire, qui fut une sorte de consulat amoindri à la portée des plébéiens. Les tribuns militaires, préposés au nombre de six à chaque légion et se succédant alternativement dans ce commandement, étaient, après les consuls, les chefs de l'armée et, en conséquence, les principaux personnages de l'Etat, et comme ils n'avaient point qualité de magistrats, ils pouvaient être pris indifféremment dans le patriciat et la plèbe. On pensa donc qu'en conférant à certains de ces officiers les attributions des consuls tout en leur refusant le titre, on trouverait le moyen de contenter les ambitions des plébéiens sans choquer trop violemment les susceptibilités patriciennes. Le consulat ne fut pas supprimé : il devint intermittent. Le Sénat eut à décider tous les ans si l'on élirait des consuls ou des tribuns militaires faisant fonction de consuls. Et le nombre de ces tribuns variant généralement de trois à six, on pouvait dire, en prenant ce dernier parti, que l'effectif normal du collège consulaire ne se trouvait pas cette année à la hauteur de sa tâche, mais la véritable raison dut être toujours dans la pression plus énergique exercée par l'opposition plébéienne. A cet expédient, le patriciat gagnait deux choses. D'abord, le principe était sauf. Le consulat lui restait exclusivement réservé. Et si les circonstances redevenaient favorables, il pouvait le rétablir, temporairement ou définitivement. Ensuite, s'il avait fallu admettre les plébéiens à la suprême magistrature, du moins cette magistrature qui leur était ouverte était-elle inférieure au consulat en dignité. Sans doute les tribuns consulaires avaient les mêmes pouvoirs que les consuls et les mêmes insignes, mais leur nombre même leur faisait une situation moins relevée, et l'on remarque d'autre part que jamais aucun d'eux n'arriva aux honneurs du triomphe. A plus forte raison n'étaient-ils pas classés, en sortant de charge, parmi les consulaires.

L'accès au tribunat consulaire ouvrait à la plèbe les portes du Sénat. Le Sénat se transformait. Il n'était pas encore ce qu'il devint par la suite, le conseil des anciens magistrats : leur nombre n'eût pas été suffisant. Mais il n'était plus, comme à l'origine, la représentation des *gentes*; leur diminution et leur démembrement faisaient maintenant une plus large part au choix. Et comment expulser de cette assemblée ceux qui avaient eu l'honneur de la convoquer et de la présider? Aussi le premier sénateur notoirement plébéien à nous connu est-il un ancien tribun consulaire. Mais les plébéiens ne se contentaient pas du tribunat consulaire : ils voulaient le consulat.

Ils le voulaient d'autant plus ardemment que le droit conquis par eux en théorie était rendu à peu près illusoire dans la pratique, non seulement parce que le Sénat restait libre de choisir entre le consulat et le tribunat consulaire, mais parce que, même en se prononçant dans le dernier sens, il disposait toujours pour agir sur les électeurs des moyens que nous avons indiqués plus haut et sur lesquels nous aurons à revenir. Si nous consultons les *Fastes*, nous constatons ce qui suit. De l'an 444 où le tribunat consulaire fut institué à l'an 400, c'est-à-dire durant une période d'environ un demi-siècle, nous ne rencontrons pas un seul plébéien investi de cette magistrature. Il est vrai que sur ces quarante-quatre années il y en a trente-trois où les patriciens ont pu écarter le tribunat consulaire et rétablir le consulat. Mais sur les onze années restantes, il n'y en a pas une où les tribuns consulaires ne soient tous patriciens. En 400 seulement, nous en trouvons un plébéien. celui-là même que nous pouvons citer comme le premier plébéien siégeant dans le Sénat. En 399 et 396, les tribuns plébéiens ont la majorité. Mais de 395 à 366 exclusivement, année où le consulat définitivement rétabli est ouvert à la plèbe, Rome n'est plus gouvernée que par des patriciens, bien que, sauf deux années, 393 et 392, où le consulat reparaît, ce soit toujours par des tribuns consulaires. Un fait analogue se produit pour une magistrature inférieure, la questure rendue accessible aux plébéiens en 421 et à laquelle ils n'arrivent qu'en 409.

Evidemment il y a un temps d'arrêt dans les progrès de la plèbe. A quoi cela tient-il?

La publicité assurée à la loi avait été également avantageuse pour les diverses classes de plébéiens, et d'ailleurs les Douze Tables avaient apporté quelques améliorations à la condition des classes inférieures en réglant le taux de l'intérêt, en obligeant l'usurier à la restitution du quadruple de son bénéfice illégitime, en fixant un minimum de subsistance pour le débiteur prisonnier, en allégeant le poids de ses chaînes, et si ces dispositions relativement bienfaisantes restaient le plus souvent inappliquées, encore était-ce quelque chose de les avoir formulées et consignées dans un texte écrit, de manière à permettre aux tribuns de s'en prévaloir au besoin. Et c'était aussi une garantie que la peine capitale édictée contre le juge prévaricateur et le faux témoin. Mais qu'importaient aux plébéiens pauvres les mariages mixtes et le partage du consulat? Seuls les riches pouvaient aspirer à ces unions; seuls ils pouvaient prétendre au pouvoir et aux honneurs. En poursuivant ce double but, à l'exclusion de tout autre, uniquement soucieux de leurs intérêts propres, de leur vanité et de leur ambition, ils faussaient compagnie à la foule misérable, et en même temps ils se privaient de l'appui qui les avait soutenus jusqu'alors et qui, en se retirant, les laissait désarmés. Ils avaient pu vaincre sans ce secours, une première fois, dans la question du mariage, parce que les patriciens trouvaient un avantage matériel à leur céder sur ce point. Il en était autrement de la question du consulat où ils ne pouvaient compter, au sein du patriciat, que sur quelques sympathies morales dans les familles auxquelles ils s'étaient alliés. Ce n'était pas assez pour livrer ce dernier assaut, réduits à leurs seules forces, sans le secours tout-puissant des masses.

Ce divorce s'accuse nettement dans les historiens. A plusieurs reprises, les chefs de la plèbe, *principes plebis*, se plaignent d'être lâchés par leurs troupes. De temps en temps ils essaient de les rallier en annonçant le dépôt de projets de loi populaires. Mais ces velléités n'aboutissent pas. La conviction fait défaut. Ne sont-ils pas eux-mêmes des usuriers, comme les patriciens, et n'ont-ils pas leur bonne part dans la jouissance du domaine public? Comment leur demander de s'échauffer sur la question agraire ou sur la question des dettes? S'il y a dans cette période quelques mesures favorables aux pauvres, c'est moins par l'initiative des tribuns que par celle du Sénat. Le Sénat a cette habileté. C'est lui qui décrète l'établissement d'une solde dont les fonds doivent être prélevés sur la redevance due par les détenteurs du domaine. Et quand du milieu du patriciat un homme s'élève qui prend en mains la cause des opprimés trahis par leurs défenseurs en titre, il voit ces derniers se tourner contre lui. Les tribuns se rangent du côté du Sénat contre Manlius.

L'accord fut rétabli en 376 par les deux tribuns C. Licinius Stolo et L. Sextius Lateranus. Ils présentèrent trois lois : une loi agraire, une loi sur les dettes, une loi sur le partage du consulat. Ces trois lois n'en devaient former qu'une. C'était une loi *per saturam*, comme disaient les Romains, une loi composite dont les dispositions, bien que de nature diverse, devaient être votées ou repoussées en bloc. Ainsi les revendications de la plèbe riche et celles de la plèbe pauvre étaient associées dans un programme commun constituant un tout indissoluble. Le Sénat usa de tous les moyens pour briser la coalition. Il recourut à la dictature. Il fit jouer l'intercession tribunicienne. Il proposa la disjonction, subordonnant ses intérêts matériels à son désir de domination, acceptant les lois économiques pour écarter la loi politique, et la plèbe ne fut pas loin de souscrire au marché. Mais les deux tribuns tinrent bon et, après de longs débats, au bout de dix ans, la loi Licinienne passa (367).

Nous avons résumé le récit des auteurs anciens. Il est cohérent, il est vraisemblable, et sauf les détails précis dont les monuments écrits ni la tradition orale ne peuvent avoir conservé le souvenir, sauf les épisodes notoirement arrangés et dramatisés, il paraît digne de créance pour l'ensemble. Il a soulevé pourtant des objections qui ne vont à rien moins qu'à le faire rejeter tout entier, objections fondées d'un côté sur l'insuffisance reconnue de la documentation, de l'autre sur certains anachronismes incontestables, trahissant les emprunts à une réalité ultérieure et qui seraient de nature à envelopper le reste dans le même discrédit. Nous ne saurions ici examiner une thèse dont la discussion exigerait de longs développements et qui d'ailleurs n'est point, à notre sens, justifiée dans ce qu'elle a de radical, d'absolu. Mais il faut bien dire quelques mots de la question capitale, celle de l'authenticité de la loi ou des lois Liciniennes.

La loi sur les dettes déduisant du capital la somme déjà versée pour les intérêts et stipulant, en outre, que le surplus serait payé en trois années, par portions égales, n'a rien qui prête à la critique. C'est la loi agraire et la loi sur le consulat qui sont plus particulièrement en cause.

La loi agraire se présente accompagnée de considérants qui nous transportent à l'époque des Gracques. Mais nous pouvons répéter ici ce que nous disions plus haut. Cette confusion, qui d'ailleurs n'est imputable qu'à Plutarque, à Appien, non à Tite-Live, ne saurait être un argument contre l'authenticité de la loi détachée du cadre où elle a été placée mal à propos, s'il est vrai que la question agraire se posait dès les débuts de la conquête romaine et rendait une loi de ce genre utile ou nécessaire. De cette loi Licinienne, les textes nous font connaître l'article essentiel limitant à cinq cents jugères au maximum les occupations du domaine public. Que cette disposition, renouvelée en 133 par Tiberius Gracchus, ait été formulée antérieurement, nul ne le conteste. Il y est fait allusion dans un discours de Caton en 167[1], et il est assez clair qu'elle devait remonter haut et était depuis longtemps tombée en désuétude, sans quoi les difficultés innombrables et inextricables suscitées par l'application de la loi de Gracchus ne se seraient pas produites. On n'aurait pas pu alléguer notamment les droits créés par la prescription et l'impossibilité de distinguer entre la propriété publique et la propriété privée. Il ne reste donc plus qu'à savoir jusqu'où il faut remonter, et si la limitation à cinq cents jugères peut se placer vraisemblablement dans le milieu évoqué par cette date de 367. On a objecté qu'elle n'était pas en rapport avec les dimensions du territoire, trop resserré encore pour se prêter à beaucoup d'occupations aussi étendues, que, du reste, le sol conquis était devenu propriété privée par les assignations individuelles, par les fondations de colonies, par la création, en 387, des quatre nouvelles tribus Stellatina, Tromentina, Sabatina, Arniensis, qu'il restait peu d'espace, par conséquent, pour les réserves de l'Etat et la part à prélever là-dessus par l'initiative des occupants. Mais on a répondu, d'un autre côté, que ces calculs manquent de base, que nous ignorons tout à fait ce que pouvaient être ces réserves, ni ce que les tribus nouvellement créées pouvaient enclaver encore de terres publiques, qu'au surplus la mesure était moins restrictive que préventive, qu'elle visait tout spécialement la formation éventuelle des deux tribus Pomptina et Publilia, décidée en principe et réalisée en 357, qu'il s'agissait d'obtenir pour les classes pauvres, en réduisant d'avance les possessions des riches, des concessions un peu plus larges que le lot misérable dont elles devaient se contenter

---

[1]. Discours pour les Rhodiens, 5. *M. Catonis quæ extant* Ed. Jordan, p. 24.

d'ordinaire[1]. Le problème n'est pas aisé à résoudre. En tout cas, si des doutes peuvent s'élever sur la teneur de la loi, sa réalité paraît devoir rester hors d'atteinte. Une loi agraire était le complément d'une loi sur les dettes, elles rentraient l'une et l'autre dans le plan de campagne imaginé par les chefs de la plèbe et imposé par les circonstances, et pour ce qui est du nom de Licinius, de ce qu'il n'a pas été mentionné en passant par Plutarque et par Appien, il ne s'ensuit pas qu'il ait été forgé par Tite-Live ou par les auteurs de cet historien.

La loi qui partageait le consulat entre les patriciens et les plébéiens n'a été appliquée longtemps que d'une façon intermittente, et c'est pourquoi l'authenticité en a été également contestée. Ce n'est pas la seule fois pourtant qu'on aurait vu une loi éludée ou violée par ceux à qui elle déplaisait. Pour agir sur les électeurs des comices centuriates, à supposer que ces derniers fussent toujours et nécessairement hostiles, ce qui n'était point, les patriciens avaient les mêmes moyens dont ils disposaient par rapport aux comices curiates. Le consul pouvait refuser de présenter le candidat plébéien. Il pouvait refuser de le proclamer s'il était élu. Il pouvait, exploitant la superstition populaire, faire intervenir les augures et déclarer l'opération viciée par l'inobservation des rites. Il pouvait interrompre les comices et les renvoyer indéfiniment sous prétexte qu'un signe funeste s'était produit et, de cette manière, obtenir de guerre lasse l'élection souhaitée. Le Sénat, de son côté, pouvait refuser sa ratification. Et si les plébéiens se plaignaient d'être par ces expédients illégalement écartés du consulat, où donc était le pouvoir en mesure de

---

1. Voir Lécrivain, *La loi agraire de Licinius Stolon*, Annales de la Faculté des lettres de Bordeaux, XI, 1889, pp. 172-182.

leur faire justice? Il se pourrait aussi que le Sénat, tout en consentant à valider l'élection des premiers consuls plébéiens, eût refusé néanmoins sa consécration au plébiscite Licinien. Ainsi, il cédait en fait tout en réservant le principe, et par là il autorisait sa résistance pour l'avenir. Nous verrons que la question de la validité des plébiscites a été très controversée à cette époque et n'a été réglée définitivement qu'assez tard.

La victoire n'en était pas moins décisive, et la conquête des autres magistratures ne devait plus être qu'une affaire de temps. Le précédent était acquis : les conséquences devaient se produire tôt ou tard. Elles ne furent déduites pourtant que l'une après l'autre, à la suite de luttes très vives se poursuivant pendant plus d'un demi-siècle et dont il nous reste à tracer le tableau au début de la période nouvelle où nous entrons.

LIVRE II

LA NOBLESSE ET LES CLASSES MOYENNES
APOGÉE ET DÉCADENCE

CHAPITRE I

Les dernières luttes du patriciat et de la plèbe

§ 1. La réaction patricienne et le soulèvement de 342. — § 2. La question des comices et la loi Publilia Philonis (339). — § 3. La censure d'Appius Claudius (312). L'avènement de la richesse mobilière et la question des *humiles* et des affranchis. — § 4. Les lois Hortensiennes (286) et la réforme des comices centuriates.

§ 1. — **La réaction patricienne et le soulèvement de 342.**

Les vainqueurs et les vaincus se retrouvèrent, au lendemain des lois Liciniennes, dans les mêmes sentiments que la veille, les uns ardents à pousser leurs avantages, les autres à prendre leur revanche, et chaque parti travaillé par les mêmes tendances divergentes qui antérieurement déjà avaient incliné en sens contraire les éléments discordants dont il était formé. S'il y avait les patriciens intransigeants, irréductiblement hostiles à tout rapprochement, il y avait aussi les modérés, les politiques qui, faisant de nécessité vertu, ne demandaient qu'à ouvrir leurs rangs aux plus distingués d'entre les plébéiens, à condition de les rallier aux intérêts de l'aristocratie. Si ces derniers de leur côté se montraient empressés à accueillir ces avances, ils voyaient se dresser contre eux, non seulement la foule misérable dont, une fois de plus, ils trahissaient la cause, mais ceux-là aussi dont ils frustraient les ambitions en se réservant le monopole des honneurs et en s'appropriant ainsi les fruits d'une victoire due à l'effort commun. Cet antagonisme éclatant dans les régions supérieures de la plèbe était un fait nouveau, issu de cette victoire même, et qui venait compliquer encore la situation.

Cependant, au cours de ces querelles intestines, de ces alliances nouées et dénouées d'un camp à l'autre, un équilibre tendait à s'établir entre les deux grandes forces en présence, si bien qu'il suffisait d'un incident, d'une guerre bien ou mal conduite par un consul patricien ou plébéien pour entraîner l'opinion et faire pencher la balance. De même, il n'est pas un résultat acquis par la plèbe qui ne soit aussitôt compensé par un nouvel obstacle opposé à ses progrès, ce qui ne l'empêche pas d'ailleurs de marcher lentement, mais sûrement, à travers toutes les difficultés semées sur ses pas, vers le triomphe final.

Le mouvement qui avait abouti au partage du consulat se poursuivit pendant dix ans. De 366 à 356, la loi Licinienne fut observée. Mais dans cette même période, les patriciens réussirent encore une fois à morceler l'autorité, de manière à en accaparer les débris. Dès l'année 366 ils créèrent l'édilité curule. Les tribuns s'étaient donné, dans la personne des édiles plébéiens, des auxiliaires dont les attributions s'étaient étendues assez naturellement à la surveillance des marchés, puisque c'était le plus fréquemment aux jours de marché que les tribuns entraient en communication avec leurs commettants, et de là à une sorte de police urbaine générale. A cette pseudo-magistrature, suspecte en raison de ses origines et de ses attaches, le Sénat imagina d'opposer une magistrature véritable, l'édilité curule, investie des mêmes fonctions et qui, du reste, au bout de deux ans, s'ouvrit aux plébéiens, concession habile, dictée par une sage politique plutôt qu'arrachée par la force, car elle eut pour effet, en mettant les deux édilités sur le même plan, d'assimiler la première à la seconde, de la dénaturer et, si l'on peut ainsi parler, de lui soutirer son virus révolutionnaire. Par une gradation insensible, les édiles plébéiens, à l'instar des édiles curules, devinrent ainsi moins les ministres des tribuns que ceux des consuls. Une création plus importante fut celle de la préture rapportée à la même année 366. Le préteur fut comme un troisième consul, un consul en sous-ordre, chargé, non pas exclusivement, mais plus spécialement de la juridiction. Pour justifier cette nouveauté, les patriciens pouvaient alléguer les occupations multiples incombant aux deux consuls et l'impossibilité d'y faire face, et pour s'en réserver le bénéfice, ils pouvaient soutenir qu'eux seuls étaient initiés à la science du droit, mais la vérité, c'est qu'ils comptaient récupérer par l'administration de la justice une part de l'influence perdue sur un autre terrain, et ils persistèrent si bien dans ce calcul que, de toutes les magistratures, la préture fut la dernière rendue accessible aux plébéiens qui n'y parvinrent qu'en 337. Par contre, en 362, la plèbe obtint d'élire six tribuns sur les vingt-quatre préposés au commandement des quatre légions constituant l'effectif normal de l'armée. Ces officiers étaient jusqu'alors tous nommés par le consul commandant en chef, ce qui lui permettait, s'il était patricien, d'écarter les plébéiens et de leur refuser les occasions de se distinguer et de faire valoir leurs aptitudes à l'exercice de la magistrature suprême.

A partir de 355 la réaction patricienne paraît l'emporter. Pour la première fois, en cette année, depuis la loi Licinienne, nous revoyons deux consuls patriciens, et sur les quatorze collèges qui se succèdent jusqu'en 340, nous en rencontrons huit seulement qui sont mixtes. Sans doute, dans cette même période, nous voyons le plébéien C. Marcius Rutilus arriver à la dictature dès 355 et, quatre ans après, en 351, à la censure. Il avait été consul déjà en 357 et il devait le redevenir encore trois fois, en 352, 344 et 342. Mais c'étaient là, semble-t-il, des succès personnels, dus à sa réputation de bon général. On en peut dire autant de M. Popillius Lænas, consul en 359, puis une seconde fois en 356 et une troisième en 350. En 358 se place un plébiscite interdisant aux « hommes nouveaux », c'est-à-dire à quiconque n'avait point exercé encore de magistrature ou ne comptait point d'ascendant en ayant exercé une, d'aller quêter les suffrages en dehors de la ville, de bourgade en bourgade. Cette mesure, attribuée à un certain Petilius, un de ces tribuns inféodés aux intérêts de la caste patricienne, ne pouvait viser que les candidats plébéiens dont le principal point d'appui était précisément dans les populations rurales. Et si l'on remarque que les sept consulats plébéiens de 355 à 341 sont partagés entre quatre familles seulement, les Marcii, les Popillii, les Plautii, les Petilii, et que de plus C. Petilius, consul en 346, était évidemment parent du tribun, on soupçonne à bon droit ces parvenus de la plèbe d'une complaisance avouée ou secrète pour une prohibition qui tendait à garantir leur monopole contre les concurrents sortis des mêmes rangs.

Pendant que l'élite plébéienne luttait pour le pou-

8.

voir les classes inférieures continuaient à crier misère. La loi agraire n'était pas observée. On raconte que son auteur Licinius fut poursuivi pour l'avoir lui-même transgressée. Cela veut dire qu'elle n'avait jamais été pour son parti qu'un leurre, un appât jeté à la multitude pour obtenir son appui dans la conquête des droits politiques, sauf à lui tourner le dos une fois le but atteint. Les acquisitions de nouveaux territoires ne profitaient donc encore une fois qu'aux riches. La loi qui cent ans plus tôt avait fixé le taux de l'intérêt n'était pas davantage respectée. La preuve en est qu'on fut obligé de la renouveler en 357, peut-être pour y ajouter des sanctions nouvelles, inefficaces comme les précédentes, puisque, douze ans après, en 345, il fallut ouvrir contre les usuriers une campagne de procès et leur appliquer la pénalité dans toute sa rigueur. En 352, les consuls C. Marcius Rutilus et P. Valerius Publicola avaient imaginé de créer une commission chargée de procéder à l'extinction des dettes, soit en faisant des avances aux débiteurs contre de solides garanties, soit en les contraignant à céder leurs biens à leurs créanciers après estimation équitable. On voudrait être mieux renseigné sur cette tentative d'où pouvait partir l'idée d'une institution durable, d'une banque d'Etat, d'un crédit agricole destiné à rendre les plus grands services si une conception de ce genre n'avait pas été trop étrangère à ces vieilles civilisations. Tite-Live qui décrit l'opération en quelques mots trop brefs, trop énigmatiques, nous dit qu'elle eut d'excellents résultats, et même qu'elle amena un déplacement des fortunes qui nécessita un remaniement des rôles du cens. Mais il nous est difficile de prendre cet optimisme très au sérieux. Les faits qui suivirent, la loi de 347 qui réduisit de moitié le taux de l'intérêt et en échelonnant les paiements sur une période de quatre années, renouvela en la renforçant une disposition antérieurement inscrite dans la loi Licinienne, les procès intentés aux usuriers en 345, et enfin le grand soulèvement de 342, tout cela nous atteste clairement que le malaise persistait et que la question des dettes n'avait pas cessé d'être le ver rongeur de la société romaine.

Plus que pour la combinaison financière imaginée par les consuls Marcius et Valerius, nous sommes fondés à faire un grief à Tite-Live, ou plutôt à ses prédécesseurs les annalistes, de l'ignorance où ils nous laissent au sujet de ces événements de 342, dont ils auraient pu, s'ils s'en étaient donné la peine, recueillir et débrouiller, à défaut d'une narration écrite, la tradition orale encore vivante et intacte. Des données sommaires et incohérentes qu'ils nous ont transmises nous pouvons tout au moins essayer de dégager quelques traits caractéristiques.

Les légions étaient cantonnées dans la Campanie où, en 343, elles avaient pénétré pour porter secours aux habitants contre les incursions des Samnites. Leur composition et leur esprit commençaient à s'altérer. Le droit concédé à la plèbe d'élire une partie des tribuns n'était pas de nature à affermir la discipline. Une autre mesure contribuait à l'ébranler. Les guerres plus longues, sur un théâtre plus éloigné, exigeaient un effort plus intense, des effectifs renforcés. On avait dû en conséquence abaisser le taux du cens requis pour le service et introduire dans les rangs un plus grand nombre de pauvres, de mécontents. C'est en vain que les généraux s'étaient résignés à leur faire une plus large part dans le butin. Leurs rancunes s'exaspéraient dans ce beau pays dont la richesse, contrastant avec les terres moins favorisées de l'Italie centrale, leur faisait sentir plus amèrement leur dure vie de là-bas. Ils conçurent l'idée de s'y établir, aux dépens de l'opulente aristocratie qui les avait appelés, d'accord sans doute avec la démocratie locale, très hostile aux nobles. Marcius Rutilus commandait. C'était le personnage le plus en vue de la plèbe, consul alors pour la quatrième fois. Il eut vent du complot et essaya de le déjouer en renvoyant les plus remuants dans leurs foyers, par petits paquets, mais les soldats licenciés se rejoignirent en chemin et ne tardèrent pas à former une armée qui alla camper, menaçante, dans les environs de Rome, au pied des monts Albains. A la sédition militaire répondit une émeute dans la ville même. Les troupes levées à la hâte par Valerius Corvus nommé dictateur se montrèrent plus disposées à faire cause commune avec les rebelles qu'à les combattre. Il fallut céder.

Le mouvement était dirigé moins contre le patriciat que contre la noblesse en général, contre cette noblesse patricio-plébéienne qui était en train de se former et de se substituer au patriciat, suscitant et justifiant les mêmes haines de la part des classes inférieures. On rapporte que les mutins, après avoir refusé obéissance au consul plébéien Marcius, s'avisèrent de ramasser en route pour le mettre à leur tête, et en réalité pour le traîner à leur suite, un patricien obscur ou oublié, vieillissant dans la retraite, un certain Quinctius ou Manlius, car on n'est pas d'accord sur le nom. Ce qui est plus significatif, ce sont les exigences qu'ils formulèrent, non sans avoir obtenu préalablement l'amnistie.

Ils demandèrent que nul soldat ne pût être congédié que de son consentement. C'était la première fois qu'on voyait des citoyens romains, alléchés par la solde, le butin, le pillage, considérer le service militaire comme un métier plus lucratif que les occupations domestiques, germe funeste qui devait reparaître plus tard et se développer pour la ruine de la République. Ils demandèrent encore que nul, après avoir été promu tribun militaire, ne pût déchoir de ce rang. C'était la propriété du grade assurée contre le mauvais vouloir des généraux. Ils demandèrent enfin que l'on réduisît au même taux que pour l'infanterie la solde des cavaliers qui, appartenant à l'élite de la société, s'étaient opposés au complot. Le Sénat concéda les deux premiers points, mais il refusa des représailles qui l'eussent atteint directement, dans la personne de ses adhérents.

La question des dettes ne pouvait être oubliée. Le tribun Genucius fit voter une loi qui, au lieu d'abaisser encore une fois le taux de l'intérêt, le supprima tout à fait. Bien que les textes attribuant à cette loi ce caractère radical soient formels, beaucoup d'historiens se sont ingéniés à lui chercher une interprétation plus conforme aux saines notions économiques. Mais une interdiction de ce genre n'est pas unique dans l'histoire, et l'on en citerait plus d'un exemple dans les civilisations médiocrement avancées, où la richesse était peu développée et la connaissance des lois qui en régissent la circulation à peu près nulle. On sait que le Deutéronome prohibe le prêt à intérêt entre Israélites. Ainsi l'on pouvait fonder sur cette mesure des espérances dont une réflexion plus avertie eût démontré l'inanité. Cette illusion se comprend chez des paysans dont l'avoir consistait en biens fonciers et en produits naturels et qui ne pouvaient manquer d'être instinctivement hostiles au pouvoir de l'argent. D'ailleurs, ils avaient sous les yeux l'usage du prêt sans intérêt, du *mutuum*, tel qu'il fonctionnait entre les riches propriétaires, leurs voisins, et ils pouvaient se croire autorisés à réclamer pour eux l'application du même principe. Mais les riches n'étaient point disposés à étendre cette pratique aux pauvres de qui ils ne pouvaient obtenir la même réciprocité de services, et qui ne leur offraient pas les mêmes garanties, et il arriva ce qui devait arriver. Comme il ne dépendait pas du législateur de supprimer les besoins qui faisaient recourir à l'emprunt, les prêteurs ne manquèrent pas qui en fixèrent le taux proportionnellement au risque à courir, c'est-à-dire très haut, de telle sorte que la loi, en prétendant abolir l'intérêt, n'eut d'autre effet que de renforcer l'usure. Elle n'en paraît pas moins avoir subsisté théoriquement pendant deux siècles et demi, jusqu'à Sylla, et cela tient précisément à ce qu'elle ne gênait pas, étant constamment violée ou tournée avec la connivence même des magistrats chargés de la faire respecter. C'est à de rares intervalles que l'on voit les édiles délégués à ce soin sortir de leur inertie et poursuivre les usuriers, et alors seulement que leurs méfaits menaçaient de compromettre la paix publique. Quant à l'action privée, il n'en est pas question, non qu'elle ne fût pas recevable, mais comment obtenir du juge un arrêt impartial, désavantageux à sa caste? Une seule fois, sur le tard, en 89, au milieu des troubles intérieurs coïncidant avec la révolte des alliés, nous rencontrons un préteur qui, aux prises avec la masse des débiteurs ameutés, osa faire droit à leurs instances en évoquant en leur faveur les dispositions surannées de la loi Genucia. Les créanciers furieux l'en punirent en le massacrant dans la maison des Vestales où il s'était réfugié. Au reste, il faut remarquer que la loi (*lex minus quam perfecta*), tout en infligeant à l'usurier une pénalité consistant en une amende du quadruple des intérêts injustement perçus, n'annulait pas l'acte tombé sous cette condamnation et laissait subsister la dette, avec toutes les conséquences qu'elle pouvait entraîner. Le mal persista donc, aggravé encore par le remède, et la procédure du *nexum* continua de sévir dans toute sa rigueur.

Il semblerait qu'un mouvement comme celui-là,

sorti des bas-fonds populaires, dirigé non pas seulement contre les survivants du vieux patriciat, mais tout autant et très directement contre les membres de la nouvelle noblesse plébéienne, ne dût avoir pour ces derniers que des conséquences fâcheuses, loin de leur apporter aucun avantage. Ils réussirent pourtant à tirer parti des événements, sans doute en exploitant les terreurs du Sénat et en faisant payer à la haute assemblée un appui dont elle sentait bien qu'elle ne pouvait se passer. Ils firent reconnaître encore une fois, et cette fois définitivement, leur droit à l'un des sièges du collège consulaire. La loi Licinienne fut désormais une vérité. Elle devait être étendue trois ans après, en 339, à la censure. Deux autres lois furent votées qui ouvraient une voie plus large aux ambitions de la plèbe, l'une décidant qu'on ne pourrait cumuler l'exercice de deux magistratures la même année, l'autre qu'on ne pourrait exercer deux fois la même magistrature dans la même période décennale, toutes deux ayant cet effet de multiplier le nombre des places à la disposition des concurrents. Les grandes familles plébéiennes en possession des honneurs, et qui n'eussent pas été fâchées de les accaparer, ne pouvaient s'y tromper : il s'agissait, pour celles qui n'y étaient point arrivées encore et qui étaient en mesure d'y prétendre, de leur disputer leur part. Mais elles ne pouvaient décemment s'opposer à des propositions qui les lésaient dans des convoitises peu avouables, qui d'ailleurs ne les atteignaient pas plus que les familles patriciennes, et qui, en outre, devaient avoir ce résultat de renforcer la minorité encore très faible des sénateurs de leur ordre. Ainsi, somme toute, une égale satisfaction était donnée à tous les éléments de la plèbe, au prolétariat comme aux familles nobles et à celles qui aspiraient à le devenir : la victoire de 342 était une victoire sur toute la ligne.

§ 2. — La question des comices et la loi Publilia Philonis de 339.

Nous avons mentionné à plusieurs reprises des lois proposées et imposées par les tribuns. Il est temps d'expliquer comment ils ont eu ce pouvoir. Et ceci nous amène à la question des assemblées populaires, des rapports de ces assemblées entre elles et de leurs rapports avec le Sénat.

Il y avait trois assemblées : l'assemblée curiate, l'assemblée centuriate et l'assemblée tribute. Nous pouvons faire abstraction de la première, la plus ancienne, qui se survivait à elle-même, comme un débris des vieux âges perdu dans la Rome nouvelle. Elle conservait le droit de sanctionner l'élection des magistrats supérieurs par l'assemblée centuriate en leur conférant l'*imperium*, c'est-à-dire la plénitude de la puissance politique, militaire, judiciaire. mais c'était un droit illusoire, une simple formalité. Elle était convoquée encore par le Grand Pontife pour l'accomplissement de certaines cérémonies religieuses et la ratification de certains actes de la vie civile intéressant la constitution de la famille. Mais son activité à ce dernier point de vue s'était fort ralentie depuis l'avènement pour ces actes et l'emploi de plus en plus répandu d'une procédure purement laïque et également légitime. D'ailleurs toutes ces opérations, de quelque nature qu'elles fussent, étaient si bien considérées comme vaines qu'on finit par se dispenser de réunir les membres des trente curies pour les remplacer par les trente licteurs-attachés à chacune d'elles et qui étaient censés les représenter. En réalité les seules assemblées vivantes étaient l'assemblée centuriate et l'assemblée tribute.

L'assemblée centuriate comprenait cinq classes

comprenant elles-mêmes un certain nombre de subdivisions ou centuries. Les classes étaient les catégories du cens. Les *minima* de fortune auxquelles elles correspondaient sont énoncés dans nos textes en *as*, — l'*as* était l'unité monétaire, — mais c'est un mode d'évaluation relativement récent, les seuls biens recensés antérieurement à l'introduction de la monnaie, et même un certain temps après, ayant été les biens immobiliers. Les seuls citoyens inscrits dans les classes furent donc les propriétaires fonciers, et cela dura, ainsi qu'on le verra plus loin, jusqu'à la censure d'App. Claudius, en 312. Ils étaient aussi et restèrent plus longtemps encore, du moins en principe, les seuls admis à figurer dans l'armée, bien que déjà, sous la pression de nécessités nouvelles, on tendit à élargir la base du recrutement en faisant appel aux moins déshérités parmi ceux que leur pauvreté rejetait en dehors de ces divisions.

Comment la classe unique, fournissant primitivement l'effectif de la grosse infanterie, s'est-elle fractionnée en cinq classes, et quel avait été le lien entre le système des classes et l'organisation de l'armée, c'est un point qu'il n'est pas facile d'éclaircir et que d'ailleurs nous n'avons pas à examiner. Un fait est certain, c'est que la répartition des centuries entre les classes, en vue de la guerre, ne peut pas avoir été celle que nous observons dans la description qui nous est faite de l'assemblée centuriate[1].

Résumons cette description. La première classe comprend 98 centuries, la seconde, la troisième et la quatrième 20 chacune, la cinquième 30. Au-dessous vient une centurie unique pour ceux dont le cens est inférieur au cens de la cinquième classe et qu'on

---

1. Pour faciliter l'intelligence de ce qui va suivre, nous donnons le tableau ci-contre, réduit à l'essentiel :

appelle « *proletarii* », et pour ceux plus misérables encore qu'on appelle les « *capite censi* », parce qu'on ne peut recenser que leur personne, leur tête, «*caput*», non leur avoir qui est nul. Il faut compter en plus 4 centuries dont on ne sait pas exactement à quelle classe elles se rattachent pour ceux que leur condition aurait tenus en dehors des classes si leur métier ne les avait désignés pour être employés en campagne à certains services spéciaux, deux centuries d'ouvriers en bois et en métaux (*fabri lignarii* et *ærarii*) et deux centuries de musiciens, trompettes et flûtistes (*cornicines* et *tubicines*). Sur les 98 centuries de la première classe, on en met à part 18 recrutées dans les familles les plus nobles et les plus riches, et qui sont affectées à la cavalerie, et sur ces 18 on en distingue 6 plus considérées encore et qui furent longtemps réservées aux patriciens. Ce sont les centuries dites équestres. Les 80 autres centuries de cette première classe et les centuries des classes suivantes sont les centuries des fantassins (*pedites*), distribuées par nombre égal en

Classes.	Centuries de cavaliers.	Centuries de fantassins.		Total des centuries.
		Juniores.	Seniores.	
I	18	40	40	98
II	0	10	10	20
III	0	10	10	20
IV	0	10	10	20
V	0	15	15	30
			Total	188

Centurie d'ouvriers ingénieurs en bois..	1
— — en métal..	1
— de trompettes.........	1
— de flûtistes	1
— des *capite censi*.........	1
Total.......	5

Total des centuries : 188 + 5 = 193.

centuries de jeunes et de vieux, de *juniores* et de *seniores*.

On reconnaît les traits par où l'assemblée rappelle l'armée dont elle est issue, les noms mêmes de classe et de centurie dont le sens premier est tout militaire, les centuries de cavaliers et les centuries de fantassins, les centuries de jeunes et de vieux, d'active et de réserve, les centuries d'ouvriers ingénieurs et de musiciens. Ajoutez qu'elle est convoquée au son de la trompette, les deux étendards de l'infanterie et de la cavalerie flottant sur la citadelle, et qu'elle doit se réunir au Champ de Mars, en dehors du Pomœrium, de la zone sacrée dont l'armée ne doit pas franchir la limite. Mais cette armée civile, comme on l'appelle encore, « *urbanus exercitus* », n'est plus l'armée véritable dont elle évoque le souvenir, et dont elle diffère essentiellement. Ce sont les mêmes cadres, mais remaniés et ajustés à un autre but.

Ce qui caractérise cette organisation, c'est l'attribution à la catégorie des riches, à la première classe, d'un nombre de centuries supérieur à celui que fournit le reste des citoyens. Et comme de tout temps les riches ont été beaucoup moins nombreux que les gens aisés ou les pauvres, l'effectif de leurs centuries, très maigre à le prendre en lui-même, était tout à fait hors de proportion avec celui des centuries dans les classes suivantes. La disproportion se généralise si l'on remarque que le reste des citoyens recensés, échelonné en quatre classes, comprend pour chacune, sauf pour la dernière, le même nombre de centuries. Il est visible en effet que d'une classe à l'autre les effectifs doivent croître en raison directe de la décroissance des fortunes. Si telle était l'organisation de l'armée, il faudrait donc croire qu'elle était combinée en vue d'amener sur le champ de bataille des unités tactiques à effectifs infiniment variés, conclusion absurde et qui se réfute d'elle-même. On a supposé que les centuries étaient, non des unités tactiques, mais des cadres de recrutement d'où l'on tirait un nombre proportionné de soldats en exigeant d'eux l'armement en rapport avec leur cens. Mais alors pourquoi cette égalité dans le total des centuries respectivement attribuées aux classes inférieures? Car la différence de dix avec la cinquième peut être considérée comme insignifiante. Tout cela très évidemment n'a rien à voir avec les nécessités militaires. Mais tout cela est parfaitement imaginé pour assurer la prépondérance aux riches dans la direction de l'assemblée.

L'unité votante était la centurie. Le total des centuries était de 193, sur lesquelles la première classe en comptait à elle seule 98. Elle disposait donc de la majorité plus une voix. Et non seulement elle disposait de la majorité, mais il était rare que les classes inférieures fussent appelées à voter. Les centuries votaient simultanément dans leurs classes respectives, mais le vote des classes n'était pas simultané. Elles votaient successivement dans un ordre conforme à leur rang, et le vote de chacune d'elles était proclamé avant qu'on ne passât au vote de la classe suivante. Il résultait de là que la majorité pouvait être non seulement formée, mais proclamée après le vote de la première classe, si bien qu'il devenait inutile de continuer l'opération. Sans doute il pouvait arriver que, la première classe se partageant malgré la communauté des intérêts, on fût obligé de passer à la seconde, mais il y avait peu de chances pour que cette dernière limite fût franchie. Les droits de la troisième classe, de la quatrième, de la cinquième et à plus forte raison ceux des *proletarii* et des *capite censi* étaient donc purement illusoires. Il n'y avait de réels que ceux de la première classe, et tout au plus de la deuxième. Ce n'est pas tout. Dans cette première classe, les 18 centuries équestres, représentant l'élite de la société romaine, avaient ce privilège de voter à part, les premières, d'où leur nom de *prérogatives*, « præ rogativæ, præ rogare », et leur vote était proclamé sitôt acquis, avant qu'on ne fît voter les 80 autres centuries de la même classe. Or, le vote de ces 18 centuries avait une importance extrême, décisive, tenant moins encore à la pression matérielle et morale exercée par les chefs de l'aristocratie qu'à un sentiment superstitieux, profondément ancré dans l'esprit du peuple. Le vote des 18 centuries, proclamé le premier, avait à ses yeux la valeur d'un présage (*omen*), d'une indication fournie par les dieux et, par le fait, nous voyons qu'il entraînait généralement celui de l'assemblée.

La répartition des centuries dans les classes contribuait d'une autre manière encore à assurer la prépondérance de la richesse. Puisque l'effectif de la première classe était inférieur à celui de la deuxième et à plus forte raison de la troisième, et ainsi de suite à mesure qu'on descendait les degrés qui menaient de la richesse à la moindre aisance et à la pauvreté, et puisque néanmoins elle comprenait un bien plus grand nombre de centuries, il est clair que le vote des individus dans cette première classe valait infiniment plus que celui des individus inscrits dans les classes suivantes. Il en était de même des *seniores* par rapport aux *juniores*. Les *seniores*, ayant dépassé quarante-cinq ans, étaient nécessairement moins nombreux, ce qui n'empêche pas que dans chaque classe, abstraction faite de la première où les centuries équestres étaient exclusivement composées de *juniores*, il n'y eût autant de centuries des uns que des autres. Le vote d'un *senior* comptait donc pour beaucoup plus que celui d'un *junior;* il était, d'après les données de la statistique, comme 2 est à 1, et ainsi à la prépondérance de la richesse s'ajoutait celle de l'âge, ce qui renforçait encore la tendance conservatrice.

L'assemblée tribute, issue de la révolution de 493, présente un tout autre caractère. Fidèles au principe du vote collectif, les plébéiens s'étaient groupés par tribus, et comme les citoyens étaient inscrits dans les tribus sans qu'il fût tenu compte d'autre chose que de leur domicile, tous les suffrages se valaient dans cette assemblée. Elle était donc, par rapport à l'assemblée centuriate, une assemblée démocratique. Démocratique relativement et non pas, il s'en faut, dans toute la force du terme. Le mouvement de 493 avait été le fait, non d'une foule misérable, sans feu ni lieu, mais, en grande majorité du moins, des populations rurales menacées dans leurs biens par les rigueurs des créanciers patriciens, et c'est pourquoi la tribu avait paru le cadre le mieux approprié à la nouvelle assemblée. La tribu, en effet, n'a pas été à l'origine une division des personnes, mais des terres. Elle a été le cadastre des immeubles sis sur le territoire romain, et c'est en tant que propriétaires d'un de ces immeubles que les citoyens en faisaient partie. Ceux qui ne pouvaient se prévaloir de cette qualité formaient la catégorie des *ærarii*, des contribuables au sens privatif du mot, c'est-à-dire des citoyens soumis à une taxe spéciale si leur avoir mobilier en comportait une, mais exclus de l'exercice des droits politiques comme du service dans la légion. On voit que cette catégorie des *ærarii* correspondait assez exactement à la centurie des *capite censi* dans le système des classes, et ainsi l'on peut dire que, somme toute, l'assemblée tribute ne différait pas, pour la composition, de l'assemblée centuriate. La différence, d'ailleurs capitale, c'est qu'il n'y avait point de hiérarchie pour ceux qui la composaient; si bien que le vote de chacun, du plus humble des propriétaires et du plus opulent, pesait du même poids.

L'assemblée tribute n'était pas, à proprement parler, une assemblée politique, une assemblée du peuple romain. Elle n'avait pas droit au nom de *comices*. Elle était un *concilium*, une assemblée privée en quelque sorte, où les patriciens, bien qu'inscrits dans les tribus, ne figuraient pas, et dont les décisions n'engageaient que la plèbe dont elle était la représentation. Elle élisait les tribuns et les édiles plébéiens qui n'étaient pas des magistrats. Elle votait des *plébiscites*, et non des lois. Mais ce qu'elle n'était pas, elle aspira à le devenir. Ce fut l'objet d'un long effort qui se poursuivit pendant plus d'un siècle et demi.

Les comices centuriates étaient électoraux, judiciaires, législatifs. Il ne pouvait être question de leur enlever l'élection des magistrats supérieurs, revêtus de l'*imperium*, investis du commandement militaire. Tout ce que l'assemblée tribute obtint et pouvait obtenir dans ce domaine, ce fut l'élection des magistrats en sous-ordre, les questeurs, les édiles curules, etc. La concurrence eût pu s'ouvrir plutôt sur le terrain judiciaire. Les tribuns, en s'arrogeant le droit de traduire à leur barre quiconque osait porter atteinte à leur personne sacrée, avaient par le fait revendiqué pour l'assemblée plébéienne une part de la juridiction criminelle attribuée par la loi de *provocatione* aux comices centuriates. Mais les Douze Tables tranchèrent le débat en confirmant le principe posé par cette loi et en abandonnant à l'assemblée tribute les causes de moindre importance, sauf le droit pour les tribuns d'intenter pour leur compte une action capitale devant l'assemblée compétente, par l'intermédiaire du magistrat qualifié à cet effet. C'était là de la part de la plèbe une concession qui pourrait surprendre, si l'on ne savait qu'elle avait dès ce moment les yeux tournés d'un autre côté, vers un but plus haut. Il s'agissait d'attirer à elle la puissance législative en faisant conférer à ses plébiscites force de loi pour la cité entière, et c'est là-dessus que la lutte véritable s'engagea.

Les historiens nous font connaître trois lois se référant à ce litige, trois lois votées à de très longs intervalles, la loi Valeria Horatia en 449, la loi Publilia Philonis en 339, la loi Hortensia en 286, toutes les trois citées en termes identiques, ordonnant que désormais les plébiscites seraient valables pour l'ensemble du peuple romain, « *ut plebiscita omnes Quirites tenerent* », de telle sorte qu'elles ne paraissent être, à prendre ces divers textes au pied de la lettre, que la réédition d'une seule et même loi, indéfiniment répétée. Mais nous savons trop bien les procédés de nos auteurs, nous avons trop souvent à incriminer leurs habitudes de concision et d'extrême sécheresse, toutes les fois qu'il s'agit du développement des institutions et des événements les plus considérables de l'histoire intérieure, pour nous croire tenus à une interprétation aussi peu vraisemblable en elle-même, et d'ailleurs démentie par les faits, car il suffit de les examiner de près, tels qu'ils nous sont rapportés, pour nous rendre compte que les trois lois, loin de se borner au renouvellement pur et simple de la disposition essentielle ci-dessus mentionnée, la diversifiaient tout au contraire en la subordonnant à chaque fois à des conditions différentes qui en modifiaient gravement le caractère et la portée.

Il était naturel et juste que les patriciens, lorsqu'ils consentirent à assimiler les plébiscites aux lois votées dans les comices centuriates, y missent cette condition qu'ils seraient soumis, comme les lois elles-mêmes, à l'*auctoritas*, à la ratification du Sénat. Ce fut la clause insérée dans la loi Valeria Horatia et dont la réalité est attestée par l'histoire de tous les plébiscites proposés en faveur de la plèbe après cette date de 449. Ils n'auraient pas eu tant de peine à s'imposer s'il leur avait suffi pour cela d'être agréés par l'assemblée plébéienne et, pour n'en citer qu'un exemple, quand on nous dit que les rogations Liciniennes ne mirent pas moins de dix ans à l'emporter, c'est évidemment qu'il leur manqua pendant tout ce temps la consécration sénatoriale. Encore est-il très possible, comme on l'a vu plus haut, que la loi sur le consulat ait dû s'en passer et se contenter d'une simple tolérance, ce qui expliquerait comment elle a pu être violée si fréquemment dans la période suivante.

La loi Valeria Horatia ouvrit une ère nouvelle dans l'histoire de l'assemblée tribute. Du moment où les décisions prises dans cette assemblée étaient reconnues valables pour les patriciens comme pour les plébéiens, il n'y avait pas de raison pour que les patriciens s'abstinssent d'y concourir par leur vote. Il n'y en avait pas davantage pour que les magistrats feignissent d'ignorer une assemblée devenue, au même titre que l'autre, une assemblée du peuple romain. Les assemblées tributes eurent droit désormais au nom de comices tributes. Elles restaient, il est vrai, à strictement parler, des *concilia plebis* tant qu'elles étaient présidées par les tribuns, mais elles se transformaient en comices sous la présidence des magistrats. Ce furent les préteurs, ces consuls en sous-ordre, qui prirent peu à peu l'habitude de s'adresser pour leurs projets de loi à ces comices inférieurs, sans doute pour opposer par leur intervention un contrepoids à l'influence exclusive des chefs plébéiens. Ainsi commença le mouvement qui devait transférer toute l'activité législative à la dernière née et à la plus démocratique des deux assemblées. Il était peu sensible encore et ne devait se dessiner que beaucoup plus tard, après que la loi Hortensia l'eut affranchie de la contrainte imposée par la loi Valeria Horatia et maintenue, sous une autre forme, par la loi Publilia, en 339.

Des circonstances qui amenèrent le vote de la loi Publilia Philonis ou, pour mieux dire, des lois Publiliennes, le peu que nous savons n'est pas clair. Les assignations trop parcimonieusement mesurées avaient excité le mécontentement du peuple. D'un autre côté une tentative, d'ailleurs vaine, pour revenir sur les stipulations de 342 en maintenant au consulat le patricien T. Manlius Torquatus, déjà consul pour la troisième fois en 340, avait inquiété la noblesse plébéienne et, avec elle, la fraction libérale du patriciat. A ce dernier groupe appartenait le consul Ti. Æmilius Mamercinus qui, de plus, avait contre sa caste des griefs personnels. De concert avec son collègue plébéien Q. Publilius Philo, il s'était mis à la tête de l'opposition. Le Sénat espéra couper court à leurs menées en exigeant la nomination d'un dictateur, en quoi l'on ne voit pas bien son calcul, car il était à présumer que le dictateur, nommé conformément à la règle par l'un des deux consuls, ne serait pas dans d'autres sentiments que ce consul lui-même. Æmilius nomma Publilius Philo, et Publilius aussitôt fit passer trois lois, la première décidant que dorénavant les deux censeurs pourraient être pris tous les deux dans la plèbe et qu'en tout cas l'un des deux devrait toujours être plébéien, la deuxième que la ratification du Sénat pour les lois votées dans les comices centuriates devrait précéder le vote au lieu de le suivre, la troisième dont il est dit seulement, comme pour la loi Valeria Horatia, qu'elle rendit les plébiscites obligatoires pour tout le peuple. Mais, comme il est impossible d'admettre que cette loi n'ait pas contenu une disposition nouvelle, on est conduit à supposer qu'elle étendit à l'assemblée tribute la procédure nouvelle établie pour les comices centuriates, et ce qui confirme cette hypothèse, c'est que nous ne rencontrons plus, après cette date, comme dans la période antérieure, de ces rogations tribuniciennes incessamment renouvelées parce qu'il leur manquait toujours, pour être exécutoires, une fois votées, la consécration sénatoriale. Désormais elle était acquise du moment où la rogation était présentée. Une loi Mænia, due très probablement à C. Mænius, le consul plébéien de 338, compléta la loi Publilia en appliquant aux opérations électorales la règle édictée en 339 pour les votes législatifs.

Le déplacement de l'*auctoritas* n'était une mesure démocratique qu'en apparence. Elle semblait soumettre la volonté du Sénat à celle du peuple, mais pour cela il eût fallu qu'elle le condamnât à ratifier d'avance, les yeux fermés, le vote populaire quel qu'il fût, et il n'en était rien. La vérité, c'est que son autorité se trouva plutôt renforcée. La ratification subséquente au vote était une arme puissante, mais d'un maniement dangereux et dont il était prudent de ne pas se servir trop souvent. Il est à croire que la perspective d'un conflit direct fit plus d'une fois reculer la haute assemblée. Le procédé, en outre, manquait de souplesse. Le Sénat acceptait ou rejetait la loi en bloc, mais il n'avait aucun moyen de la corriger, et pourtant il y avait des cas où il eût suffi de quelques amendements pour lui rendre acceptable une loi qu'il repoussait, ou subissait à contre-cœur. Le mieux évidemment eût été de s'entendre au préalable avec les magistrats, qui pouvaient se refuser à la discussion mais qui, en général, avaient intérêt à s'y prêter, car elle leur permettait ou de modifier les dispositions hostiles des sénateurs, ou de les prévoir et de régler leur conduite en connaissance de cause. Ce fut cette entente, réalisée jusqu'alors ou non au gré des parties, dont la loi Publilia avec la loi Mænia fit une nécessité pour la rédaction des projets de loi et pour la composition de la liste des candidats. Le droit de contrôle du Sénat restait intact. La différence, c'est qu'il en usait plus utilement dans un débat où il pesait le pour et le contre, essayait de faire prévaloir ses vues, et employait sur les magistrats tous les moyens de persuasion, de contrainte morale en son pouvoir. Plus résolument aussi, car un conflit avec les magistrats était chose moins grave qu'un conflit avec le peuple. Somme toute, ce qui se trouvait atteint, c'était non l'autorité du Sénat, mais l'indépendance des magistrats vis-à-vis de cette assemblée.

La loi Publilia, œuvre d'un esprit sage, conciliant, modéré, eut ce résultat d'établir dans le jeu des pouvoirs publics une aisance, une harmonie qui jamais, à aucune époque de l'histoire romaine, n'exista aussi pleinement. Elle eut cette autre conséquence d'incorporer plus étroitement à l'organisme politique un élément considéré longtemps comme étranger et réfractaire. Il était difficile maintenant de ne pas mettre les tribuns sur le même pied que les magistrats. Ils n'avaient pas eu à l'origine leurs entrées dans la curie. Ils étaient assis à la porte, introduits seulement quand on jugeait utile de les faire participer à la délibération, de manière à prévenir leur *veto*. Puis il semble qu'ils aient obtenu, à titre régulier, l'autorisation d'assister aux séances et d'y prendre la parole. Puis enfin ils furent autorisés à convoquer eux-mêmes le Sénat, à le présider, à le faire voter. Il n'en pouvait être autrement du jour où ils durent lui soumettre leurs projets de loi, sans quoi leur initiative eût été subordonnée à la bonne volonté des consuls et des préteurs, seuls jusqu'alors en possession de ce droit. Ils n'étaient pas sénateurs en ce sens qu'ils n'avaient pas, comme les autres magistrats, le droit de vote, le *jus sententiæ dicendæ*, pendant leur magistrature ni après : ils devaient attendre que les censeurs chargés, à époque fixe, de recruter le Sénat les eussent inscrits sur leur liste, et cette espèce d'interdit ne fut levé qu'assez tard, par un certain plébiscite Atinien, dont la date reste sujette à conjecture et peut-être ne doit pas se placer avant la période des Gracques. Ils n'étaient donc encore théoriquement que les mandataires de la plèbe, mais ce n'était là, dans leur situation nouvelle, qu'une restriction sans importance qui n'enlevait rien à leur puissance réelle et ne contrariait pas davantage la fusion de plus en plus prononcée entre les deux ordres.

§ 3. — La censure d'Appius Claudius (312). L'avènement de la richesse mobilière et la question des « humiles » et des affranchis.

Les problèmes changent d'aspect et de nature en changeant de milieu. A mesure que tout évolue, les idées, les mœurs, les conditions politiques, économiques, sociales, des questions nouvelles surgissent qui se greffent sur les anciennes, les dépassent et finissent par les reléguer au second plan, en attendant qu'elles les envoient se perdre dans l'indifférence et l'oubli. C'est le cas pour la vieille querelle des deux ordres se prolongeant vers la fin du IVᵉ siècle avant notre ère.

Au sein du patriciat, rallié en grande majorité au nouvel état de choses, il restait un petit clan irréductible dont le chef était Appius Claudius, désigné sous le surnom de Cæcus, l'Aveugle, en raison de l'infirmité dont il fut frappé dans les dernières années de sa vie. Il n'y a peut-être pas dans tout le cours de l'histoire romaine de figure plus curieuse, plus significative. Elle déconcerte au premier abord par un air énigmatique, par un ensemble de traits contradictoires qu'on a peine à concilier. C'est qu'il y avait en ce personnage singulier deux hommes, l'un hardiment tourné vers l'avenir, l'autre asservi à tous les préjugés et à toutes les rancunes du passé.

Il appartenait à cette famille des Claudii qui nous est donnée comme le type de la dureté et de la morgue aristocratiques. Il descendait de son homonyme le décemvir, dont il rappelle l'image à beaucoup d'égards, soit qu'en effet il eût hérité de son caractère et de ses tendances politiques, soit plutôt, comme on l'a supposé, que la physionomie indécise de l'aïeul ait été modelée par les historiens sur cette personnalité non moins célèbre et mieux connue. Il détestait du fond de l'âme ces parvenus insolents qui osaient frayer avec les représentants des plus illustres maisons et prétendaient leur disputer les honneurs. Il essaya à deux reprises de les évincer du consulat. Il combattit de toutes ses forces la loi Ogulnia, qui parachevait leur victoire en leur ouvrant les collèges sacerdotaux. Mais, par le plus étrange des contrastes, ce réactionnaire intraitable n'était pas, il s'en faut, un esprit borné, figé dans une tradition surannée, et les moyens qu'il employa pour réaliser son rêve ou sa chimère de restauration patricienne diffèrent autant de ceux de ses prédécesseurs que la Rome de son temps ressemblait peu à celle de Licinius Stolo et de ses adversaires.

Ce n'était plus la petite cité des débuts de la République. C'était la capitale d'un état embrassant tout le centre de la péninsule. Elle était entrée en contact immédiat avec l'hellénisme, avec sa civilisation, son art, sa littérature. Elle avait adopté la monnaie, développé sa population, son industrie, son commerce. Claudius était ouvert à toutes ces nouveautés. Son activité multiple s'exerçait dans ces directions variées avec une égale intensité. Il réforma l'orthographe et le premier fit œuvre d'écrivain dans la langue latine, auteur d'un Traité de jurisprudence et d'un Recueil de sentences, sur le modèle des *vers dorés* de Pythagore ou extrait des comiques athéniens. Il exécuta de grands travaux pour l'embellissement et l'assainissement de la ville, qu'il dota de son plus ancien aqueduc. Il jeta vers la Campanie cette fameuse voie Appienne qui devait porter son nom jusqu'à la postérité la plus reculée. Assez peu religieux, touché déjà, semble-t-il, par le scepticisme des penseurs grecs, il se permit envers le rite national quelques atteintes dont ses ennemis lui firent un crime, mais, ardent patriote, on sait avec quelle violence il s'opposa aux négociations entamées par Pyrrhus : le discours qu'il prononça à cette occasion était lu encore au temps de Cicéron. Son but est assez clair : il voulait faire de Rome la reine et la maîtresse de l'Italie, et cela au plus grand profit et à la plus grande gloire de la caste patricienne, rajeunie et raffermie, prenant la tête et l'initiative du progrès.

Pour cette politique, il fallait un point d'appui. Où le chercher? Ce n'était pas dans cette masse de petits et moyens propriétaires ruraux où la noblesse plébéienne se recrutait et qui, malgré les brouilles passagères, lui restait inféodée. D'ailleurs, cette population, comme toutes celles qui sont rivées au sol, était conservatrice d'instinct, obstinément enfermée dans son horizon étroit et ses coutumes héréditaires ; les nobles plébéiens eux-mêmes, sortis du même fond, ne s'étaient point déracinés ; la communauté d'origine, la solidarité des intérêts les enchaînaient aux mêmes idées, aux mêmes préventions. Il ne faut pas s'y tromper : si les souffles du dehors avaient chance de pénétrer dans la société romaine, de la renouveler et de la transformer, ce n'était point par la noblesse plébéienne et les classes qui la soutenaient de leurs suffrages. L'impulsion devait venir d'ailleurs, d'une aristocratie affinée par un long atavisme, par l'habitude séculaire de la richesse et de la vie urbaine, et cette distinction entre les deux noblesses, si nettement accusée dans l'entreprise de Claudius et les obstacles où elle se brisa, ne devait pas s'effacer de sitôt : Scipion, Flamininus furent patriciens ; Mummius et Caton furent plébéiens.

Il tourna ses regards d'un autre côté, plus bas, vers cette plèbe des non-propriétaires que la constitution tenait en dehors des tribus et relégués dans la centurie infime des *capite censi*. Elle comprenait sous la qualification générale d'*humiles*, les humbles, en outre des pauvres qui ne cessaient pas naturellement de former la grande majorité, des éléments plus relevés, des travailleurs que le développement économique avec, pour conséquence, un commencement de richesse mobilière, avait portés à l'aisance, et notamment, parmi eux, une classe d'hommes qui tendait à prendre une grande importance, à savoir les affranchis. L'esclavage était très loin d'avoir atteint les proportions qu'il devait acquérir par la suite, quand la conquête des pays extra-italiques eut déversé sur la péninsule le flot intarissable des captifs, mais en Italie même les guerres étaient assez fréquentes et assez heureuses pour amener à Rome des équipes de prisonniers à vendre sur le marché, et la preuve que les esclaves étaient dès lors assez nombreux, c'est la fréquence des affranchissements, si bien que, dès l'année 357, le consul Cn. Manlius Capitolinus, redoutant les conséquences de ce mouvement pour la composition du corps civique, essaya de le contenir en soumettant l'opération à un impôt de 5 %. Vaine tentative : qu'était-ce que cette somme au prix des avantages attachés à l'affranchissement pour le patron ? Car on pense bien qu'il n'y consentait point par pure philanthropie. Alors même que l'esclave n'achetait point sa liberté de son propre argent, avec le pécule péniblement amassé, il restait pour son ancien maître, s'il était un bon sujet, et sans doute il n'était affranchi qu'à cette condition, d'un fructueux rapport. Pas plus au point de vue des droits privés qu'au point de vue des droits politiques, il ne devenait un citoyen au sens complet du mot : la tache servile ne s'effaçait qu'à la troisième génération et c'est à ce moment seulement que la mesure libératrice produisait son plein effet sur la personne de ses petits-enfants, assimilés aux hommes de naissance libre, aux *ingénus*. En attendant il était tenu, lui et ses fils, ces derniers jusqu'à la date du plébiscite de Terentius, en 189, non seulement à ce devoir général de déférence et d'assistance caractérisé par le terme d'*obsequium*, mais à des obligations positives, stipulées dans l'acte d'affranchissement et dont la violation, constatée par-devant le préteur, le faisait retomber en servitude. C'étaient les *operae*, consistant dans la part qu'il réservait au patron sur les produits de sa libre activité.

C'est en 312 que Claudius, élu censeur avec C. Plautius, un collègue entièrement subjugué par l'ascendant de sa volonté et de son génie, put appliquer l'essentiel de ses idées. Il prit une mesure qui équivalait à un remaniement profond des cadres sociaux et politiques : il tint compte, dans le recensement, du capital mobilier autant que de la propriété foncière. De là une double conséquence pour le système des classes et celui des tribus, et pour les deux assemblées qui en émanaient. Les non-propriétaires furent répartis dans les classes en raison de leur avoir total, quelle qu'en fût la nature, et la tribu, devenue une division des personnes et non plus des terres, admit tous ceux qui pouvaient se prévaloir du titre de citoyens, et jusqu'aux affranchis à qui, malgré leur situation inférieure, on ne pouvait dénier cette qualité. Tite-Live nous dit que par là Claudius altéra, vicia les comices tributes et centuriates « forum et campum corrupit ». Il semble bien qu'il exagère pour ces derniers. La richesse mobilière n'était pas encore assez répandue pour que la promotion dans les classes de ceux qui en étaient pourvus pût amener un si grand bouleversement. Mais il n'en était pas de même dans les comices tributes où les *humiles*, beaucoup plus nombreux, disposèrent de la majorité au sein de chaque tribu, et par conséquent dans l'assemblée entière transformée du coup en une assemblée pleinement démocratique. Il suffisait d'ailleurs qu'ils l'emportassent dans seize tribus sur les trente et une alors existantes pour obtenir ce résultat.

Claudius fit plus. Il introduisit dans le Sénat, non pas des affranchis, le scandale eût été trop criant, mais des fils d'affranchis, ce qui ne s'était jamais vu, et par là il s'assura dans la curie même un groupe d'adhérents tout à sa dévotion. Huit ans plus tard, en 304, toujours fidèle à la même politique, il était encore assez puissant pour faire élire édile curule un autre fils d'affranchi, le scribe Cn. Flavius qui, à son instigation et vraisemblablement, au moyen de documents qu'il lui avait lui-même fournis, se rendit populaire et demeura à jamais illustre pour avoir complété l'œuvre des Douze Tables en divulguant le formulaire des actions de la loi et la liste des jours fastes et néfastes. Et ce fut un dernier défi, jeté à toutes les traditions, à tous les préjugés de la société romaine.

Il était juste assurément d'ouvrir toutes larges aux artisans de la nouvelle vie économique les portes de la cité enrichie par leur travail et d'imprimer ainsi à leur activité un plus vigoureux essor. Il y avait là des éléments excellents qui méritaient leur place au soleil. Les affranchis eux-mêmes formaient une classe saine en général et laborieuse. Italiens pour la plupart, ils n'étaient pas encore cette foule bigarrée et cosmopolite, recrutée dans tous les pays du monde, dont la multiplication devait altérer la pureté du sang romain et apporter le trouble et le désordre dans le jeu des institutions. Il n'est pas douteux que ces considérations ne soient entrées dans la pensée de Claudius, mais il en était d'autres plus décisives peut-être, en tout cas intéressant plus directement le but final de sa politique. Les commerçants, les ouvriers, les affranchis étaient concentrés à Rome, sur le théâtre le mieux approprié à leur industrie, et sans doute c'était un accroc au principe de la répartition géographique, placé à la base du système, de les disséminer à travers toutes les tribus indistinctement, de manière à leur assurer la maîtrise dans la plupart d'entre elles, ou dans toutes, mais on en voit la raison. Déjà commençait à se manifester l'incompatibilité, qui devait devenir mortelle pour la République, entre la constitution de la cité et l'extension de cette même cité par la conquête. Les tribus rurales, qui depuis 318 étaient au nombre de vingt-sept, embrassaient un vaste territoire s'étendant de la Sabine à la mer, du sud de l'Etrurie au nord de la Campanie. Comment demander aux habitants de ces districts plus ou moins lointains de s'arracher à leurs occupations, de franchir à grand'peine et à grands frais la distance qui les séparait de la capitale, toutes les fois que les affaires publiques y réclamaient leur présence ? En réalité les comices n'étaient fréquentés le plus ordinairement que par les habitants de la ville et des bourgs les plus voisins et, au fond, il importait assez peu tant que les votants, citadins ou gens de la campagne, furent tous des propriétaires, animés somme toute d'un même esprit, quelles que fussent entre eux les inégalités de rang et de fortune. Il en fut autrement du jour où l'on vit les *humiles* écraser sous la supériorité du nombre les représentants clairsemés de la propriété rurale. Ce ne fut le cas, il est vrai, comme on l'a vu plus haut, que pour l'assemblée tribute, mais cela suffisait pour mettre entre les mains de Claudius un moyen d'action puissant. De cette plèbe urbaine il entendait faire l'instrument de ses desseins. Elle n'avait ni les mêmes intérêts que l'autre, ni les mêmes sympathies; elle était accessible à d'autres suggestions, soumise à d'autres influences. Les familles patriciennes, demeurées les plus opulentes, étaient encore celles qui comptaient le plus d'affranchis, mais il n'y avait pas que les affranchis qui fussent dans un état de dépendance. La clientèle, héritage de la Rome primitive, lui avait survécu sous la forme nouvelle requise par les temps nouveaux. Ce n'était plus la clientèle sanctionnée par la religion et se transmettant héréditairement. C'était une clientèle volontaire, librement choisie et désertée à l'occasion, flottant au gré des circonstances et des besoins. Tout ce monde vivant à Rome, à l'ombre des grandes maisons aristocratiques, formait une masse docile, facile à entrainer, à acheter, à encadrer, à mobiliser. Il constitua, sous la conduite de Claudius, la « faction du Forum » (*factio forensis*), ainsi appelée par opposition à la plèbe du dehors, destinée à lui faire contrepoids, à contrecarrer les ambitions de ses chefs, à soutenir de tout son effort les résistances du patriciat.

Les Romains tenaient en profond mépris le petit commerce, les petits métiers, la « *mercatura sordida* » comme ils disaient, et tous ceux qui la pratiquaient, et à plus forte raison les affranchis qui ajoutaient à cette tare celle de leur origine. Quand Cn. Flavius fut élu édile, les nobles marquèrent leur réprobation en déposant les insignes de leur dignité. Ces sentiments n'étaient point particuliers aux hautes classes. Le paysan sur sa terre les professait au même degré. Ils auraient suffi pour soulever l'opinion s'il n'y avait eu en plus les motifs graves que nous savons. Les propriétaires fonciers, et à leur tête les nobles plébéiens se sentaient atteints directement. Les patriciens eux-mêmes, pour qui Claudius travaillait, n'étaient pas tous disposés à le suivre dans cette aventure; ils s'effrayaient d'une politique qui déchaînait à leur service les forces de la démocratie. Ainsi se forma une coalition où entrèrent toutes les nuances du parti conservateur. Les allures de Claudius donnaient lieu encore à d'autres appréhensions. On lui attribuait des visées personnelles, analogues à celles de ces tyrans grecs dont on commençait à connaître l'histoire. On l'accusait de rechercher, comme eux, une popularité de mauvais aloi en procurant du travail au peuple par les vastes constructions dont il avait pris l'initiative. On prétendait que, non content d'établir son ascendant à Rome même, il s'efforçait d'y soumettre l'Italie en étendant à travers les villes sujettes ou alliées le réseau de sa clientèle. Et le fait est qu'il semblait justifier ces accusations par ses airs de despote. Il se fit ériger une statue couronnée du diadème sur le parcours de la voie Appienne, dans la petite ville de Forum Appii fondée par lui et qui elle aussi garda son nom. Il disposa du Trésor pour y puiser l'argent nécessaire à ses entreprises sans l'assentiment du Sénat, et quand le moment fut venu d'abdiquer la censure en même temps que son collègue, il s'y refusa, se prorogeant lui tout seul au delà du terme légal de dix-huit mois, pendant trois ou même pendant cinq ans.

Il n'y avait rien à faire tant que Claudius était censeur, et même après, jusqu'à la censure prochaine. Les consuls de 311 purent ne pas tenir compte de la liste du Sénat telle qu'il l'avait composée, se fondant sur ce fait qu'elle n'avait pas été approuvée par son collègue, lequel, réfractaire sur ce seul point, avait protesté en abdiquant. Mais il avait avec Claudius célébré la cérémonie du *lustrum* clôturant les opérations du recensement : la légalité de ces opérations était donc inattaquable et elles ne pouvaient être reprises que par d'autres censeurs investis des mêmes pouvoirs. Les censeurs de 307 ne s'y hasardèrent pas. On était en pleine guerre du Samnium; il y avait danger à mécontenter le peuple dans ces circonstances critiques, et au surplus la nouvelle organisation des classes offrait cet avantage de faire entrer un plus grand nombre de citoyens dans la légion. Mais en 304, la victoire étant acquise et la paix conclue, au moins provisoirement, les deux censeurs, le patricien Q. Fabius Maximus Rullianus et le plébéien P. Decius Mus, purent se mettre à l'œuvre avec la liberté d'esprit nécessaire et l'autorité acquise par l'éclat de leurs services sur les champs de bataille. Ils procédèrent d'ailleurs avec beaucoup de réserve. Les innovations introduites par Claudius étaient trop justifiées à beaucoup d'égards pour qu'on pût se flatter de les abroger totalement. Ils ne touchèrent pas à son mode d'évaluation des fortunes. L'avènement de la richesse mobilière à la vie politique fut définitif. Leur attention se porta sur la question des affranchis et des *humiles* en général, et ici encore ils n'osèrent pas revenir à l'état de choses antérieur en rejetant cette classe d'hommes en dehors des tribus. Ils se bornèrent à la rendre inoffensive en la parquant dans les quatre tribus urbaines, de telle sorte que, réduite à quatre suffrages, elle ne formait plus dans l'assemblée tribute qu'une minorité impuissante. En même temps, pour mieux grouper, comme en un faisceau, toutes les forces de résistance, et pour mieux marquer aussi le rang inférieur assigné désormais à ces quatre tribus, ils en firent sortir les propriétaires qu'elles pouvaient renfermer pour les inscrire tous dans les tribus rurales. Il y en avait sans doute un certain nombre, mais c'était dans les campagnes que la propriété foncière était le plus largement représentée. Ceux-là même qui, aspirant aux honneurs ou y étant parvenus, ne pouvaient se dispenser de résider en ville, tel Caton, un paysan transplanté, avaient leurs terres au dehors et étaient classés en conséquence. De même c'était à Rome que se trouvait la masse des *humiles* auxquels il parut logique d'agréger leurs congénères de l'extérieur. L'atteinte au principe de la répartition géographique était donc moins caractérisée que celle portée par Claudius.

Le vigoureux effort tenté une fois encore pour rétablir le patriciat dans ses privilèges avait avorté. Ce fut le dernier. Après cet échec, la vieille querelle fut close et la fusion consommée. Mais si le but était manqué, les moyens mis en œuvre eurent des conséquences durables et à longue portée. La puissance de l'argent avait fait son apparition. La question des *humiles* était posée. C'est en vain que les censeurs de l'an 304 avaient espéré la résoudre par leur cote mal taillée : elle restera ouverte, et dès lors ce sera de la part de la plèbe urbaine un effort incessant, continu, heureux souvent, pour regagner le terrain perdu. Telle fut l'issue de l'entreprise d'App. Claudius. Sa politique avait été à double face ; ce fut la tendance révolutionnaire qui seule aboutit, et ainsi il se trouva être finalement un des fondateurs de la Rome future et un des précurseurs du mouvement démocratique.

§ 4. — Les lois Hortensiennes (286) et la réforme des comices centuriates

La noblesse plébéienne l'avait emporté en s'appuyant d'une part sur la fraction libérale du patriciat, de l'autre sur la masse des propriétaires fonciers. Mais l'accord avec la petite propriété était précaire : la rupture éclata de nouveau en moins de vingt ans, en 286.

Ce n'est pas que le parti gouvernant ait méconnu le danger ou ne s'en soit point préoccupé. Nous constatons au contraire, à partir de 339, année des lois de Publilius Philo, un effort sérieux pour rallier les sympathies des classes inférieures. Le nombre des tribuns militaires laissés depuis 362 à l'élection des comices tributes fut porté, en 311, de six à seize, c'est-à-dire au tiers du nombre total, en attendant que plus tard, dans le courant du IIIe siècle, à une date qu'on ne peut préciser plus exactement, la même mesure fût étendue aux vingt-quatre officiers placés à la tête des quatre légions levées régulièrement tous les ans. Il ne resta dès lors aux consuls que le droit de nommer les tribuns des légions supplémentaires, levées dans les circonstances exceptionnelles. Ce n'étaient là cependant que des concessions d'ordre politique, favorisant les ambitions de la plèbe moyenne et ne pouvant intéresser que médiocrement le prolétariat.

L'extension de la colonisation, correspondant aux progrès de la conquête à travers l'Italie, devait le toucher davantage. Les colonies n'étaient pas, il est vrai, ce qu'elles devinrent par la suite, au temps des Gracques, quand elles n'eurent d'autre objet que de soulager la misère des pauvres en leur fournissant des terres. C'étaient avant tout des postes militaires, destinés à maintenir les peuples vaincus dans l'obéissance et dont les garnisons, à défaut d'engagements volontaires, étaient soumises à la loi du recrutement forcé, tout comme la légion elle-même. Elles pouvaient néanmoins, subsidiairement, avoir leur utilité sociale, mais il faut distinguer.

Il y avait les colonies romaines, composées de citoyens, et les colonies latines. Les Latins, bien que réduits à l'état de sujets, sous le vocable flatteur et dérisoire d'alliés, étaient Romains de cœur, Romains par la race, par la langue, par les mœurs, si bien que transportés, isolés dans un milieu étranger, hostile, ils devenaient pour la patrie commune, au même titre que les colons citoyens, des sentinelles vigilantes et fidèles. Leurs colonies étaient de beaucoup les plus nombreuses. Sur les vingt-trois colonies fondées de 338 à 266, de la dissolution de la confédération latine à la fin de la guerre du Samnium et à la soumission définitive de l'Italie, nous en trouvons six romaines et dix-sept latines. Elles étaient aussi les plus fortes. Tandis que pour les colonies romaines on ne dépassait pas le chiffre anciennement fixé de 300 colons, pour les colonies latines, les contingents furent portés à 2.000, 3.000, 4.000, 6.000 hommes, et même, pour la colonie de Venouse, on alla jusqu'à 20.000. Cela tient sans doute à ce que, disséminées dans des régions plus lointaines, elles étaient plus exposées et avaient besoin d'effectifs renforcés. Les colonies romaines, s'espaçant du sud de l'Etrurie au nord de la Campanie et spécialement affectées à la protection du littoral, pouvaient compter moins de défenseurs. Il y avait d'autres raisons que nous entrevoyons. Il était naturel que Rome hésitât à se dégarnir en envoyant au dehors un trop grand nombre de citoyens, et non des moindres, car ce n'était pas, il s'en faut, la lie de la population que l'on expédiait, c'étaient des citoyens de plein droit, aptes au service légionnaire, et parmi eux des chevaliers. On comprend aussi qu'on reculât devant une violence souvent nécessaire, car il n'était pas toujours facile de trouver des citoyens renonçant de leur plein gré, sinon à leurs droits civiques qui leur étaient conservés, du moins à l'exercice effectif de ces droits au sein des assemblées, et par-dessus le marché prêts à se déraciner, à se détacher de leurs habitudes, de leur propriété héréditaire pour aller mener, en pays inconnu, une existence troublée, inquiète, sous la menace d'agressions toujours possibles, tout cela en échange d'un domaine de très petite étendue, les nobles, les riches n'étant nullement disposés à abandonner la meilleure partie des terres conquises, la plus commode à exploiter et la plus sûre parce qu'elle était la plus voisine. Les Latins, envers lesquels on ne se croyait pas astreint aux mêmes ménagements et que l'on enrôlait sans scrupule, étaient aussi plus amplement pourvus, sur des lots moins convoités, et par là, par ces deux causes, opérant tantôt l'une, tantôt l'autre ou toutes les deux à la fois, par la contrainte et par l'intérêt, s'explique la proportion démesurée de leurs émigrants. Mais les colonies latines ne comprenaient pas seulement des Latins. Elles pouvaient recevoir des citoyens Romains, sauf pour ceux-ci à devenir eux-mêmes des Latins en perdant leur droit de cité. La perspective n'avait rien d'engageant pour les vrais citoyens au sens complet du mot, mais elle pouvait tenter les prolétaires. Le droit de cité, après tout, ne leur conférait que des droits politiques illusoires et, en fait de droits privés, qu'importait le droit de propriété quiritaire, garanti par la loi romaine, à qui n'avait point de propriété? A la vérité, ils n'étaient plus couverts par la loi sur l'appel au peuple ni par l'intercession tribunicienne, mais en revanche ils acquéraient un établissement avantageux et la compensation pouvait paraître suffisante. Les colonies latines étaient donc pour les classes pauvres le débouché que ne leur ouvraient pas les colonies de citoyens. Jusqu'à quel point ont-elles profité de cette facilité? Combien y avait-il de prolétaires romains sur ces milliers de colons latins? Il nous est impossible de le savoir. Nous voyons seulement par un texte de Diodore que des citoyens romains participèrent à la fondation de la colonie latine d'Interamna[1].

Si la multiplication des colonies, et plus précisément des colonies latines, n'intéressait guère que le prolétariat, la participation de plus en plus large au butin était une faveur s'adressant à tous, y compris les plébéiens de condition plus relevée, admis à figurer dans les cadres de la légion. Nous avons vu ces mauvaises mœurs s'introduire dans l'armée dès avant les événements de 342. Elles ne firent que s'aggraver dans la période où nous sommes entrés. La règle était que le produit du pillage fût versé au Trésor, sauf ce que le général croyait devoir en retenir pour les besoins de la campagne ou, la campagne terminée, pour des fondations pieuses ou d'utilité publique. Mais les distributions aux soldats en prélevaient maintenant la plus large part, soit que les chefs ne vissent dans ces libéralités qu'un moyen de se faire bien venir ou, plus honnêtement, qu'un remède aux souffrances engendrées par la guerre. Patriciens et plébéiens rivalisaient dans ces pratiques. Le plus illustre des généraux de ce temps, l'homme en qui la tradition personnifie toutes les vertus de l'ancienne Rome, Papirius Cursor, essaya de réagir et y joua sa popularité.

On peut considérer comme rentrant dans la même politique, comme autant de satisfactions offertes aux revendications populaires, les poursuites contre les

[1]. XIX, 105.

accapareurs du domaine de l'Etat, en violation de la loi Licinienne, ainsi que les procès intentés aux usuriers. La loi Genucia qui, en 342, avait aboli le prêt à intérêt, n'était donc plus en fait qu'une lettre morte, et la preuve qu'elle était dès lors périmée, même aux yeux des pouvoirs publics, nous la trouvons dans une autre loi qui, à la même époque, modifia la législation pour dettes en adoucissant la condition des débiteurs, ce qui évidemment n'eût pas été nécessaire s'ils n'avaient pas succombé et s'ils ne devaient pas succomber encore sous le poids des intérêts accumulés.

La loi Pœtelia Papiria, œuvre des deux consuls C. Pœtelius Libo et L. Papirius Cursor en 326, — c'est du moins la date et l'attribution la plus vraisemblable, — nous est connue par quelques mots de Tite-Live[1] et par une indication échappée à Varron[2], deux textes dont l'interprétation soulève de grosses difficultés et a suscité de longues discussions. On croit comprendre tout d'abord qu'elle abolit le *nexum*, la contrainte par corps, en y substituant la saisie des biens, mais comme il est avéré que le *nexum* était encore en vigueur au temps de Cicéron, et même après, il a bien fallu se mettre en quête d'une autre explication tendant à restreindre la portée de la première. Tite-Live, à la vérité, excepte les débiteurs dont la dette avait un caractère pénal, par quoi on doit entendre sans doute ceux qui avaient essayé de la nier frauduleusement, ou encore ceux qui l'avaient contractée non par le fait d'un emprunt, mais à la suite d'un délit donnant lieu à une compensation pécuniaire, à une *compositio*. Mais cette catégorie ne saurait être assez nombreuse pour comprendre la foule des débiteurs qui entrèrent dans l'armée de Catilina et qui, dans le manifeste

1. VIII, 28.
2. *De ling. latin.*, VII, 105.

lancé par leur chef Manlius, se plaignent d'être menacés dans leur liberté personnelle après avoir perdu leur patrimoine[1]. Il faut donc ou que la loi Pœtelia n'ait pas été observée, ce qu'ils insinuent assez nettement dans le document en question, et nous venons de constater par l'exemple de la loi Genucia que cela n'est pas impossible, ou que les dispositions restrictives de ladite loi ne nous aient pas été transmises intégralement. On admet en général que ce qu'elle interdit, ce fut l'exécution privée, la *manus injectio* par la seule initiative du créancier, la contrainte par corps étant, non abolie, mais subordonnée à une action en justice et devant être, en tout état de cause, précédée de la saisie sur les biens, de telle sorte qu'elle devenait inutile si la saisie suffisait pour l'extinction de la dette. On a été amené aussi à conclure du passage, d'ailleurs très obscur, de Varron que la saisie elle-même était ou empêchée ou suspendue si le débiteur affirmait par serment sa solvabilité. Et en dernier lieu la loi aurait enlevé au créancier le droit de tuer le débiteur ou de le vendre. Tout cela peut se soutenir mais, à part le dernier article, est pure conjecture. Au surplus Tite-Live ne dit pas positivement que la prison pour dettes ait été supprimée, mais simplement qu'on prohiba l'usage de ces instruments de torture qu'on appelait les *compedes* et les *nervi*, les chaînes au pied et le carcan. Il est vrai qu'on trouverait fort exagéré, si la loi s'était bornée là, cet autre propos du même historien quand il nous apprend qu'elle ouvrit pour la plèbe comme une ère nouvelle dans l'histoire de son affranchissement.

Nous renonçons à dissiper ces incertitudes. Il demeure acquis que la loi Pœtelia, quelle qu'en soit au juste la teneur, témoigne du même esprit de conciliation que les autres mesures précédemment men-

---

1. Salluste, *Catilina*, 33.

tionnées, ce qui n'empêcha pas le mécontentement de persister, de grossir et enfin de faire explosion en 286. Sur ce mouvement, nous sommes encore plus mal renseignés que sur celui de 342. Nous n'avons même pas, comme pour ce dernier, le récit trop sommaire de Tite-Live. Du onzième livre où il a raconté l'événement, il ne nous reste que le résumé. Nous y lisons qu'à la suite de troubles graves et prolongés suscités par la question des dettes, la plèbe fit de nouveau sécession, et cette fois sur le Janicule, d'où elle fut ramenée par le dictateur Hortensius, un plébéien. Ainsi, ni les mesures répressives de l'usure n'avaient pu mettre un frein à la rapacité des créanciers, ni les largesses des généraux soulager la misère des débiteurs. Sans doute, si abondantes qu'elles fussent, elles ne l'étaient pas encore assez pour remédier aux maux engendrés par la terrible et interminable guerre du Samnium, et puis il est permis de se demander si la plèbe n'était pas elle-même pour quelque chose dans la crise où elle se débattait, si l'argent ramassé sur les champs de bataille n'était pas dépensé aussi vite que gagné, si l'habitude de réclamer et l'espoir d'obtenir l'abolition des dettes étaient de nature à entretenir l'esprit de prévoyance et d'économie. Un autre point ressort du résumé de Tite-Live, c'est que la sédition était le fait, non du prolétariat, mais des petits propriétaires. Les prolétaires, qui ne possédaient rien, n'étaient pas en situation d'emprunter et du reste, s'ils avaient été à la tête du mouvement, il n'eût pas manqué d'aboutir à leur réintégration dans la totalité des tribus, c'est-à-dire à la revanche d'App. Claudius, et de cela nous allons voir qu'il ne fut pas question. Enfin, c'est précisément parce qu'il eut affaire à cette classe des petits propriétaires que le Sénat fut contraint de céder. S'il n'avait eu contre lui que les prolétaires, il eût pu lutter et vaincre avec l'appui de l'armée. Mais comment résister à l'armée elle-même dont les petits propriétaires étaient la force ?

Des lois qui sortirent de là, des lois *Hortensiennes*, l'abrégé de Tite-Live ne dit rien, et tout ce que nous en savons tient dans quelques brèves allusions éparses à travers la littérature latine. Nous ne voyons pas une de ces lois en tout cas qu'on puisse dire conçue expressément à l'avantage du prolétariat. Il y en eut une sur les dettes, on n'en saurait douter, bien qu'il n'en soit parlé qu'à l'état de proposition formulée par les tribuns. Peut-être aussi une loi agraire, sur les assignations : Curius Dentatus en avait proposé une, sans doute lors de son premier consulat, en 290. Mais l'abolition ou la réduction des dettes n'intéressait pas les prolétaires et les assignations de terres laissaient indifférents beaucoup d'entre eux, habitués à vivre dans la ville des métiers qu'on y pouvait pratiquer. Quant aux deux lois formellement signalées par les textes, ce sont des lois toutes politiques ne pouvant toucher que les citoyens en pleine possession de leurs droits civiques.

La première est une des trois lois mentionnées plus haut, lois relatives aux rapports de l'assemblée tribute avec le Sénat et qui, résumées dans les mêmes termes par les auteurs, ne peuvent pas cependant avoir été identiques. La loi Valeria Horatia de 449 avait soumis les opérations de cette assemblée à la ratification subséquente du Sénat. La loi Publilia Philonis de 339 avait déplacé cette ratification en la rendant préalable. La loi Hortensia l'abrogea. Il put y avoir encore, à partir de cette date de 286, des plébiscites votés après approbation du Sénat, et nous en rencontrons de fréquents exemples dans la période antérieure aux Gracques, mais il y en eut aussi dès cette époque, et il y en aura de plus en plus ayant force de loi sans cette approbation, et cela suffit pour prouver qu'elle n'était plus indispensable. Si l'on s'est résolu à cette mesure extrême, c'est évidemment en raison de la résistance opposée par la noblesse aux revendications plébéiennes. Il semble que dans ces derniers temps elle était revenue à la manière forte. Les colloques avec le Sénat n'aboutissaient pas ; Curius Dentatus avait dû prendre à son égard une attitude comminatoire, et ce fut l'échec de leur projet de loi sur les dettes qui détermina les tribuns à faire la sécession. Une fois pour toutes, on se décida à en finir avec cette obstruction insurmontable dans l'état actuel de la législation, et toujours possible.

L'autre loi était comme une contre-partie de la précédente. En renonçant à son droit de contrôle sur les votes de l'assemblée tribute, le Sénat faisait une concession énorme sur laquelle il réussit à revenir par une voie détournée, ou plutôt pour laquelle il réussit à obtenir une sorte de compensation. Il avait à son service le collège pontifical composé, depuis la loi Ogulnia, en 300, de membres patriciens et plébéiens, mais les uns comme les autres également dévoués à la cause de la noblesse. On se rappelle qu'une des fonctions du collège était la confection du calendrier, lequel avait pour objet essentiel de classer les jours dans leur rapport avec les obligations religieuses. A cet effet, on distinguait entre les jours *fastes* et *néfastes*, les premiers livrés aux affaires publiques, les autres condamnés au chômage pour toute occupation de ce genre. Et parmi les jours *fastes*, on distinguait encore les jours simplement *fastes*, réservés aux affaires judiciaires, et les jours *fastes comitiaux* convenant en même temps pour la tenue des comices. Or, il y avait un jour qui paraissait particulièrement propre à ce dernier emploi : c'était celui où les gens de la campagne venaient en ville vendre leurs produits, le jour des Nundines, ainsi appelé parce qu'il revenait tous les neuf jours (*novem dies*), un mot qui d'ailleurs a fini tout naturellement par prendre le sens de marché. Ce fut précisément ce jour que la loi Hortensia raya de la liste des jours *fastes comitiaux* pour l'inscrire sur celle des jours exclusivement *fastes*. En d'autres termes, il fut enlevé à la politique et consacré aux intérêts privés, et notamment aux procès. Quel était le but de la loi ? Jusqu'alors les assemblées tributes, quand elles étaient convoquées par les tribuns, ou pour mieux dire, les *concilia plebis* qui n'étaient point des comices s'étaient tenus ce jour-là. Cela devint difficile maintenant que les assistants étaient pour la plupart réclamés ailleurs par leurs affaires personnelles, par leurs transactions commerciales de plus en plus actives en raison de l'intensité croissante de la vie économique, et par les contestations multiples auxquelles ces transactions donnaient lieu. Le jour de ces assemblées dut donc être déplacé, et comme il se trouva reporté aux jours comitiaux, elles se trouvèrent elles-mêmes, par une conséquence forcée, érigées en comices. Dès lors, elles furent soumises aux mêmes règles qui présidaient à la tenue des autres assemblées ainsi qualifiées, assujetties aux mêmes contraintes religieuses si habilement transformées en moyens d'action politique. Elles purent être dissoutes à l'improviste en vertu de l'*obnuntiatio*, c'est-à-dire à la suite de signes funestes constatés par le consul ou le préteur. Elles purent être empêchées par les mêmes magistrats, déclarant tout à coup férié, à titre extraordinaire, le jour fixé pour la convocation. Ainsi, par la deuxième loi Hortensia, le Sénat regagnait ce qu'il avait perdu par la première, très imparfaitement du reste, il ne pouvait se le dissimuler.

On se demandera comment la plèbe rurale a pu se prêter à un arrangement l'écartant de l'assemblée qui était la sienne, le seul jour où elle eût toute facilité pour s'y porter en masse. Mais il ne faut pas oublier que ce n'était là après tout que la rançon de l'immense progrès réalisé par les comices tributes, et au surplus, à y regarder de près, la concession n'était pas aussi onéreuse qu'elle paraît au premier abord. Pour que la plèbe rurale conservât la maîtrise de ces comices, il suffisait que les prolétaires demeurassent confinés dans les quatre tribus urbaines. En effet, la loi qui exigeait le vote de toutes les tribus ne fixait pas pour chacune un minimum de votants, si bien que les ruraux, si peu qu'ils fussent représentés dans les tribus rurales, ne pouvaient manquer de disposer de la majorité dans l'assemblée. Restaient les comices centuriates où ils se rencontraient dans les mêmes unités votantes avec les habitants de la ville et où, par conséquent, la prépondérance appartenait aux uns ou aux autres suivant qu'ils étaient plus ou moins nombreux. Ici il est clair que par l'interdiction des comices le jour des Nundines, les citadins étaient favorisés aux dépens des ruraux. Mais c'était une infériorité à laquelle ceux-ci commençaient à se résigner depuis que l'extension du territoire rendait de plus en plus difficile, pour la majeure partie d'entre eux, la participation effective à la vie publique. En échange d'un droit devenu pour la plupart illusoire dans la pratique, on leur offrait un avantage précieux. Si les Nundines n'étaient plus jour *comitial*, en revanche elles devenaient ou peut-être restaient jour *faste*. Si donc les ruraux ne pouvaient, les jours de marché, voter dans les comices, où d'ailleurs en réalité le plus souvent les trois quarts d'entre eux ne votaient pas, ils pouvaient, ces mêmes jours, quand il leur convenait de se déranger, faire leurs affaires et suivre leurs procès, et s'ils tenaient à cela plus qu'au reste, on n'en sera pas trop surpris.

Les comices tributes étaient en train de devenir la grande assemblée du peuple romain. Non seulement ils échappaient à la tutelle du Sénat, mais leur compétence allait se développant au détriment des comices centuriates. Ces derniers conservaient, et conservèrent toujours le droit d'élire les magistrats supérieurs, consuls, préteurs, censeurs, ainsi que le droit de déclarer la guerre, mais des questions capitales, la conclusion des traités, la fondation des colonies, l'attribution et la prolongation des commandements militaires, la punition à infliger aux alliés coupables de défection, étaient portées maintenant devant les comices tributes par les tribuns, agissant ou non d'accord avec le Sénat et les consuls, et par les consuls eux-mêmes.

L'importance acquise par les comices tributes eut pour contre-coup un remaniement profond dans la constitution des comices centuriates. L'écart était trop grand, le contraste trop choquant entre la jeune assemblée et le vieil organisme ultra-aristocratique. Si le nivellement était impossible, du moins une sorte d'équilibre pouvait être établi.

Cette fois encore, au risque d'être fastidieux, nous devons renouveler des doléances trop souvent répétées. Nous ne sommes pas sortis de la période où nos documents, et particulièrement en ce qui concerne l'histoire intérieure, continuent à être rares et insuffisants. La grande réforme des comices centuriates nous est signalée par quelques allusions rapides de Cicéron, de Tite-Live, de Denys d'Halicarnasse. Il a été possible heureusement de s'en faire une idée plus complète en relevant et en systématisant les indications fournies par les auteurs sur le fonctionnement de ces comices après leur transformation.

La date de la réforme doit se placer vraisemblablement en 241, sous la censure de C. Aurelius Cotta et M. Fabius Buteo, l'année où la paix fut conclue avec Carthage après la première guerre punique. Elle a donc suivi de quarante-cinq ans les lois Hortensiennes dont elle fut une conséquence indirecte. A cette époque le poids de l'unité monétaire, de l'as, se trouvait réduit, après une série de dégradations antérieures, à la mesure finale de deux onces ou d'un *sextans*, de telle sorte qu'il fallut modifier, en les évaluant sur ce pied, les *minima* fixés pour l'inscription dans les diverses classes du cens, *minima* qui très probablement avaient déjà subi plus d'une variation. La dernière eut pour effet de multiplier par dix le chiffre initial, en d'autres termes de substituer pour la première classe le chiffre de 1.000.000 d'as sextantaires à celui de 100.000 as *librales* ou pesant une livre d'où l'on était parti, et ainsi de suite pour les classes suivantes. La réforme politique coïncide donc avec une révolution économique dont on peut dire qu'elle contribua à précipiter cette réforme, car du moment où l'on se décidait à remanier les chiffres du cens, l'occasion dut paraître bonne pour compléter l'opération en remaniant du même coup le système des classes et des centuries conformément aux aspirations et aux exigences nouvelles.

La réforme consista en deux points : 1° Déplacement de la *prérogative*. Les centuries prérogatives, c'est-à-dire celles qui étaient appelées à voter avant les autres et dont le vote était proclamé à part, en premier lieu, de manière à entraîner celui de l'assemblée, avaient été, on s'en souvient, les dix-huit centuries équestres. Il n'y eut plus désormais qu'une centurie prérogative, tirée au sort, à l'ouverture de chaque scrutin, dans la première classe, à l'exception des dix-huit centuries équestres, dépossédées de leur privilège, à l'exception aussi des centuries des *seniores*, parce que l'on attachait au vote des jeunes la valeur d'un présage, d'une inspiration divine. La noblesse se dessaisissait donc au profit de la classe riche de la direction de l'assemblée, mais les riches n'étaient plus seuls, ainsi qu'on va le voir, à y faire la loi.

2° Répartition en nombre égal des unités votantes, des centuries, dans les cinq classes. C'est le deuxième point, le plus important. On obtient ce résultat en établissant un rapport arithmétique entre les tribus d'une part, les classes et les centuries de l'autre, deux organismes qui avaient été jusqu'alors indépendants et qui dorénavant se combinèrent. Les tribus avaient été portées en cette année 241 au total de 35, qui ne fut jamais dépassé et qui ne pouvait l'être, car toute addition eût eu pour effet de ruiner le système en bouleversant le rapport sur lequel il était fondé. Chacune des 5 classes fut représentée dans chacune des 35 tribus par 2 centuries, une de *seniores* et une de *juniores*, ce qui fit pour chaque tribu 10 centuries (2×5); soit au total 350 (10×35), et pour chaque classe 70 centuries, à savoir pour chacune 2 centuries de chacune des 35 tribus (35×2). On eut ainsi le tableau ci-dessous.

Classes.	Centuries.		Totaux.
1re classe	Cavaliers . 18		18
	Fantassins.		
	Juniores.	Seniores.	
	35	35	70
2e classe	35	35	70
3e —	35	35	70
4e —	35	35	70
5e —	35	35	70
	Total		368
Ajouter : centuries d'ouvriers et de musiciens . .			4
— centurie de *capite censi*			1
	Total général . . .		373

Majorité sur 373 = 187 (373 : 2 = 186 + 1 = 187).

On voit que désormais chaque classe compte un nombre égal de suffrages, car il est permis de ne pas tenir compte de la répartition d'ailleurs incertaine des quatre centuries d'ouvriers et de musiciens. La première classe seule avec ses 18 centuries équestres garde sur les autres un excédent de 18 voix, mais cet avantage est peu de chose auprès de ce qu'elle a perdu. Autrefois, elle réunissait 98 voix quand la majorité était de 97. Maintenant que la majorité est de 187, elle n'en réunit plus que 88. Pour former cette majorité, il ne suffit même pas d'ajouter aux votes de la première classe ceux de la deuxième. A supposer que les deux classes soient unanimes on n'arrivera encore qu'à un total de 158 suffrages (88 + 70). Il faut aller jusqu'à la troisième, ce qui, à la vérité en donne 228 (158 + 70), mais il peut se trouver tel cas où ce ne sera pas trop du concours de la quatrième pour aboutir.

Les comices centuriates s'étaient rapprochés de la démocratie, sans devenir, il s'en faut, une assemblée démocratique. Non seulement le privilège de l'âge demeurait intact, le nombre des centuries des *seniores* demeurant égal à celui des *juniores*, mais le privilège de la richesse n'était pas davantage supprimé : il était étendu seulement des plus riches aux moins riches. La masse des *capite censi* ne comptait pas plus qu'avant. La cinquième classe n'avait presque jamais occasion de voter. La quatrième n'agissait sur le résultat que rarement. C'étaient la troisième et la deuxième qui profitaient de l'extension du suffrage. L'axe de la majorité s'était déplacé dans le sens des comices tributes, tout en se maintenant plus à droite, comme nous dirions aujourd'hui. Les deux assemblées restaient fidèles à leur caractère propre. Elles étaient l'une et l'autre des assemblées de censitaires, mais tandis que dans l'une tous les possédants avaient les mêmes droits, dans l'autre c'étaient les classes aisées, les classes moyennes qui partageaient avec les riches la réalité du pouvoir.

CHAPITRE II

Les transformations de la société romaine.

§ 1. Le gouvernement de la noblesse et la constitution romaine d'après Polybe. — § 2. La décadence des classes moyennes et la prépondérance du prolétariat urbain. — § 3. L'oligarchie politique et l'oligarchie financière.

§ 1. — Le gouvernement de la noblesse et la constitution romaine d'après Polybe.

La loi Ovinia, entre 318 et 312, avait arrêté pour des siècles le mode de recrutement du Sénat en transférant l'opération dite de la *lectio senatus* aux censeurs et en précisant les règles auxquelles ils étaient tenus de se conformer dans leur travail. Ils devaient tous les cinq ans, — c'était l'intervalle normal entre deux censures, — dresser la liste, l'*album*, sur laquelle figuraient les trois cents sénateurs, distribués hiérarchiquement en plusieurs catégories correspondant aux magistratures plus ou moins élevées dont ils avaient été revêtus. Sur cette liste, il leur était enjoint d'inscrire, sauf indignité dont ils restaient seuls juges, tous ceux qui avaient exercé une magistrature, à savoir, par gradation descendante, les ex-dictateurs, censeurs, consuls, préteurs, édiles curules et plébéiens, tribuns, questeurs. Bien qu'il n'y eût pas encore d'ordre obligatoire pour l'obtention successive des magistratures, c'était par la questure que l'on débutait généralement, ou par le tribunat. Il y avait annuellement 10 tribuns et 4 questeurs, ce qui faisait tous les cinq ans 70 candidats aux sièges sénatoriaux (14×5), desquels on peut déduire une dizaine d'individus, ayant passé antérieurement par l'édilité plébéienne ou curule. Reste un chiffre de 60, plutôt moins car il y avait les décès, pour 45 à 50 vacances, ce dernier chiffre établi d'après les données de la statistique mortuaire moderne, en tenant compte de l'âge où l'on entrait habituellement dans le Sénat. Cet âge ne devait pas être de beaucoup supérieur ou inférieur à trente ans, vingt-sept ans étant l'âge minimum fixé ultérieurement pour l'obtention de la questure, et cela sans doute en vertu des précédents régularisés par la loi. Tous ces calculs n'ont évidemment qu'une valeur approximative, mais sous cette réserve on peut les tenir pour à peu près exacts. Les censeurs inscrivaient les nouveaux sénateurs, sauf à dépasser de quelques unités l'effectif normal ou à rester légèrement au-dessous, après quoi ils promouvaient les anciens dans les catégories supérieures où les appelaient les magistratures exercées pendant la période quinquennale[1].

La loi Ovinia, ou plus précisément le plébiscite Ovinien, œuvre du tribun inconnu qui lui a donné son nom, était éminemment favorable à la plèbe. On élisait tous les ans 10 tribuns qui ne pouvaient être que plébéiens, et si quelques-uns peut-être étaient déjà d'anciens questeurs, ils ne pouvaient être bien nombreux, étant donné le rapport de 4 à 10 entre les places de questeurs et celles de tribuns. D'ailleurs, sur les quatre questeurs il y avait certainement des plébéiens. C'était donc, tout compte fait, entre qua-

1. Sur ces chiffres et sur les relevés suivants voir Willems, *Le Sénat de la République romaine*, I.

rante et cinquante plébéiens qui, à chaque *lectio*, étaient aptes à entrer dans le Sénat. La loi Ovinia, venant après la loi de 342 qui avait assuré à la plèbe le partage du consulat, après la loi de 339 qui en avait fait autant pour la censure, était l'aboutissement d'un long effort tendant à transformer de fond en comble la vieille assemblée patricienne.

On a pu suivre siècle par siècle la marche ascensionnelle de la plèbe en relevant dans les auteurs les noms des magistrats dits *curules*, c'est-à-dire des dictateurs, des censeurs, des consuls, des édiles curules Ce sont, en effet, les magistrats dont les noms reviennent le plus fréquemment, parce qu'ils sont les plus importants. En un certain sens, ce sont les vrais magistrats, la questure ayant été longtemps une fonction non élective et le tribunat, ainsi que l'édilité plébéienne, n'étant pas à strictement parler une magistrature. Ils ont le droit de siéger sur la chaise curule, d'où ils ont tiré leur nom, de porter pardessus la tunique *laticlave*, à bande de pourpre, la toge *prétexte*, bordée du même ornement. Les sénateurs qui ont passé par ces magistratures forment une catégorie supérieure, distincte des autres qui sont classés à la suite et rarement admis à prendre la parole, parce que le plus souvent la discussion est épuisée quand leur tour est arrivé.

Nous connaissons dans le courant du ·IVe siècle, dans une période qu'on peut faire commencer à 400 et finir à 312, 29 familles patriciennes représentées par 110 ou 111 sénateurs curules, et 28 familles plébéiennes ayant fourni 42 ou 43 sénateurs du même rang. La proportion des sénateurs curules patriciens est très forte. Il est vrai que les familles sénatoriales plébéiennes sont aussi nombreuses, à une unité près, que les patriciennes; mais la suprématie du patriciat n'en est que plus évidente. Il y a, en effet, dans la cité beaucoup plus des premières que des secondes, de telle sorte que les familles patriciennes représentées dans le Sénat sont proportionnellement beaucoup plus nombreuses que les familles plébéiennes se trouvant dans le même cas, et fournissent aussi chacune proportionnellement un bien plus grand nombre de sénateurs.

Le siècle suivant, de 312 à 216, est celui où la prépondérance de la plèbe commence à s'affirmer. Nous connaissons, entre ces deux dates, 148 sénateurs curules, dont 73 patriciens et 75 plébéiens. La majorité plébéienne résultant de ces chiffres peut être illusoire et tenir à l'insuffisance de nos documents, mais on ne risquera pas de se tromper en la réduisant tout au moins à une imposante minorité. On remarquera que les 73 sénateurs patriciens appartiennent à 15 familles seulement, tandis que les 75 plébéiens se répartissent entre 36. De là une double conclusion. Les familles patriciennes sont encore, relativement à leur nombre, les plus représentées dans le Sénat, mais le nombre de ces familles diminue : c'est une aristocratie qui s'en va, comme s'en vont, en général les aristocraties, soit qu'elles disparaissent de la scène historique pour n'avoir pas su se maintenir au premier rang, soit que, incapables de s'adapter à un milieu nouveau, elles succombent sous l'arrêt de leur natalité.

Une documentation plus abondante pour la période suivante, sur laquelle nous possédons le texte intégral de Tite-Live, de 219, année initiale de la deuxième guerre punique, à 167, année terminale de la deuxième guerre de Macédoine, nous permet d'opérer sur des données plus complètes, autrement que sur des moyennes et sans nous borner au seul recensement des magistrats curules. On a pu ainsi reconstituer, pour l'année 179, dans sa totalité ou à bien peu de chose près, l'*album* sénatorial tel qu'il a dû être dressé à cette date par les deux censeurs M. Æmilius Lepidus et M. Fulvius Nobilior. La liste comprend 304 sénateurs, 88 patriciens et 216 plébéiens. Sur ces 304 sénateurs, il y en a 173 curules, dont 63 patriciens et 110 plébéiens. La majorité est acquise aux plébéiens parmi les sénateurs curules comme au-dessous. Pourtant, c'est au sommet de la hiérarchie que les patriciens sont les plus nombreux, et tandis que les 88 sénateurs patriciens se répartissent entre 17 familles, les 216 plébéiens en représentent plus de 100. De plus, les patriciens conservent ce privilège d'être inscrits dans la catégorie dont ils font partie avant leurs collègues plébéiens et, par suite, c'est à un patricien qu'est réservé le titre envié de *prince du Sénat;* en d'autres termes c'est un patricien qui figure toujours en tête de la liste et qui a le droit de parler le premier. Les familles patriciennes survivantes sont donc encore puissantes et entourées d'un grand prestige. Mais elles ont cessé de former un parti. Elles se sont résorbées dans cette noblesse mixte, patricio-plébéienne, que les Romains appelaient la *nobilitas*.

La *nobilitas* comprend les familles qui, dans le passé ou le présent, comptent un ou plusieurs de leurs membres arrivés à une magistrature curule, et plus les magistratures exercées sont nombreuses et importantes, plus naturellement la famille est illustre. Cette noblesse a plusieurs des traits qui caractérisent une aristocratie héréditaire. Elle a la richesse, héréditaire par définition. Il n'y a pas encore, et il n'y aura pas avant l'Empire de cens minimum pour l'entrée dans le Sénat. Mais, dès à présent, il faut être riche ou fort à son aise pour aspirer aux honneurs. Les magistratures ne sont pas seulement gratuites; elles sont onéreuses, elles imposent des frais qui iront grandissant avec les exigences populaires et qui ne laissent pas déjà d'être considérables, fêtes, jeux, banquets, sans même parler de la corruption électorale proprement dite, qui n'en est qu'à ses débuts mais qui, plus ou moins largement pratiquée, est de tous les temps. Les cas de pauvreté célébrés par les historiens sont relatifs, quand ils ne relèvent pas de la légende. A l'hérédité de la fortune s'ajoute celle des distinctions extérieures, l'anneau d'or et le *jus imaginum*, cette dernière la plus précieuse et la plus éclatante. On entendait par là le droit de conserver dans la partie centrale de la maison, dans cette espèce de salle d'honneur et de sanctuaire qu'on appelait *l'atrium*, les *images* des ancêtres, leurs masques en cire surmontant leurs bustes et accompagnés d'inscriptions retraçant leur carrière et commémorant leurs exploits. Ces images étaient exhibées dans les cérémonies solennelles, dans les funérailles où quelquefois c'était un cortège de figurants qui représentaient toute la série des aïeux, avec les insignes de la plus haute dignité revêtue par chacun.

La noblesse n'était pas une caste : elle ne pouvait pas l'être. Si depuis des siècles le patriciat s'était figé dans son exclusivisme, se condamnant ainsi à une inévitable déchéance, les nobles plébéiens ne pouvaient faire autrement que de tenir leurs rangs largement ouverts, ne fût-ce que pour combler les vides laissés par la diminution des familles patriciennes et pour opposer le contrepoids du nombre à celles qui subsistaient encore. Par là, ils restaient en contact avec l'élite de la plèbe, sollicitant et favorisant les ambitions, se multipliant et se fortifiant par l'appoint de ses recrues, se nourrissant, si l'on peut dire, et s'enrichissant du meilleur de sa sève et de sa substance. Sur les 36 familles plébéiennes connues pour avoir fourni des magistrats curules entre 312 et 216, il y en a 10 seulement qui pouvaient se prévaloir du même titre pour la période antérieure. Sur les 100 et plus ayant place dans l'*album* en 179, il y en a 70 au moins qui, avant 216, n'y étaient pas inscrites. C'est assez dire que les premiers arrivés, s'ils avaient eu quelque velléité de barrer la route après eux, ne s'étaient point obstinés dans cette politique imprudente autant qu'égoïste. Mais il était rare qu'une famille en possession des honneurs ne réussît pas à s'y maintenir; pour s'en convaincre, il suffit de suivre dans son cours l'histoire de la République. Les jeunes nobles étaient considérés comme devant siéger dans le Sénat. Nous ignorons depuis quand ils furent autorisés à porter le *laticlave*, l'insigne proprement sénatorial, mais nous voyons que, dès la deuxième guerre punique, ils assistaient aux délibérations, s'initiant ainsi à la pratique du gouvernement et se préparant à leurs fonctions futures.

Héritier du Sénat patricien, le Sénat nouveau se constituait à son image. Comme la fortune, comme les distinctions extérieures, les magistratures en règle générale, non pas en droit sans doute mais en fait, se transmettaient de père en fils, et c'est une chose remarquable que ce monopole ait pu s'établir, en dehors de toute prescription légale, dans un système où tout était à l'élection, où tous ou presque tous étaient électeurs et éligibles. Ce phénomène tient à bien des causes, au tempérament même du peuple romain, à son sens de la discipline, à son respect inné pour les supériorités sociales, à ces relations de clientèle dont nous avons parlé précédemment et qui, du haut en bas de l'échelle, entretenaient comme une réciprocité d'obligations et de services, et enfin et surtout peut-être aux mérites de la noblesse, aux titres qu'elle s'était acquis à la reconnaissance nationale, à cette pléiade d'hommes d'Etat et de généraux, les Claudius, les Fabius, les Scipions, les Curius Dentatus, les Papirius Cursor, les Fabricius, les Decius et tant d'autres dont l'habileté, les talents militaires, l'énergie indomptable ont eu raison des plus redoutables ennemis, des Samnites, de Pyrrhus, d'Hannibal. Patriciens et plébéiens, ils pouvaient être divisés sur beaucoup de points, mais un même sentiment les rapprochait dans un effort commun, le dévouement à la patrie. Ce sentiment l'emportait sur tout; il faisait taire les dissentiments d'ordre politique et étouffait jusqu'aux suggestions les plus puissantes de l'intérêt privé. Très avides d'argent et très âpres dans la conduite de leurs affaires personnelles, les mêmes hommes, quand ils touchaient aux deniers de l'Etat, demeuraient intègres, inaccessibles à la corruption. C'est le témoignage que leur rend expressément Polybe, et s'il met dans cette appréciation flatteuse un peu de complaisance pour des hôtes et des amis, en même temps qu'une critique et une leçon à l'adresse de ses compatriotes, les faits sont là, attestant que somme toute elle est justifiée.

Non moins que les mœurs publiques, Polybe admire la constitution qui les met en valeur et leur fait rendre tout leur effet. Cette constitution n'est pas l'œuvre d'un homme, elle n'est pas sortie tout armée du cerveau d'un législateur ; elle est le produit des circonstances, issue d'une série de luttes et de compromis, et néanmoins elle est arrivée par la force des choses et plus encore par l'instinct des sages à réaliser dans sa plénitude l'idéal cher aux penseurs grecs, la combinaison des trois principes démocratique, monarchique, aristocratique, tous trois se contenant et se contrôlant si bien qu'ils ne se manifestent que par leurs avantages, sans aucun des inconvénients attachés à la prépondérance exclusive de chacun d'eux. Le principe démocratique est représenté par les assemblées populaires, le principe monarchique par les consuls, le principe aristocratique par le Sénat. Les assemblées populaires sont la source du pouvoir; elles sont souveraines. Elles élisent les magistrats et par là elles procèdent, indirectement, au recrutement du Sénat; elles prononcent sur la paix et la guerre et par là elles décident, en dernière analyse, des relations extérieures ; elles ont l'appel et par là elles se réservent la juridiction capitale. Et enfin elles votent les lois. Les consuls, auxquels sont subordonnés les autres magistrats, sauf les tribuns, concentrent dans leurs mains les moyens d'exécution d'où dépend une action prompte et énergique, telle qu'on peut l'attendre de l'initiative royale. Ils convoquent les comices et le Sénat ; ils introduisent les questions, ils dirigent les délibérations. A la tête des armées ils sont les maîtres absolus. Mais le principe qui domine, c'est le principe aristocratique. Nous avons vu quelle était la pression morale exercée sur les électeurs, et comment, au bout du compte, le Sénat en arrivait à se recruter lui-même. Mais ce n'est pas tout. Si les assemblées votent sur la paix et la guerre, c'est le Sénat qui reçoit les ambassadeurs, qui traite avec les peuples et les rois, qui conduit les négociations au point où il n'y a plus qu'à en enregistrer le résultat, de telle sorte qu'il apparaît à l'étranger comme incarnant en lui toute la puissance de Rome. S'il ne fait pas les lois, il les propose par l'intermédiaire des consuls et des magistrats qui obéissent aux consuls, et si lui-même il semble obéir à l'impulsion de ces derniers, il a de son côté, pour leur imposer ses volontés, des expédients variés autant qu'efficaces. Non seulement il peut, suivant la vieille manœuvre, en usant de diplomatie, les opposer l'un à l'autre, mais il les tient de bien des manières: il les tient parce qu'ils sont annuels et responsables, parce qu'ils passent et que, lui, il reste ; il les tient parce que maintenant, en vertu d'un droit qu'il s'est nouvellement attribué, il peut, après l'expiration de leur magistrature, les proroger dans leur commandement ou les rappeler, parce qu'il peut leur accorder ou leur refuser le triomphe; il les tient parce qu'il tient les cordons de la bourse, parce qu'il a la haute gestion du Trésor et parce que aucune somme n'en peut sortir sans son autorisation. Les tribuns qui pourraient le contrecarrer et le réduire à l'impuissance ne sont plus pour lui qu'un instrument dont il sait jouer à l'occasion pour briser toute résistance. Car la noblesse a eu cette habileté suprême d'envahir le tribunat et de le confisquer à son profit.

Nous n'avons fait, dans les lignes qui précèdent, que résumer l'étude pénétrante de Polybe. Polybe parle en témoin oculaire, en observateur bien informé et sagace. Il a vu fonctionner de ses propres yeux, sur place, le régime qu'il nous décrit et qu'il considère comme le chef-d'œuvre de la science politique. Il a vu cet âge d'or de la République, moment fugitif demeuré pour les générations futures, en des temps troublés, comme un idéal toujours regretté. Il l'a vu, ou, pour mieux dire, il en a recueilli le souvenir plus qu'il n'en a saisi la réalité, car à la date où les événements le transportèrent à Rome, en 168, après Pydna, et durant les longues années de son exil forcé et de ses séjours volontaires, cette vision, dont il aimait à s'enchanter, était en train de s'effacer; elle se voilait et disparaissait derrière les sombres nuages amoncelés à l'horizon. Déjà la législation Hortensienne avait rompu ce bel équilibre en supprimant leur contrepoids aux comices tributes affranchis de la tutelle du Sénat, et cela quand une autre disposition les livrait à la domination de la plèbe urbaine en ratifiant, c'est-à-dire en consommant l'abstention des populations rurales. Le danger n'apparut pas d'abord très clairement ; longtemps il fut dissimulé et conjuré par l'excellence de l'esprit public. Mais cet esprit même commençait à s'altérer dans toutes les parties de la nation sous l'action de la conquête, avec ses conséquences délétères, matérielles et morales. La gravité de ces symptômes n'échappait ni à Polybe ni à ses plus illustres contemporains. Il était aux côtés de Scipion Emilien sur la colline d'où l'on voyait Carthage s'effondrer dans les flammes, et il put entendre le vainqueur, hanté de tristes pressentiments au milieu de son triomphe, murmurer, par un mélancolique retour sur l'avenir de son propre pays, le vers d'Homère : « Un jour viendra où elle tombera, Troie, la cité sainte, et Priam et son peuple invincible. »

§ 2. — La décadence des classes moyennes et la prépondérance du prolétariat urbain.

Quand on veut se rendre compte des causes qui ont amené la chute de la République, on s'aperçoit qu'elles rentrent toutes dans une cause très générale qui n'est autre que la conquête. Et l'on constate tout d'abord qu'entre la conquête et le maintien de la République l'incompatibilité était absolue.

La destinée de Rome est unique dans l'histoire. Seule de toutes les cités anciennes elle a fondé un empire, et seule elle a admis les vaincus à la participation des droits civiques. Mais en fondant un empire et en devenant un grand Etat, elle est restée une cité. Elle a gardé de la cité, sans y rien changer, l'institution essentielle, les comices fonctionnant, comme à l'origine, au Forum et au Champ de Mars, et par là elle a préparé la ruine de ses libertés. Du moment où les citoyens ne pouvaient exercer leurs droits politiques qu'à Rome, il était inévitable que la masse, écartée par la distance, finît par s'en désintéresser.

On tenait aux droits privés parce qu'ils étaient une réalité : on devait faire bon marché des droits politiques qui étaient illusoires.

Il eût fallu, pour les rendre effectifs et leur conserver leur prix, toute une révolution, la substitution au gouvernement direct, le seul en usage dans le monde antique, du régime représentatif, par délégation, tel que l'ont conçu les sociétés modernes. Mais Rome ne s'est pas élevée à cette notion. Son originalité, qui fut grande, n'est pas allée jusque-là : elle n'a pas su se déprendre des formes traditionnelles. Auguste eut l'idée de faire voter sur place les décurions ou conseillers municipaux des colonies italiennes en faisant dépouiller leurs bulletins à Rome. C'était un premier pas, très timide, dans une voie qui eût pu conduire loin, mais où il eût fallu entrer plus tôt. A quoi bon l'extension du suffrage dans un temps où le suffrage ne comptait plus pour rien ? La tentative n'eut pas de suite et ne pouvait pas en avoir.

Il y avait un autre moyen, brutal mais efficace, s'il eût été praticable : c'était d'arrêter net la propagation du droit de cité. Rome ainsi se fût réduite à un noyau de citoyens dont les plus éloignés ne l'eussent pas été assez pour ne pouvoir user de leurs droits, si l'envie leur en prenait. Il n'est pas dit qu'on n'y ait point pensé, et par là peut-être s'explique la résistance opposée depuis la fin du IIIe siècle à toute concession nouvelle. Mais pour cela encore il était trop tard. La brèche était ouverte et, bon gré mal gré, toute l'Italie y passa, et, après elle, les provinces.

Le mal eût été moindre si cette plèbe urbaine, maîtresse dorénavant des comices, eût eu les qualités requises pour représenter dignement l'ensemble du peuple romain, mais il n'en était rien, et d'ailleurs ce peuple lui-même, dans ses éléments les meilleurs, dépérissait. Nous touchons ici à une des conséquences les plus désastreuses de la conquête, la disparition ou la diminution graduelle de ces classes moyennes, de cette masse de petits propriétaires qui avait fait la force de la République dans les assemblées et sur les champs de bataille et qui, venant à manquer, la laissait destituée de son point d'appui et, pour ainsi dire, suspendue dans le vide.

Si l'on songe que l'impôt du sang retombait de tout son poids sur les classes possédantes, on n'aura pas de peine à imaginer les ravages que cette suite de guerres meurtrières devait faire dans leurs rangs.

On était disponible de dix-sept à quarante-six ans révolus. Les armées, en principe, n'étaient point permanentes. On devait former tous les ans quatre légions se montant à un effectif variable de 20.000 à 26.000 hommes environ, et on devait les licencier au bout de l'année. Cela faisait approximativement le treizième ou le quatorzième de la somme des hommes valides, en prenant pour base du calcul le total résultant des documents officiels cités par Polybe pour l'année 225, entre la première et la deuxième guerre punique. Mais ce chiffre n'était qu'un minimum souvent dépassé. Ne parlons pas, si l'on veut, de l'effort exceptionnel réclamé par cette dernière guerre, des vingt-trois légions mises sur pied au cours de cette période de dix-sept ans. Mais ensuite, pour faire face de tous côtés, dans la Gaule cisalpine et la Ligurie, en Espagne, en Corse, en Sardaigne, en Macédoine, en Afrique, ce ne fut pas trop de huit légions levées à peu près régulièrement tous les ans, sans compter celles qu'on maintenait sous les armes quand les circonstances l'exigeaient, sans compter les hommes expédiés pour combler les vides ou retenus pour être versés dans les formations nouvelles et y encadrer les recrues. Si quelques-uns restaient de bonne grâce et même s'engageaient volontairement, séduits par l'appât du pillage, la plupart étaient las jusqu'à la révolte de ces campagnes interminables où s'usait leur vie. En 199, une émeute manqua éclater dans l'armée envoyée contre Philippe. Il y avait là 2.000 soldats qu'on avait, soi-disant sur leur demande, en réalité contre leur gré, transportés après Zama en Sicile, puis de l'autre côté de l'Adriatique; depuis de longues années ils n'avaient pas revu l'Italie; ils avaient vieilli sous le harnais, épuisés par les travaux, les corvées; ils demandaient le repos. En 180, les soldats employés en Espagne menacèrent de déserter si on ne les ramenait dans leurs foyers, et il fallut leur donner satisfaction. En 171, quand on décida d'enrôler contre Persée, en passant par-dessus le terme légal, les vétérans et anciens centurions jusqu'à l'âge de cinquante ans, ce fut un soulèvement général qui ne s'apaisa que sur l'intervention d'un vieux brave, le centurion Sp. Ligustinus. Tite-Live lui prête un discours où tout en se déclarant prêt à obéir, lui et ses camarades, il rappelle dans quelle large mesure il a déjà payé sa dette. Il est entré au service il y a vingt-neuf ans. Il s'est élevé par sa valeur du rang de simple soldat au grade supérieur du centurionat. Il a fait la guerre en Macédoine, en Espagne, en Grèce contre les Etoliens et Antiochus, puis encore en Espagne. En résumé, vingt-deux campagnes et trente-quatre récompenses militaires. Et maintenant, à cinquante ans et même plus, il doit repartir pour la Macédoine, une seconde fois.

La consommation d'hommes était effroyable, mais le plus grand mal n'était pas là. Les blessures se cicatrisent vite dans un corps sain et vigoureux. De même chez les peuples en pleine vitalité les saignées ne sont pas mortelles. Le capital humain se reconstitue tant qu'il est le seul atteint. Malheureusement tel n'était pas le cas du peuple romain. Il souffrait d'un mal plus profond, aux sources mêmes de son énergie, dans sa puissance de reproduction et de renouvellement.

L'agriculture italienne subissait une crise. Déjà les absences répétées et prolongées des propriétaires requis par le service étaient une plaie. Lorsque, en 255, Regulus apprit qu'il était prorogé dans son commandement d'Afrique, il écrivit au Sénat pour solliciter son rappel, le domaine qu'il possédait aux environs de Rome et dont il vivait avec les siens étant livré à l'abandon par suite de la désertion de son intendant et de ses journaliers, et le Sénat dut y pourvoir en se chargeant lui-même de le faire cultiver et en allouant par-dessus le marché une pension alimentaire à la femme et aux enfants avec une indemnité pour les pertes, mais ce qu'il faisait pour un consulaire il ne pouvait le faire pour tout le monde, et si un consulaire était gêné, quelle ne devait pas être la misère des pauvres gens ! Que devenait par exemple le bien de Sp. Ligustinus, dans la Sabine ? Il consistait, nous dit Tite-Live, dans un champ de un jugère (25 ares 182), ce qui était bien maigre pour l'entretien d'une famille, et c'est pour cela sans doute, pour compléter ses ressources par la solde et le butin, que Ligustinus avait à plusieurs reprises servi comme volontaire. Il laissait derrière lui quatre fils, dont deux en âge d'homme, mais combien de temps se passerait-il avant qu'ils ne fussent eux aussi appelés sous les drapeaux ?

La deuxième guerre punique avait passé comme une tempête sur l'Italie. Sitôt qu'on put respirer, quand Hannibal refoulé dans la pointe extrême de la péninsule eut cessé d'être redoutable, on se préoccupa de réparer le désastre. En 206, le Sénat enjoignit aux consuls de ramener dans leurs champs les paysans qui les avaient désertés. La sécurité étant assurée, le travail put reprendre, mais les réquisitions continuèrent indéfiniment.

13.

Tout cela n'aurait pas suffi pour amener la ruine de la petite propriété si elle ne s'était trouvée aux prises avec d'autres difficultés, indépendantes de l'état de guerre, bien qu'en dérivant indirectement, en tant que conséquence de la conquête.

L'Italie avait été pour les Grecs du ve siècle une terre à blé, mais ils en jugeaient par la grande Grèce avant qu'elle ne fût dévastée par les guerres des cités entre elles et avec les indigènes, par les Romains et par Hannibal. Le centre hérissé de montagnes était médiocrement fertile, à l'exception des plaines campanienne, latine et étrusque. Elles avaient suffi pour les besoins courants, et sans doute, bien que fatiguées déjà par les mauvais procédés de culture, par les assolements trop rapprochés, elles auraient pu suffire longtemps encore sans la concurrence étrangère. Mais la Sicile, qui jadis ne fournissait qu'un appoint intermittent, pratiquait maintenant l'importation en grand. Réduite en province dans sa totalité depuis la deuxième guerre punique, elle était devenue, avec la Sardaigne, le grenier du peuple romain, en attendant qu'elle partageât cet office avec l'Afrique. Le blé qu'elle produisait en abondance et à bon compte arrivait à Rome par mer, plus vite et à moindres frais que le blé italien, condamné au transport par terre dans un pays dépourvu de fleuves navigables. Dans ces conditions la lutte eût été difficile, même si elle eût été à armes égales, mais elle ne l'était pas. La Sicile était soumise à un impôt en nature consistant en une dîme prélevée sur les récoltes. Une bonne partie du blé sicilien entrait donc gratis dans les magasins publics d'où il sortait pour l'approvisionnement des armées, quand ce n'était pas pour être vendu à vil prix. Le peuple se nourrissait d'une sorte de bouillie de farine appelée *pulmentum*. Il tenait à ce que cette denrée ne lui coûtât pas trop cher, et l'Etat y veillait. Il n'en était pas encore aux distributions gratuites qui ne furent instituées que plus tard, mais il s'arrangeait pour peser sur les cours et les maintenir à un niveau très bas. Pour cela il se procurait, au moyen de la dîme ou par achat, de grandes quantités de blé qu'il mettait en réserve pour les jeter sur le marché en temps opportun. Les cultivateurs italiens étaient sacrifiés, mais entre leur intérêt et les exigences de la plèbe urbaine comment eût-on hésité ? Elle était maîtresse dans les comices que la plèbe rurale avait désertés.

La culture du blé cessant d'être rémunératrice, on s'en détourna. On le cultivait encore pour la consommation domestique et locale, mais il ne fut plus un article de vente. Caton, énumérant les diverses productions d'un domaine au point de vue de leur rapport, place le blé très loin, au-dessous de l'olivier et plus encore de la vigne, deux genres de culture qui, dans une large mesure, se substituèrent à celle des céréales et prirent dès lors une importance toujours croissante au point de devenir un des principaux facteurs de la richesse nationale, le premier des objets d'exportation en dehors de la péninsule. Cela est si vrai qu'elles suscitèrent une des rares mesures protectionnistes dont les Romains se soient avisés au cours de leur histoire quand, après avoir soumis la Gaule du sud-est, ils interdirent toute culture similaire au delà des Alpes.

La culture de la vigne et de l'olivier ne remplaçait pas pour le petit propriétaire celle du blé. Le fait est certain, si les raisons en sont difficiles à démêler. Il faut tenir compte de l'esprit de routine ordinaire au paysan. Peut-être aussi beaucoup des terres qu'il cultivait convenaient-elles aux emblavures mieux qu'à la vigne et à l'olivier. Virgile en fait la remarque pour la vigne. Ces deux cultures réclamaient aussi plus de soins, un matériel plus compliqué, un personnel plus nombreux, une préparation industrielle. La vigne d'autre part, qui épuise le sol très vite, a besoin d'une quantité d'engrais, et par conséquent, dans un temps où l'on ne connaissait que l'engrais naturel, requérait l'entretien d'un assez nombreux bétail. Enfin, ce n'était pas une production restreinte qui pouvait s'ouvrir les débouchés pour la vente en gros et au loin. Le petit producteur eût été à la merci de l'exportateur en grand. Ce qui est positif, c'est que la transformation agricole de l'Italie favorisa la grande propriété, alors que, pour d'autres causes, elle prenait une grande extension.

Nous sommes au moment où commencent à se former ces vastes domaines, ces *latifundia* dont Pline a dit, dans une phrase célèbre, qu'ils ont perdu l'Italie. Il entend perdu au point de vue agricole, mais on peut ajouter: perdu au point de vue politique.

Le développement de la grande propriété a pour point de départ le développement du domaine de l'Etat, de l'*ager publicus*, qui est lui-même un résultat de la conquête, c'est-à-dire des confiscations autorisées par les lois de la guerre et qui frappaient non seulement la propriété publique, mais aussi la propriété privée. L'*ager publicus* s'était étendu successivement au fur et à mesure des guerres qui avaient amené la soumission de l'Italie, et il s'était amplifié encore après la deuxième guerre punique, par suite des châtiments infligés aux peuples qui avaient fait défection, dans la Campanie notamment et dans les pays du sud.

Rome se comportait diversement suivant les circonstances. Elle pouvait, se montrant plus ou moins clémente, restituer au peuple vaincu la totalité ou une partie de son territoire, ce qui ne l'empêchait pas de garder sur ce territoire un droit éminent attesté par l'obligation d'un tribut. Elle pouvait, poussant ses rigueurs à l'extrême, s'attribuer le territoire en entier.

Il y a des exemples de peuples exterminés ou transportés au loin en masse.

Les terres confisquées étaient des terres délimitées, cultivées, ou des terrains vagues. Les terres cultivées étaient vendues au profit du Trésor par le ministère du questeur (*ager quæstorius*), ou distribuées gratuitement, soit en vue de la fondation d'une colonie (*ager colonicus*), soit individuellement (*ager viritanus, assignatus*). Par là, ces terres devenaient propriété privée : elles entraient dans *l'ager privatus*. C'étaient les terrains vagues qui constituaient véritablement *l'ager publicus* et, comme la population était rare encore à cette époque et le défrichement peu avancé, ils occupaient d'immenses surfaces.

Les terrains vagues se partageaient en deux catégories : 1° Les terrains non destinés à être cultivés, les forêts et les pâturages. Pour les forêts, l'Etat mettait en adjudication les coupes et les produits arborifères, poix, résine. Pour les pâturages, il exigeait un droit de pâture (*scriptura*). 2° Les terrains susceptibles de culture et où la culture était encouragée par l'Etat. Dans ce dessein, il les livrait à l'initiative de chacun. Défrichait qui voulait. Le cultivateur poussait sa charrue jusqu'à ce qu'il fût arrêté par le travail d'un concurrent ou par une propriété privée. De là le nom de *ager occupatorius* donné à ces terres, parce qu'elles étaient au premier occupant, et cet autre nom, *ager arcifinalis* (*arcere fines*, reculer les limites), parce que l'occupation était indéfiniment extensible, sous la réserve des droits d'autrui. Il va de soi que l'occupant était tenu à une redevance ou *vectigal*.

C'étaient les riches qui bénéficiaient du développement de l'*ager publicus*. Seuls ils avaient les capitaux nécessaires pour se faire adjuger l'exploitation des forêts et la ferme de l'impôt sur la pâture. Seuls ils pouvaient se procurer la main-d'œuvre nécessaire pour étendre leurs défrichements. Les terres dont ils s'emparaient n'étaient pas seulement celles qu'ils avaient mises ou qu'ils mettaient en culture. C'étaient toutes celles qu'ils prétendaient défricher dans un avenir plus ou moins lointain, de telle sorte qu'il n'y avait plus de limite à leurs envahissements. De la limite de cinq cents jugères il n'était plus question. La loi qui avait fixé ce maximum était depuis longtemps caduque. A la vérité, l'occupant n'était pas propriétaire, il avait la « possession », non la propriété, le *dominium*. La propriété appartenait au peuple romain, à l'Etat, et elle était imprescriptible. Contre tout autre que l'Etat le possesseur était garanti. Contre l'Etat, il était désarmé. L'Etat lui assurait la jouissance de son bien, mais par la redevance qu'il percevait, il affirmait la pérennité de son droit. Telle était la théorie. En fait, cette redevance, il finit par ne plus l'exiger. Le possesseur réussit à s'en affranchir comme il s'était affranchi de la contrainte imposée par la loi Licinia. Et alors, l'Etat laissant périmer son titre, il s'habitua de son côté à n'en plus tenir compte : il le considéra comme nul, il se considéra lui-même comme un propriétaire véritable, et entre ses « possessions » et son domaine privé ni lui, ni l'Etat même ne distinguèrent plus.

Les grands domaines n'étaient pas d'un seul tenant et les vignobles et les olivettes n'en couvraient qu'une partie. Il y avait d'autres modes d'exploitation que l'on considérait comme plus lucratifs encore. L'élevage d'abord, que Caton plaçait en premier lieu. Pline nous en donne cette raison qu'il n'y avait pas ou presque pas de frais. Il est vrai que les Romains ne goûtaient ni la viande de bœuf ni le beurre dont le débit exige d'ailleurs des transports rapides dont ils ne disposaient point, mais ils consommaient la viande de porc et le fromage et ils s'habillaient de laine. Nous savons même que la laine d'Italie était très recherchée. Les chevaux de prix étaient appréciés pour les services postaux et la remonte. Les engrais étaient un produit indispensable et dont il fallait de grosses quantités. Si pour ces marchandises le revenu en lui-même n'était peut-être pas très élevé, il l'était relativement à la mise de fonds. Avec le temps, quand s'introduisirent les habitudes de luxe, on imagina d'autres sources de profit, la culture des légumes et des fruits dans le voisinage de Rome, l'entretien de viviers, de parcs pour gibier, de volières et de basses-cours, l'installation de briqueteries. Bientôt s'établit la mode des propriétés de plaisance. Les riches propriétaires, sollicités par des opérations plus fructueuses, par les fournitures publiques et le pillage des provinces, pouvaient sans grand dommage laisser improductive une vaste portion de leurs domaines. Mais ils aimaient la terre pour la terre, non pas seulement parce qu'elle était matière à spéculation, mais parce qu'elle était toujours la forme la plus haute de la richesse, la plus apte à rehausser leur prestige et à satisfaire leur vanité.

Ainsi se réduisait de plus en plus la superficie des terres cultivées et ainsi, par une conséquence fatale, se propageaient l'insalubrité, la fièvre qui sont restées depuis lors le fléau de la péninsule. Les données nous manquent pour dresser la carte topographique de la grande propriété italienne, et cette carte d'ailleurs dut s'étendre démesurément quand, aux ravages de la deuxième guerre punique, se furent ajoutées les dévastations ordonnées par Sylla. Le Latium était en train de devenir le désert de la « Campagne romaine ». La *malaria* s'était emparée de la région des marais Pontins. D'immenses troupeaux, sous la garde de quelques bergers à demi sauvages comme le bétail qui leur était confié, erraient dans les solitudes de l'Apulie, de la Lucanie, du Bruttium, l'hiver dans la plaine, l'été dans la montagne.

Nous ne sommes guère mieux renseignés sur les dimensions des grands domaines qui, elles aussi, durent aller s'amplifiant. Nous ne pouvons qu'entrevoir la progression. Caton, dans son traité d'agronomie, a en vue un domaine comprenant 240 jugères (60 hectares) d'olivettes et 100 jugères (25 hectares) de vignobles. C'est un domaine moyen. Mais il omet les terres à blé et les pâtures. Caton a vécu de 234 à 149. Varron, qui écrivit son *De Re rustica* en 37, s'adresse aux grands propriétaires autant qu'aux moyens. Columelle, vers 65, sous Néron, ne s'occupe guère que des premiers, et d'ailleurs pour leur recommander de ne pas acquérir plus de terres qu'ils n'en peuvent cultiver. Il blâme ceux qui possèdent des pays entiers dont ils ne pourraient pas faire le tour à cheval. L'évolution est lente, mais continue.

Il reste à signaler un fait qui, coïncidant avec les précédents, vient activer le développement de la grande propriété et en aggraver les conséquences : c'est le développement de l'esclavage.

Nous avons vu que dans le courant du iv⁰ siècle les esclaves étaient déjà assez nombreux, puisque en 357 une loi Manlia fut votée qui tendit, vainement d'ailleurs, à restreindre le nombre des affranchissements et puisque, cinquante ans plus tard environ, les affranchis purent fournir un point d'appui à la politique d'App. Claudius. Mais ce n'était rien auprès des masses de captifs répandus en Italie à la suite des guerres lointaines, en Espagne, en Afrique, en Grèce, en Orient, partout. En 167, après Pydna, Paul-Emile vendit 150.000 Epirotes. En 146, après la prise de Carthage, Scipion Emilien vendit 55.000 Carthaginois. En 175, après ses campagnes en Sardaigne, Ti. Sempronius Gracchus jette sur le marché une telle quantité de Sardes, que le mot « Sardes à vendre » passa en proverbe pour désigner une marchandise à vil prix. Ces ventes étaient lucratives pour les généraux qui, par un abus trop fréquent, s'y réservaient une large part. Le consul C. Cassius Longinus, en 171, fut accusé d'avoir, sans déclaration de guerre, opéré une razzia parmi les populations alpestres. Une autre source de l'esclavage était la traite. Depuis la ruine des marines grecque et punique, la Méditerranée était livrée aux pirates. Le commerce se faisait ouvertement à Délos où, si l'on en croit Strabon, il y avait des jours où plus de 10.000 êtres humains étaient à l'encan. Les cours naturellement variaient suivant les circonstances, suivant l'offre et la demande, et aussi suivant la qualité de l'individu, suivant les services qu'on attendait de lui. Caton payait un travailleur robuste 1.500 drachmes, 1.450 francs de notre monnaie. En propriétaire entendu, il ne lésinait pas sur cet article. Hannibal vendit en Grèce ses prisonniers à raison de 500 drachmes par tête, 485 francs. Quant au total des esclaves, il est plus difficile encore à évaluer, mais on voit par les chiffres précités qu'il devait être formidable, et encore plus si l'on tient compte des générations nées sous le toit du maître et dont la somme s'ajoutait à celle des importations successives et incessantes.

Entre le développement de la grande propriété et celui de l'esclavage, le petit propriétaire se trouvait pris comme dans un étau.

La gêne résultant pour lui de la dépréciation des céréales était rendue plus étroite par la cherté croissante de la vie, due à une baisse sensible dans la valeur relative du numéraire. L'argent avait été très rare dans l'ancienne Rome. Il était devenu plus abondant après la conquête de l'Italie du sud. La première monnaie d'argent fut frappée après la prise de Tarente, qui est de 272. Puis vinrent les contributions levées sur les peuples vaincus, l'exploitation des mines d'Espagne, dont Polybe nous dit que, dans la seule région de Carthagène, elles occupaient 40.000 ouvriers et rapportaient à la République 20.000 drachmes par jour, soit par an près de 7 millions de notre monnaie. Puis ce fut, outre la quantité des métaux précieux jetés dans la circulation, l'activité de cette circulation elle-même, l'intensité nouvelle du mouvement commercial. Pour se rendre compte du phénomène, il suffit de comparer le taux des amendes dans la première et la deuxième décade de Tite-Live, les chiffres du cens depuis la réforme de 241 avec ceux dix fois moins forts qu'on nous donne pour l'organisation dite de Servius Tullius. A tout cela il n'y eût pas eu de mal si cet afflux de richesse eût profité à tout le monde, mais il ne profitait qu'aux puissants, aux capitalistes, aux négociants. La victime était le paysan.

Que faire ? Emprunter ? C'était la ruine à brève échéance. Autant vendre tout de suite. L'acquéreur ne manquait pas. Les grands propriétaires ne demandaient qu'à s'étendre. En 186 le consul Sp. Postumius, ayant été conduit dans l'Italie du sud pour son enquête sur l'affaire des Bacchanales, rapporta au Sénat qu'il avait trouvé désertes les colonies de Sipontum en Apulie et de Buxentum en Lucanie, fondées huit ans auparavant. Les colons avaient renoncé à la lutte. Il est vrai qu'il s'agit de vétérans qui avaient perdu dans les camps le goût des occupations agricoles et de la vie paisible, et sans doute il restait encore des cultivateurs attachés malgré tout au sol natal, au pauvre champ héréditaire, et ceux-là ne vendaient qu'à la dernière extrémité. Mais à défaut de ventes à l'amiable, c'était une guerre de chicanes, des expropriations juridiques, des dépossessions violentes sans autre forme de procès. On aurait peine à croire à ces abus de la force dans une société régulière, si l'on n'avait le témoignage formel des historiens. Société régulière assurément, mais foncièrement aristocratique, où le faible était sans défense et sans recours. « Les riches, nous dit Appien, achetèrent ou prirent de force les petits héritages des pauvres, leurs voisins. » De même Plutarque. L'absence du père de famille, retenu sous les drapeaux, favorisait ces usurpations. « Les parents, les jeunes enfants avaient-ils quelque voisin puissant, il les chassait de leurs foyers. » Ainsi parle Salluste. Le tableau de ces expulsions devint un thème littéraire exploité par les rhéteurs et les poètes. Horace nous montre le mari et la femme emportant dans leur sein les dieux paternels et leurs enfants en guenilles.

Il restait, après avoir perdu son bien, à s'employer sur celui d'autrui, mais il y avait la concurrence du travail servile.

L'esclave travaillait assez mal et il exigeait une mise de fonds soit pour l'achat, soit, quand il était né à la maison, pour son entretien avant qu'il ne fût en mesure de se rendre utile. Il fallait tenir compte aussi des périodes où on devait l'entretenir sans pouvoir l'utiliser, ainsi que de la perte sèche à la suite de décès prématurés. Mais il n'avait ni femmes, ni enfants à soutenir ; sa nourriture, ses vêtements étaient réduits au minimum, et il travaillait jusqu'à épuisement, après quoi on le jetait au rebut. Caton conseille de le vendre, une fois qu'il est devenu vieux, avec la vieille ferraille. Sa condition était devenue très dure. Autrefois, quand les esclaves étaient peu nombreux, ils vivaient sous les yeux du maître, dans sa familiarité, et ils pouvaient s'attendre de sa part à quelque bienveillance. Ils étaient d'ailleurs de même nationalité, et cela créait un lien. Maintenant, recrutés dans toutes les nations du monde, relégués dans un domaine plus ou moins distant et que le maître ne visitait que de loin en loin, ils n'étaient plus qu'un bétail, un instrument à voix humaine, « *instrumentum vocale* », dont on ne cherchait qu'à tirer le plus grand parti possible. Et, comme on redoutait toujours une révolte, pour une faute vénielle, ils travaillaient enchaînés et vivaient dans des souterrains éclairés par d'étroites fenêtres où leurs mains n'atteignaient pas. Somme toute, c'était une main-d'œuvre bon marché que ces misérables. Parmi les raisons pour lesquelles on les employait de préférence, les historiens en donnent une qui nous surprend au premier abord : c'est qu'ils ne risquaient pas d'être enlevés par le service militaire. Nous savons pourtant qu'en principe les prolétaires n'étaient pas admis dans l'armée. Il faut croire que les principes fléchissaient devant la nécessité. Plus on allait, plus il fallait descendre au-dessous des niveaux fixés par la loi.

Il faut se garder des généralisations excessives. La petite propriété n'a jamais entièrement disparu de l'Italie. Il y avait des régions où elle subsistait. C'étaient celles qui étaient occupées par des peuples alliés et où les citoyens romains n'eurent pas, jusqu'à la loi Plautia Papiria de 88, le *commercium*, le droit de propriété, où, par conséquent, l'acquisition de la terre leur était impossible. Telles les montagnes des Marses, des Marrucini, des Vestini. La race des travailleurs libres, mercenaires de toute sorte, n'avait pas non plus complètement succombé. Il y avait des cas où leur assistance était nécessaire. Pas plus que pour la topographie et les dimensions des domaines nous ne disposons, sur ce point, d'une statistique. Mais voici ce qui se passait sur ceux décrits par les agronomes, par Caton, par Varron, par Columelle. Bien que leurs descriptions se rapportent à des époques différentes, elles se ressemblent pour les traits essentiels. Pour les parties consacrées à la culture de la vigne et de l'olivier, le personnel permanent était composé d'esclaves placés sous l'autorité d'un régisseur (*villicus*) et de surveillants en sous-ordre, esclaves également. Pour les besognes extraordinaires, pour la cueillette, pour la vendange, pour la bâtisse, on faisait appel à des journaliers que fournissait un entrepreneur. On recourait encore à des ouvriers ambulants, potiers, forgerons, foulons, maçons, vétérinaires, qui allaient de domaine en domaine offrir leurs services. Les esclaves habiles à ces métiers coûtaient trop cher pour qu'on les achetât volontiers, d'autant plus qu'on ne pouvait les employer que par intermittences. Seules les grandes exploitations pouvaient les occuper d'une façon continue. Les pâturages qui s'étendaient sur d'immenses espaces, et qui étaient aussi du meilleur rapport, ne réclamaient que des esclaves, en petit nombre, pour la garde des troupeaux. Les terres à blé, ce qui en restait pour la consommation domestique et la vente locale, étaient louées, moyennant des conditions très onéreuses, à des fermiers partiaires, c'est-à-dire admis à prélever, pour prix de leur travail, une part de la récolte. A côté de ces cultivateurs à gages, Varron mentionne encore les pauvres gens qui cultivent pour leur compte, « *pauperculi* ». Ce sont les épaves de la petite propriété.

La désertion des campagnes, le surpeuplement de la capitale, c'est à cela qu'aboutit finalement la misère des classes rurales. Déjà en 187, en 177, les cités italiennes réclament des mesures contre cette émigration qui, si elle continue, les laissera vides de leurs habitants. Un siècle plus tard, Varron, Salluste se plaignent de voir affluer à Rome toute une population robuste qui ne trouve pas ailleurs les moyens de subsister. Ce n'est pas qu'à Rome même il fût très facile de se procurer du travail. Là aussi, on rencontrait la concurrence du travail servile, travail des esclaves, travail des affranchis. Tous les esclaves n'étaient pas employés aux champs. Un grand nombre étaient retenus en ville, dans les maisons nobles, où beaucoup d'entre eux, boulangers, tisserands, cordonniers, menuisiers, etc., rendaient des services pour lesquels nous sommes habitués à nous adresser au dehors. Il y en avait qu'on instruisait de manière à les faire travailler pour le public, soit collectivement, en les louant ou en les groupant par ateliers, soit individuellement, en les établissant au compte du maître ou plus souvent à leur compte, avec leur pécule, le maître prélevant sa part du bénéfice et conservant un pouvoir discrétionnaire sur le capital. Caton pratiquait cette industrie qui fut plus tard exercée en grand par Crassus. Le travail libre se maintenait malgré tout, mais, comme il ne recrutait guère sa clientèle que parmi les petites gens, il ne donnait que de maigres profits. Et puis, dans ces corporations ouvrières où se groupaient les divers métiers, combien y avait-il d'affranchis? Et le travail des affranchis, n'était-ce pas encore le travail servile?

A défaut des ressources que le travail ne fournissait pas ou ne fournissait que d'une manière insuffisante, il y en avait d'autres plus sûres, plus recherchées en tout cas, et que l'on peut résumer d'un mot, bien qu'elles affectent des formes diverses : la mendicité.

Il y avait les libéralités de l'Etat, le blé maintenu par ses soins ou vendu directement par lui à des prix dérisoires, mais ce n'était rien auprès des libéralités privées.

Nous ne reviendrons pas ici sur ce qui a été dit plus haut de la forme nouvelle prise par la clientèle et du rôle que cette institution jouait dans la vie publique. Son importance avait grandi encore depuis App. Claudius. Plaute, qui vécut entre 251 (?) et 184, prête ce propos à son Ménechme : « Quelle sotte manie nous avons maintenant, nous autres riches et puissants, d'augmenter sans cesse la foule de nos clients ! Quel embarras ! Que ce soient d'honnêtes gens ou des coquins, c'est ce dont on se soucie le moins ». En échange de leur vote, le patron doit à ses clients une assistance, non seulement morale, mais matérielle, une distribution de vivres ou même d'argent lorsqu'ils viennent le saluer le matin pour aller ensuite lui faire cortège dans la rue. C'est ce qu'on appela plus tard la « sportule » (*sportula*, panier dans lequel on emportait les provisions). Le mot apparaît sous l'Empire, mais la chose est ancienne, et même on peut dire que c'est surtout sous la République, au temps du suffrage populaire, que l'usage de la sportule a dû être répandu ou tout au moins le plus utilement pratiqué.

Les largesses bornées aux clients habituels, attitrés, ne pouvaient, quelque nombreux qu'ils fussent, s'étendre très loin, et ils avaient beau se multiplier, courir de porte en porte, quêter auprès de plusieurs patrons, cela ne faisait jamais, pour un seul individu, qu'une clientèle restreinte, incapable d'agir efficacement sur le résultat des élections. Aussi avait-on soin d'opérer sur la masse par des libéralités plus amples, sinon aussi fréquemment renouvelées.

Les *congiaires*, du mot *congius*, mesure de capacité pour les liquides, étaient des distributions d'huile ou de vin, et bientôt aussi d'autres denrées, de sel, de viande, de vêtements, d'argent. L'usage du congiaire fut introduit par P. Cornelius Scipio, le futur Africain. Nommé édile avant l'âge, en 213, il fit distribuer des *congii* d'huile dans les divers quartiers de la ville. C'était un commencement encore modeste, mais on pouvait prévoir les suites. En 189, Tite-Live nous dit d'Acilius Glabrio, candidat à la censure, que par de nombreux congiaires il s'était concilié la faveur du peuple. Les repas publics étaient une cérémonie religieuse incombant à l'Etat et qui ne cessa pas de rester à sa charge, mais qui, pratiquée aussi par les particuliers, devint pour les nobles un moyen de popularité en même temps qu'un devoir de situation. Les faits notables de leur vie publique ou privée, la célébration des jeux, des triomphes, des funérailles, la dédicace d'un temple, d'une statue, étaient autant d'occasions pour ces agapes. On dressait les tables sur le Forum, et l'abondance dans les vivres, le luxe dans le service étaient commandés par l'ambition autant que par la vanité. En 130, Q. Fabius Maximus, pour honorer la mémoire de son oncle Scipion l'Africain, donna au peuple un repas dont il confia les apprêts à son cousin Q. Ælius Tubero. Tubero était un adepte de la doctrine stoïcienne. Il agit conformément à ses principes, fit les choses simplement, installa des bancs avec des peaux de bouc au lieu de tapis, et couvrit les tables d'une vaisselle en terre de l'espèce la plus grossière. Mal lui en prit : il lui en coûta sa préture.

Les jeux étaient par eux-mêmes, en dehors des repas qui en formaient le complément, un puissant moyen d'action. Les jeux dits romains, les *ludi romani*, avaient été longtemps les seuls. Les *ludi plebeii*, les *ludi Ceriales* furent institués entre la première et la deuxième guerre punique, les *ludi Apollinares* en 212, les *ludi Megalenses* en 204, les *ludi Florales* en 173. C'étaient les jeux ordinaires, qui revenaient régulièrement tous les ans, mais il y en avait d'autres extraordinaires, motivés par des circonstances exceptionnelles, pour accomplir un vœu, pour détourner la colère divine, etc. Et en même temps que les jeux se multipliaient, leur durée se prolongeait. Comme ils avaient eu originairement, ainsi que les repas publics, et comme ils conservèrent toujours, pour la forme, un caractère religieux, la moindre négligence dans les rites était un prétexte pour tout recommencer, une fois, deux fois, trois fois. Les *ludi romani* furent répétés trois fois en 206. Les *ludi plebeii* sept fois en 197, et très fréquemment ces derniers étaient répétés trois fois. La durée normale des *ludi romani* fut portée successivement à deux, trois, quatre, dix jours. Ils n'occupaient pas moins de quinze jours à la fin de la République. Les *ludi plebeii* en remplissaient quatorze. Les ordonnateurs des jeux étaient les magistrats qui, à la somme allouée par l'Etat, étaient ou se croyaient tenus d'ajouter de leur poche; c'était le cas notamment pour les édiles qui présidaient à la plupart de ces cérémonies et qui, étant à l'entrée de leur carrière, savaient que plus ils dépenseraient, plus cette carrière serait sûre et brillante. Et l'on n'aurait pas tout dit si l'on ne mentionnait pas à côté des jeux publics les jeux privés donnés par des particuliers et que les ambitieux, jaloux de capter les suffrages, offraient à tout propos.

Les largesses, les jeux étaient l'appât qui attirait à Rome les populations rurales et qui les y retenait. Les mêmes mains, nous dit Varron, qui avaient jadis tenu la faux et la charrue, ne sont plus bonnes qu'à applaudir au théâtre ou au cirque. On commençait par se résigner à cette vie, et puis l'on y prenait goût et on n'en voulait plus changer. Pauvre vie, sans doute, précaire et humiliante, mais il fallait peu de chose pour subsister, et comment ne pas préférer au labeur des champs, si dur et si mal récompensé, la longue flânerie, la fête perpétuelle sur le pavé de la grande ville ? Quand les Gracques essayeront de restaurer la prospérité agricole en Italie, ils ne trouveront dans la plèbe urbaine que de tièdes partisans ou des adversaires résolus, et quand Cicéron voudra faire échouer la loi agraire de Rullus en tournant contre elle ceux-là mêmes dont elle prétendait servir les intérêts, il lui suffira du contraste entre l'existence d'oisiveté où ils avaient fini par se complaire et celle qui les attendait là-bas, dans les terres lointaines où on comptait les déporter.

« *Panem et circenses* », du pain et des spectacles, tel fut désormais le mot d'ordre, telle fut l'unique revendication de cette foule de fainéants et de mendiants où se concentrait la souveraineté du peuple romain. Le pire, c'est que, dans beaucoup des éléments qui la composaient, elle n'était plus romaine que de nom. Les affranchis, depuis qu'ils ne se recrutaient plus qu'en dehors de la péninsule, étaient séparés de leurs maîtres par un fossé profond. Dans ce ramassis d'Africains, d'Espagnols, de Gaulois, de Grecs et d'Orientaux, dans cette tourbe cosmopolite, étrangère à la tradition nationale, ils ne pouvaient consentir à voir des compatriotes. Scipion Emilien, un jour qu'il était interrompu par les clameurs de la populace, osa leur jeter son mépris : « Silence, vous que l'Italie ne reconnait pas pour ses enfants ». Et comme les clameurs redoublaient : « Je vous ai amenés ici couverts de chaînes; vous ne me ferez pas peur maintenant que vos chaînes sont tombées ».

On essaya de réagir. La première loi *de ambitu*, contre la corruption électorale, est de 181. Elle fut suivie de beaucoup d'autres dont la multiplicité démontre assez l'impuissance. On fit de fréquents et vains efforts pour enlever aux affranchis et aux *humiles* en général la maîtrise des comices en les tenant parqués dans les quatre tribus urbaines où les censeurs de 304 les avaient relégués. Mais la politique imprudente inaugurée par App. Claudius avait trouvé des imitateurs. Il y avait dans la noblesse tout un parti qui la reprenait à son compte, avec les vues bornées et égoïstes de l'esprit de caste. Dans les années comprises entre 304 et 220, les *humiles* étaient rentrés dans les tribus rurales, non pas en vertu d'une loi ni d'un seul coup, mais peu à peu, subrepticement, frauduleusement, avec la connivence ou la tolérance des pouvoirs publics, et sans doute aussi parce qu'on avait besoin d'eux, parce qu'on était au temps de la première guerre punique (264-241) et qu'il fallait ménager les affranchis qu'on employait au service de la flotte et les prolétaires auxquels on ne dédaignait pas de faire appel pour combler les vides des légions. En 220, Flaminius, étant censeur, les expulsa de nouveau. Mais en 189 le tribun Terentius Culleo fit voter une loi consacrant l'admission dans les tribus rurales, non plus de tous les affranchis, mais de ceux qui auraient des enfants et une propriété foncière. La restriction était une concession faite aux intérêts conservateurs. Sans en tenir compte, les censeurs de 184, Caton et Valerius Flaccus rejetèrent tous les affranchis, sans exception, dans les quatre tribus. Les censeurs de 179, M. Æmilius Lepidus et M. Fulvius Nobilior, revenant au principe posé par la loi Terentia, décidèrent qu'on inscrirait dans les tribus rurales tout affranchi propriétaire ou père d'un fils âgé de plus de cinq ans. En 169, nouvelle révision avec Ti. Sempronius Gracchus et C. Claudius Pulcher. Pourtant, ils doivent eux aussi faire une concession. Ils admettent l'inscription dans les tribus rurales des affranchis pères d'un fils de plus de cinq ans. Quant à ceux qui n'appartiennent pas à cette catégorie, mais qui ont une propriété, ils font une distinction. Ils n'admettent dans les tribus rurales que ceux qui ont le cens de la première ou de la deuxième classe. Pour les autres, ils les rejettent tous dans une tribu unique, la tribu urbaine Esquilina. Mais la poussée était irrésistible : rien désormais ne pouvait l'arrêter. Cinq ans après, les affranchis rentrent en masse par la faveur du censeur Marcius Philippus, malgré son collègue Paul Emile qui, étant malade, ne peut rien empêcher. En 142, Scipion Emilien tente un dernier effort, mais il est entravé lui aussi par l'opposition de son collègue Mummius Achaicus.

On s'est demandé quelquefois comment le peuple romain n'est pas arrivé, de même que certains peuples de la Grèce, de même que les Athéniens par exemple, à fonder ce régime démocratique dont il s'est rapproché peu à peu par une progression continue, durant plusieurs siècles. A cette question, il suffirait de répondre que la démocratie à la grecque, avec le gouvernement populaire direct, n'était réalisable que dans les petites cités, mais il faut ajouter que la matière même d'un régime démocratique régulier se dérobait devant ce peuple à mesure qu'il avançait dans son histoire. A Athènes c'est le développement de la vie économique au sein des classes inférieures qui a amené leur avènement à la vie politique. Nous assistons ici au phénomène inverse, la déchéance politique au sein des mêmes classes ayant pour cause leur recul économique. Avec une populace avilie, turbulente et servile, sans frein, sans indépendance, sans dignité et l'on pourrait presque dire sans patrie, la démocratie à Rome manquait d'une base solide ; elle ne pouvait avoir ni consistance ni prestige ; elle ne devait se traduire que par des mouvements violents, désordonnés, aboutissant fatalement à l'anarchie et à la dictature.

§ 3. — **L'oligarchie politique et l'oligarchie financière.**

La société romaine se transformait en haut comme en bas. Pendant que les classes moyennes succombaient pour faire place à la démocratie frelatée de la capitale, un changement inquiétant s'opérait dans la mentalité des classes supérieures.

La conquête du monde s'était accomplie avec une rapidité prodigieuse. En moins d'un demi-siècle, de 202 à 146, Rome était sortie des limites de l'Italie pour étendre sa domination sur tout le bassin méditerranéen, sur l'Espagne, sur l'Afrique, sur la Macédoine, sur la Grèce, sur l'Asie. Il est à croire que si les événements avaient marché moins vite, ils n'auraient pas eu les mêmes effets pernicieux et quasi foudroyants. Mais ce n'est pas impunément qu'une nation pauvre, rude, grossière se trouve aux prises tout à coup avec les tentations de la fortune, de la puissance, de la gloire. La noblesse ne résista pas à ce vertige. Comme un homme porté subitement au faîte des grandeurs, elle sentit la tête lui tourner; elle prit, en très peu de temps, d'autres habitudes, d'autres idées, d'autres ambitions.

On a accusé l'invasion de l'hellénisme. C'est un sujet sur lequel il est aisé de déclamer. L'introduction d'une culture plus haute et plus fine n'était pas un mal. La pensée grecque combinée avec la gravité romaine pouvait donner, elle donna des fruits excellents. On en peut juger par le cercle distingué et foncièrement honnête auquel présida Scipion Emilien. Mais les choses humaines sont mêlées, et tout progrès comporte une rançon. Sur beaucoup d'esprits mal préparés à les comprendre, les hardiesses de la spéculation philosophique exercèrent une influence néfaste. Ce qu'ils retenaient de la doctrine d'un Epicure, d'un Carnéade, c'était l'invitation au plaisir, au mépris du devoir patriotique, du devoir religieux. Or, tout se tenait dans ces consciences frustes : les vieilles croyances, les vieilles mœurs étaient solidaires, et les unes étant ébranlées, les autres étaient compromises. Et puis, ce qu'on empruntait à la Grèce, ce n'était pas ce qu'elle avait de meilleur. C'était à la Grèce décadente, raffinée et corrompue qu'on allait demander des leçons et des exemples. Si Ennius, si Pacuvius s'inspiraient d'Homère et des tragiques, c'est par la comédie surtout et par les cultes orgiastiques que la plupart s'initiaient à la littérature des Grecs et à leur religion, et ni cette comédie ni ces cultes n'étaient des écoles de vertu. Il suffit de citer le scandale des Bacchanales, les courtisanes, les mignons transportés du théâtre dans la vie réelle.

L'hellénisme, on ne saurait le nier, a été pour quelque chose dans la démoralisation générale et dans celle des classes dirigeantes en particulier, mais la soif des jouissances, de l'or, du commandement, toutes les passions, tous les vices qui se développèrent chez ces dernières jusqu'à devenir un danger public, s'expliquent suffisamment par le fait de la conquête et peut-être, sans le vernis d'élégance dont elles avaient appris à se parer, les mœurs nouvelles se seraient-elles étalées sous des traits plus répugnants, avec une plus odieuse brutalité.

Les facilités pour s'enrichir étaient trop grandes. Le butin d'abord, où les généraux commençaient à se réserver la plus large part et dont ils faisaient naître l'occasion quand elle ne se présentait pas d'elle-même. C'est ainsi qu'en 189 le consul Manlius Vulso se jette sans l'ombre d'un prétexte sur les Galates. C'est ainsi qu'en 172 le consul Popillius Lænas attaque sans provocation la peuplade ligure des Statellates. Puis, en temps de paix, le rançonnement à outrance, le pillage méthodique et continu. Contre ces violences, les vaincus devenus des sujets n'étaient pas défendus. Ce n'est pas qu'ils n'eussent un recours légal. Ils pouvaient, par leurs députés, transmettre leurs doléances au Sénat, et le Sénat pouvait, s'il le voulait bien, renvoyer les parties devant une commission sénatoriale sous la présidence d'un préteur. Mais il était peu disposé à juger sévèrement des abus dont un grand nombre de ses membres se sentaient solidaires, dans le passé ou dans l'avenir. Le procès, quand il était engagé, ou n'aboutissait pas ou finissait par un acquittement. En 173, le préteur chargé d'instruire l'affaire de Popillius Lænas s'arrangea de manière à la faire traîner jusqu'au terme de sa magistrature, et ses successeurs ne se soucièrent pas de la reprendre après lui. Les députés espagnols, en 171, n'obtinrent qu'une satisfaction dérisoire. Leurs griefs étaient trop criants pour qu'on pût décemment se boucher les oreilles. Les deux accusés les plus compromis se dérobèrent par l'exil, un exil confortable : ils allèrent manger le fruit de leurs rapines dans le voisinage de Rome, dans les deux villes alliées de Tibur et de Préneste ; un autre des accusés fut acquitté, et la poursuite tomba. En 149, Sulpicius Galba, qui avait horriblement pressuré les Lusitaniens, fut renvoyé des fins de la plainte, aux applaudissements de la foule. Car le peuple n'était pas plus que la noblesse sensible aux souffrances des provinciaux. Les exactions, les malversations les mieux démontrées n'entraînaient pour ceux qui s'en étaient rendus coupables aucune suite fâcheuse. Le souvenir de leurs méfaits n'entravait en rien leur carrière et ne détournait pas d'eux les suffrages. Sulpicius Galba fut consul en 144. Cassius Longinus qui, en 171, avait dévasté le territoire de quelques tribus paisibles de l'Illyrie, parvint, en 154, à la haute magistrature morale de la censure.

Il y avait une minorité qui trouvait mauvais ces abus et qui aurait voulu y couper court. En 149, L. Calpurnius Piso, dit l'honnête homme « *Frugi* », fit voter l'institution d'une commission permanente chargée d'en connaître sur la simple réquisition des plaignants et dont la convocation ne dépendait plus de l'arbitraire du Sénat. Malheureusement, elle était elle aussi composée de sénateurs et animée du même esprit que les commissions extraordinaires auxquelles elle succédait.

Les richesses amassées par ces moyens étaient énormes pour le temps. Un homme comme Paul-Emile, réputé pour son intégrité et la simplicité de ses mœurs, passait pour jouir d'une modeste aisance, parce qu'il ne laissait en mourant qu'une somme de 60 talents, 360.000 francs de notre monnaie, dont il faudrait sensiblement multiplier, et sans doute décupler la valeur pour obtenir celle qu'ils représentent aujourd'hui. On peut juger par là de ce qu'étaient les grosses fortunes, suffisant au train des grandes existences, aux largesses dont elles étaient grevées, au faste qui en devenait le décor nécessaire, aux habitations somptueuses, aux recherches de la table dont on se montrait de plus en plus friand. Ce luxe était peu de chose assurément à notre point de vue moderne. Mais le luxe est une chose relative. Les ressources du monde ancien étaient plus limitées que les nôtres; elles n'étaient pas comme les nôtres fécondées et amplifiées par un travail intense. Et surtout ces habitudes contrastaient étrangement avec celles d'autrefois.

Le nouveau genre de vie, joint à la nouvelle culture, creusait un fossé entre les classes. Dans la Rome d'avant la conquête, petit Etat de paysans sobres et laborieux, le niveau des fortunes et des intelligences ne présentait pas, dans les rangs supérieurs et moyens de la société, de différences très sensibles. Les besoins matériels étaient bornés comme l'horizon intellectuel ; un consulaire et un homme simplement aisé vivaient et pensaient à peu près de même. Sans doute il ne faut pas prendre à la lettre toutes les fables ressassées par les moralistes sur la pauvreté des plus illustres d'entre les vieux Romains, mais elles contiennent cependant une bonne part de vérité. Le Sénat, quand il reçut les ambassadeurs carthaginois, ne disposait que d'un service d'argent destiné aux repas officiels offerts par chaque sénateur et passant à cet effet de l'un à l'autre. En 275, Cornelius Rufinus fut rayé de l'*album* parce qu'on avait trouvé chez lui, pour son usage particulier, une vaisselle de ce métal atteignant un poids de dix livres. Le domaine de Regulus ne dépassait pas sept arpents. Tout cela était bien changé. Quelques familles demeuraient, incapables de s'adapter au milieu ou s'y refusant avec une obstination hautaine. Tels les Ælii Tuberones que nous avons vus au début du IIe siècle, vivant chichement, au nombre de seize individus mâles, dans une même maison, sur le même bien patrimonial. Mais ces cas étaient très rares, et celui-là peut-être n'est cité que parce qu'il était unique.

Polybe signale, comme un trait caractéristique de ces générations, l'âpre poursuite des richesses et des honneurs. Ce double objet n'en faisait qu'un. Les richesses conduisaient aux honneurs et les honneurs aux richesses. Il fallait être riche pour acheter les suffrages, pour arriver, par les magistratures, à l'administration des provinces, et il fallait administrer les provinces pour rentrer dans l'argent dépensé, pour réparer les brèches faites aux richesses acquises et pour en acquérir de nouvelles. Viser les richesses et les honneurs, c'était donc une seule et même chose, et il est naturel qu'une oligarchie se soit formée, jalouse d'accaparer les unes par les autres.

La noblesse plébéienne avait gardé le contact avec les classes inférieures tant qu'elle avait eu besoin de leur appui. Elle avait tenu ses rangs ouverts, puisant dans cette réserve des forces incessamment renouvelées. Il n'en est plus ainsi maintenant qu'elle a absorbé le patriciat et qu'elle partage avec lui le gouvernement de la cité. Assez nombreuse pour suffire, avec son concours, au recrutement, sinon du Sénat tout entier, du moins des plus élevées parmi les diverses catégories de sénateurs, elle a renié ses alliés de jadis pour se liguer avec ses anciens adversaires et monter avec eux une garde vigilante autour des avenues du pouvoir. Une obstruction complète n'eût pas été possible. Mais si les nobles permettaient aux nouveaux venus l'accès des magistratures secondaires, ils faisaient de leur mieux pour s'assurer la majorité parmi les sénateurs curules, et l'on sait que c'étaient ces derniers qui dirigeaient l'assemblée. Surtout ils entendaient se réserver le consulat. Il n'était pas nécessaire pour cela de toucher à la constitution. Les moyens dont ils avaient toujours disposé pour agir sur les élections étaient rendus plus efficaces depuis les changements survenus dans la composition et les tendances des comices, et d'ailleurs il est juste de rappeler ici la popularité que leur avaient value les qualités éminentes déployées dans la conquête de l'Italie et la crise des guerres puniques.

Un coup d'œil sur les *Fastes* nous fera saisir les progrès de cet exclusivisme. Tandis que, dans les cinquante ans écoulés entre 292 et 242, nous comptons encore douze familles parvenues pour la première fois à la magistrature suprême, dans le demi-siècle suivant, nous n'en trouvons plus que cinq. L'élection de Caton pour 195 fut un événement extraordinaire, comme le sera plus tard celle de Marius pour 107. Et ce que Salluste dit à propos de Marius, on peut le dire dès à présent : « La noblesse se transmettait le consulat de main en main. Tout homme nouveau, quel que fût l'éclat de sa renommée et de ses services, était réputé indigne et comme souillé par la tache de sa naissance. »

Une manifestation notable de cet état d'esprit fut la décision des censeurs de 194 assignant aux sénateurs des places spéciales dans les jeux scéniques. On fut choqué de cette mesure où s'affichait trop ouvertement la morgue de la noblesse. D'autres indices témoignent de cet orgueil croissant, la multiplicité des triomphes immérités devenue un véritable scandale, les trophées étalés dans les demeures particulières, rappelant des victoires trop souvent imaginaires, les surnoms commémoratifs de peuples vaincus transmis héréditairement, Africanus, Asiaticus, les statues dont la multitude encombrait le Forum au point qu'il fallut décréter la suppression de toutes celles qui n'avaient pas été autorisées.

La même scission, qui se produit entre la noblesse et le peuple, se produit au sein de la noblesse entre les familles qui la composent. De même que la noblesse tend à se séparer du peuple, de même certaines familles tendent à se constituer une situation privilégiée, au-dessus du niveau commun.

Cinquante-cinq familles, tant patriciennes que plébéiennes, se partagent les consulats disponibles dans le siècle antérieur au tribunat de Tiberius Gracchus, de 233 à 133. Sur ces 55 familles, les Cornelii fournissent 23 consuls dont la seule branche des Scipions 13, les Æmilii, les Fulvii 11, les Claudii Marcelli, les Postumii 9, les Sempronii 8, les Claudii, les Fabii, les Servilii, les Valerii 7, les Manlii 6, etc. Soit 11 familles sur 55 prenant à elles seules 105 consulats sur 200, plus de la moitié, et, sur ces 11,6 en prenant 71, plus du tiers.

A la vérité, le fait en lui-même n'est pas nouveau. La répartition des consulats dans le siècle précédent n'est pas très différente de celle-ci. Ce qui est nouveau, ce n'est pas la prééminence de certaines familles, c'est l'esprit dont ces familles sont animées, ce sont leurs allures incompatibles avec le bon ordre de l'Etat.

Le Sénat était arrivé à l'apogée de sa puissance. Les nécessités créées par l'extension de l'empire l'avaient investi d'une sorte de dictature. Les comices, conscients de leur incapacité, avaient comme abdiqué entre ses mains. Mais le moment où il dirige tout au dehors est précisément celui où il cesse de se diriger lui-même. Il ne sait plus se faire obéir de ses propres membres. Il se heurte aux ambitions individuelles, soutenues par les menées égoïstes des coteries rivales.

Le temps n'est plus des guerres à petite distance, des courtes campagnes, des courts commandements où il tenait les généraux dans sa main. Déjà, pendant les guerres du Samnium, il avait fallu, par les *promagistratures*, prolonger les magistratures au delà du terme annuel. Mais alors les proconsuls, les propréteurs opéraient en Italie même, sous les yeux du Sénat, sous sa surveillance directe. Maintenant, dans les pays lointains où les transportait le progrès de la conquête, ils échappaient à ce contrôle, ils prenaient des habitudes d'initiative, d'indépendance dont ils ne savaient plus se défaire. Ils rentraient à Rome entourés d'un prestige extraordinaire. Ils avaient soumis d'immenses territoires et les avaient gouvernés avec une autorité absolue. Ils avaient vu à leurs pieds les cités, les royaumes, les dynasties. Ils laissaient derrière eux, dans leurs provinces, toute une clientèle. Ils restaient les patrons naturels des vaincus, appelés à régler leurs affaires, à trancher leurs différends, à plaider leurs causes, à présenter leurs suppliques. Ils apparaissaient ainsi à des nations entières comme de véritables souverains. La richesse des dépouilles racontait toutes ces choses au peuple ignorant. Scipion avait rapporté d'Afrique 123.000 livres d'argent et assuré au Trésor, par le tribut imposé à Carthage, un revenu annuel de 200 talents (1.200.000 fr.). Quinctius Flamininus avait exhibé 18.000 livres d'argent en barre, 270.000 livres d'argenterie, 3.714 livres en or, sans compter le tribut annuel de 50 talents (300.000 fr.). Plus merveilleux encore furent les triomphes de Scipio Asiaticus, de Fulvius Nobilior, de Manlius Vulso, de Paul-Emile. Il était inévitable que des hommes portés à cette hauteur eussent peine à rentrer dans le rang et qu'on eût peine à les y faire rentrer.

Les faits d'insubordination ne se comptent plus. En 184, Fulvius Flaccus étant édile désigné se met en tête de briguer la préture, bien qu'il soit interdit, quand on est désigné pour une magistrature, d'en briguer une autre. Le consul voudrait écarter sa candidature, mais les Fulvii sont puissants. Il n'ose prendre cette responsabilité et il en réfère au Sénat. Le Sénat, de son côté, n'ose rien décider et il en réfère au peuple. Finalement, on s'arrête à un moyen terme. On suspend l'élection : c'est tout ce qu'on ose faire. D'autres cas sont plus graves. On a vu les guerres de pillage entamées en 189 par Manlius Vulso, en 173 par Popillius Lænas. Le Sénat s'est ému de ces actes de brigandage où, ce qui le choque le plus, c'est son autorité méconnue. Popillius se rit de ses menaces et de ses lettres de rappel. Manlius a l'effronterie de solliciter le triomphe et il finit par l'obtenir, grâce aux intrigues du clan des Manlii. App. Claudius Pulcher, qui, en 143, avait procédé contre la population alpestre des Salasses comme Popillius contre les Statellates, comme Manlius contre les Galates, ne réussit pas comme ce dernier à vaincre les résistances des honnêtes gens, mais il en fut quitte pour triompher à ses frais, en grande pompe, malgré le Sénat et les tribuns.

Ce qu'on voit poindre à l'horizon, comme une conséquence lointaine de ces nouvelles mœurs, ce qui apparait dès lors aux contemporains comme une vague menace, c'est la tendance monarchique. Elle se personnifie dans la plus grande figure du temps, P. Cornelius Scipio l'Africain. Il appartenait à cette famille patricienne des Cornelii Scipiones qui depuis deux siècles tenait le premier rang dans la noblesse. C'était un homme d'une haute intelligence, très séduisant, avec un mélange de charlatanisme qui s'accusait surtout dans l'étalage de son zèle religieux. De bonne heure, il réussit à se mettre hors de pair. En 213, âgé de vingt-deux ans, il se présente à l'édilité et est élu. Il consolide sa popularité par la magnificence de ses jeux, si bien qu'en 211, contrairement à tous les précédents, il est élu par les comices tributes proconsul pour l'Espagne. Le Sénat, qui n'avait point trouvé de candidat pour ce poste périlleux, laissait faire. Il n'intervint que pour proroger le jeune proconsul pendant six ans. Scipion donne en Espagne la mesure de ses talents. Il y fonde la domination romaine; les députés des nations ibériques le saluent du titre de roi. En 206, il revient briguer le consulat au milieu d'une affluence de peuple accouru pour acclamer le héros. Consul en 205, il propose de porter la guerre en Afrique. Mais déjà il est suspect. Le parti conservateur, qui s'était retranché derrière une objection de pure forme pour ne pas lui accorder le triomphe, — il était promagistrat, et il était de règle alors que le triomphe ne fût accordé qu'aux magistrats en fonctions, — se montra décidément hostile à cette entreprise audacieuse pour des raisons d'ordre politique autant que militaire. Mais ce que le Sénat lui refusait, Scipion menaçait de le demander au peuple. On s'en tira par un compromis. Scipion, au lieu de la province d'Afrique, eut la Sicile, ce qui était une manière détournée de lui donner satisfaction sans en avoir l'air, car il était sous-entendu que dans ce poste il restait libre de préparer son expédition africaine. Là encore sa conduite inspira des soupçons. Il se donna une garde personnelle et compromit la discipline par ses complaisances envers les soldats. Les choses en vinrent au point que le Sénat se décida à ouvrir une enquête. Tout cela s'effaça devant la victoire de Zama. A trente-trois ans, il était l'arbitre de l'État, censeur en 199, et, à partir de cette date, prince du Sénat. Son influence à ce moment subit une éclipse, contrariée par la fortune des Quinctii dont le principal représentant, L. Quinctius Flamininus, s'illustrait par la soumission de la Macédoine et de la Grèce. Mais, en 190, il obtint la direction de la guerre contre Antiochus pour son frère Lucius, un incapable auquel il devait servir de lieutenant, de manière à conduire les opérations à sa place. Cette politique dynastique fut vivement attaquée : « Ce qu'il veut, disaient ses ennemis, c'est démontrer à la Grèce, à l'Asie, à toutes les nations, ce qu'il a depuis longtemps démontré à l'Espagne, à la Gaule (Scipion consul pour la seconde fois en 194 avait conduit quelques opérations dans la Gaule cisalpine), à la Sicile, à l'Afrique, qu'un seul homme est la tête, le soutien de l'empire, que Scipion couvre de son ombre la cité maîtresse du monde, qu'un signe de lui tient lieu des décrets du Sénat et des volontés du peuple ». C'est alors que se produisit le mouvement de réaction conduit par Caton. Lucius Scipion, convaincu de malversation, fut condamné. Publius, impliqué dans le même procès et accusé par-dessus le marché, sans doute bien à tort, de transactions louches avec Antiochus, le prit de haut et refusa de plaider sa cause, « trop fier et trop favorisé de la fortune pour s'abaisser jusque là ». En d'autres termes, il se mit au-dessus de la loi. Mais, pour échapper à une condamnation, il dut se retirer dans un exil volontaire d'où il ne sortit plus.

Le Sénat voyait le mal et il en discernait la cause. Par là s'explique la direction imprimée à la politique extérieure. Il ne voulut pas, en formant des provinces nouvelles, constituer à l'état permanent les grands commandements où s'exaltait l'orgueil et se développait la puissance des proconsuls. C'est pourquoi à l'annexion il préféra le protectorat qui, sans occupation directe, sans intervention continue, lui paraissait garantir suffisamment le maintien de sa domination. Il suivit cette méthode pendant un demi-siècle avec une ténacité singulière. Il ne garda pas un pouce de terre en Afrique après Zama. Après Cynoscéphales, la Macédoine et la Grèce étaient sans défense : il n'y avait qu'à les prendre. Néanmoins, elles restèrent indépendantes. Après la défaite d'Antiochus, on lui enleva les territoires qu'il possédait en deçà du Taurus, mais pour les partager entre les rois et les cités alliés. Après Pydna, on détrôna Persée, on dépeça son royaume, et on s'en tint là. Ce fut le dernier acte d'une politique, sage sans doute, mais qui ne pouvait se soutenir indéfiniment : elle contrariait trop violemment les ambitions et les convoitises des généraux ; elle tenait trop peu de compte des tentations de la victoire, de l'enivrement du triomphe, de la vanité nationale surexcitée, de la « passion impérialiste »; et enfin on lui reprochait, non sans quelque raison, de compromettre l'avenir en laissant à l'ennemi abattu le temps et les moyens de refaire ses forces et de préparer sa revanche. Elle fut définitivement condamnée, après 146, quand la renaissance de Carthage et le soulèvement de la Grèce en eurent démontré le danger, et dès lors Rome, par une sorte de fatalité, marcha du même pas vers l'empire universel et vers la monarchie.

Le Sénat avait un autre motif pour s'opposer à la politique d'annexion. Il se sentait mal outillé pour l'occupation de pays étendus. Il ne disposait ni d'une armée permanente ni d'un personnel administratif suffisant, et il n'entendait rien changer au système pratiqué jusqu'alors dans le domaine militaire et gouvernemental. Une armée permanente eût été une armée de métier, redoutable entre les mains de ses chefs, et la multiplication des magistrats eût ouvert une brèche dans les privilèges de la noblesse en offrant un plus large débouché aux hommes nouveaux.

En 180 se place la loi Villia qui fixa, pour la première fois, un ordre et un minimum d'âge pour l'obtention successive de la questure, de la préture et du consulat. Désormais, on ne put prétendre à la première de ces magistratures avant l'âge de vingt-huit ans, à la seconde avant quarante ans, à la troisième avant quarante-trois, et de plus on dut laisser entre chacune d'elles un intervalle de deux ans. La loi Villia fut complétée en 151. Depuis 342, une loi, d'ailleurs non observée, avait décidé qu'on ne pourrait exercer une seconde fois une même magistrature, sinon après dix ans. On renforça cette disposition en interdisant d'exercer le consulat plus d'une fois.

Ces lois étaient une précaution prise par la noblesse contre elle-même. En empêchant les mêmes hommes d'exercer trop souvent les mêmes magistratures, et surtout en ne permettant qu'une fois l'accès de la plus haute, elle visait à supprimer dans son sein les individualités trop puissantes, menaçantes pour sa propre autorité. Mais ces lois ne furent pas plus observées que celle de 342, sinon par les personnages secondaires en vue desquels elles n'étaient point faites. Elles avaient cet inconvénient de paraître porter atteinte à la souveraineté populaire, considérée maintenant comme maîtresse de ses choix. Parmi les infractions dont la liste serait longue il suffira d'en citer une, justifiée d'ailleurs par les mérites du candidat et consentie par le Sénat, mais d'autant plus remarquable qu'elle suivit de très près la loi de 151. Scipion Emilien, sans avoir été questeur ni préteur et âgé seulement de trente-six ans, fut élu consul pour 147 et une deuxième fois pour 134.

Une autre loi, conçue dans le même esprit, ne fut pas plus efficace. Elle devait refréner dans les classes supérieures la course furieuse vers la richesse et elle n'y réussit pas, mais en revanche elle eut des conséquences à longue portée dont la République fut troublée dans toute la suite de son histoire. Ce fut la loi Claudia de 219, d'où date la formation d'une oligarchie financière en opposition et finalement en antagonisme avec l'oligarchie politique ou sénatoriale.

C'était l'usage que l'Etat procurât par l'intermédiaire des particuliers les services qui lui incombaient. En d'autres termes, son procédé était celui du fermage. Tous les cinq ans, les censeurs, réglant le budget des recettes et des dépenses, ouvraient une double série d'adjudications. En ce qui concerne les dépenses, travaux publics, transports, fournitures militaires et de toute sorte, ils passaient marché avec ceux qui s'en chargeaient au plus juste prix. En ce qui concerne les recettes, perception de l'impôt, des douanes, location du domaine, exploitation des mines, des salines, etc., ils donnaient naturellement la préférence aux plus offrants. Il appartenait aux adjudicataires de mesurer d'avance leur bénéfice en calculant ce qu'ils pouvaient prélever de la somme allouée par l'Etat ou de celle qu'ils devaient toucher, tout en se conformant aux obligations spécifiées dans le cahier des charges et dont la stricte exécution était surveillée par les censeurs ou par les magistrats qui les suppléaient dans l'intervalle de leurs fonctions, sans préjudice de l'intervention du Sénat, toujours maître de modifier ou de casser le contrat s'il le jugeait onéreux pour le Trésor.

L'intérêt de l'Etat était évident. Il réduisait ses soins et ses frais et de plus, d'une part, pour les recettes, il disposait tout de suite de ressources considérables, et de l'autre, pour les dépenses, il suffisait à sa besogne sans avoir immédiatement à délier sa bourse. Des adjudicataires, les uns devaient lui verser, sur-le-champ, totalement ou partiellement, le montant prévu pour le rendement de l'impôt ou de la location du domaine, sauf à opérer ensuite les rentrées pour leur propre compte, les autres devaient livrer leurs fournitures et procéder à l'exécution de leurs travaux sans attendre le versement convenu. Les adjudicataires de leur côté réalisaient de gros profits. Dans une société qui ne connaissait ni le grand commerce ni la grande industrie, ces entreprises étaient les seules qui ouvrissent à l'esprit de spéculation de vastes perspectives, de plus en plus vastes à mesure que la conquête multipliait les besoins de l'État et ses revenus.

La noblesse s'y était jetée avec ardeur, mais il y avait d'excellentes raisons pour le trouver mauvais. Sans parler du vieux préjugé d'après lequel tout trafic était considéré comme incompatible avec la dignité sénatoriale, il était choquant de voir le Sénat, dans la personne de ses membres, s'associer à des opérations soumises à son contrôle, et se constituer ainsi, à l'occasion, dans la même cause, juge et partie. Ce fut sans aucun doute le principal et, en tout cas, le meilleur des arguments invoqués par le tribun Q. Claudius en faveur de la loi qui porte son nom. Il n'était d'ailleurs qu'un instrument : il agissait sous l'inspiration du premier des grands adversaires de la noblesse, un des premiers hommes d'Etat qui se soient rendu compte de la nécessité d'une réforme, C. Flaminius. De la loi Claudia, Tite-Live ne nous fait connaître qu'un article interdisant aux sénateurs et aux fils de sénateurs de posséder des navires jaugeant plus de 300 amphores (8.000 litres environ), c'est-à-dire capables de transporter autre chose que le produit de leurs propriétés privées, italiennes ou provinciales, et il est possible que pour commencer on s'en soit tenu là, mais il est certain, comme on le voit par les faits, que cet article fut complété, tout de suite ou un peu plus tard, par une disposition plus large écartant les mêmes personnages de toute participation aux entreprises adjugées par les censeurs. Le Sénat protesta, mais contraint de subir la loi votée malgré lui par les comices tributes, il s'ingénia à la tourner et y réussit. Les sénateurs n'eurent pour cela qu'à s'abriter derrière des prête-noms ou à faire valoir leurs fonds dans les entreprises où ils ne pouvaient figurer ouvertement et dont la direction avait passé en d'autres mains.

Au-dessous du Sénat venait la classe des *chevaliers*, comprenant les citoyens qui faisaient partie des dix-huit centuries équestres et, par extension, tous ceux qui, étant inscrits dans la première catégorie du cens, étaient admis à servir à cheval dans la légion. C'est dans cette classe que se recrutèrent les *publicains*, ainsi appelés parce qu'ils se chargeaient des services publics, si bien que ces deux termes, publicains et chevaliers, finirent par devenir synonymes dans la langue courante. Ils formèrent comme une haute bourgeoisie spécialement vouée aux affaires, et d'autant plus portée à s'y confiner que les dédains de la noblesse lui rendaient plus difficile l'accès des honneurs et en tout cas lui interdisaient, à de rares exceptions près, la grande ambition politique. Pour suffire aux entreprises dont ils prenaient la charge, il fallait un apport dépassant la mesure des fortunes individuelles. Ils en arrivèrent ainsi à constituer des compagnies dont l'organisation rappelle, par ses traits essentiels, celle de nos sociétés financières modernes. En tête les associés proprement dits, les *socii*, les adjudicataires en nom, responsables vis-à-vis de l'Etat, avec un administrateur en chef (*magister*) résidant à Rome et représenté sur place par un administrateur en sous-ordre (*promagister*). Ce haut personnage était renouvelé tous les ans, de telle sorte que l'autorité lui appartenait moins qu'au groupe des associés dont il devait, en des circonstances importantes, convoquer l'assemblée. Au-dessous, la foule des *participes*, des porteurs de parts entières (*partes*) ou fragmentaires (*particulae*), dont il semble bien qu'on peut les assimiler à nos obligataires.

Ce qui faisait la force de ces compagnies, c'est qu'elles embrassaient dans leur réseau la société romaine à tous ses degrés, depuis les nobles, les sénateurs dont elles faisaient fructifier les capitaux jusqu'aux derniers des citoyens qui ne trouvaient pas de meilleur placement pour leur modeste avoir, jusqu'aux employés subalternes qui formaient autour de chacune d'elles une véritable armée. Comme leur champ d'action était différent, elles ne risquaient pas d'entrer en concurrence, et tout au contraire, au lieu de se combattre, elles étaient amenées à se soutenir réciproquement, la participation aux unes n'excluant pas la participation aux autres. Solidaires entre elles, elles l'étaient également des individualités en apparence isolées qui gravitaient dans leur sphère, et notamment des banquiers. Les opérations de banque tenaient une très grande place dans le mouvement économique et étaient de nature très diverse. Les banquiers (*argentarii*) étaient à certains égards des officiers ministériels. Comme nos commissaires-priseurs, ils procédaient aux ventes par enchères ; comme nos agents de change, très vraisemblablement, ils négociaient les titres. Mais en outre, pour leur propre compte, ils faisaient le commerce de l'argent, rendu très lucratif par l'extrême variété des monnaies répandues dans tout le bassin méditerranéen, et enfin et surtout ils prêtaient à gros intérêts, non pas tant à Rome et dans l'Italie romaine, où les lois contre l'usure, bien que facilement éludées, étaient gênantes néanmoins, mais au dehors, dans les provinces où elles n'étaient pas applicables ; ils empruntaient pour prêter, pour prêter aux particuliers, aux rois, aux principicules que leurs prodigalités avaient mis dans l'embarras et réduits aux abois, aux villes ruinées par le passage des armées et les ravages de la guerre, écrasées sous le fardeau des impôts, des prestations, des exactions de toute sorte. Ils ne formaient pas des sociétés de crédit analogues aux nôtres, sur le modèle des sociétés des publicains. L'Etat, qui avait accordé la personnalité civile à ces dernières, non dans leur intérêt mais dans le sien, en raison des services qu'il en attendait, n'était pas porté à multiplier cette faveur dont il se montra toujours fort avare, et au surplus cela n'était pas nécessaire, les banquiers n'étant très souvent que les mandataires des compagnies qui trouvaient par leur intermédiaire l'emploi de leurs ressources disponibles.

Une fièvre de spéculation s'empara des Romains.

Les causes qui faisaient varier les cours étaient diverses comme les opérations auxquelles on se livrait. Mais c'étaient les accidents de la politique extérieure, une banqueroute royale, une guerre venant à tarir les revenus d'une ou de plusieurs provinces, qui déterminaient les grandes crises. L'irruption de Mithridate dans la province d'Asie, la plus riche et la plus fructueuse de toutes, déchaîna une panique formidable, un « krach », comme nous disons. La spéculation suppose une Bourse, et Plaute nous a laissé de celle qui se tenait dans la capitale une description vivante où il est curieux de retrouver ce que nous connaissons, ce que nous voyons, la même foule bigarrée, bruyante qui emplit de ses clameurs la colonnade de la rue Vivienne, les gros financiers, les hommes considérables, circulant gravement dans la région inférieure du Forum, et tout un monde interlope d'agioteurs de bas étage, tout un monde et tout un demi-monde s'agitant autour d'eux.

Que ces compagnies puissamment riches, plongeant leurs ramifications dans toutes les couches de la population, aient pesé d'un poids très lourd dans la direction du gouvernement, et cela sous un régime qui mettait l'élection à la base de tous les pouvoirs et où l'élection elle-même se réduisait de plus en plus au trafic des voix et des consciences, c'est un fait qui n'a rien de surprenant et qui s'est vu de tout temps, mais jamais peut-être plus nettement et plus crûment qu'à Rome. Les censeurs, ménagers des deniers publics, du moins quand ils prenaient leur devoir à cœur, se heurtaient à des prétentions contre lesquelles ils avaient peine à se défendre, et plus d'une fois, dans le conflit engagé à ce propos, ils se virent trahis par les complaisances coupables de l'aristocratie ou de la multitude. Les marchés passés par Caton, en 184, furent cassés par le Sénat sous le prétexte cynique qu'ils étaient désavantageux pour l'Etat, alors qu'ils avaient valu à l'intègre magistrat les haines féroces des adjudicataires, au point qu'il fut, à leur instigation, accusé devant le peuple par les tribuns et condamné à une forte amende pour avoir mal servi les intérêts qui lui étaient confiés. En 169 les censeurs C. Claudius Pulcher et Ti. Sempronius Gracchus ayant écarté des adjudications quiconque avait pris part aux contrats scandaleux consentis par leurs prédécesseurs, furent eux aussi traduits devant le tribunal populaire, soi-disant pour avoir, dans les débats soulevés à cette occasion, porté atteinte à l'inviolabilité tribunicienne, et il fallut toute l'autorité de Sempronius pour soustraire à une condamnation imminente son collègue, moins considéré que lui et moins sympathique. Tout cela n'était rien auprès des scènes odieuses qui, dès la deuxième guerre punique, avaient montré ce que devenait le patriotisme des trafiquants aux prises avec leurs appétits. Les entrepreneurs de transports maritimes s'étaient fait assurer par l'Etat contre les risques de naufrage et, forts de cette garantie, ils ne reculaient pas devant le crime de baraterie, faisant couler eux-mêmes leurs bâtiments, puis venant réclamer l'indemnité convenue. Le Sénat n'osait sévir, de peur de se brouiller, dans les circonstances critiques où l'on se trouvait, avec l'ordre entier. Pourtant, à la fin, deux tribuns, plus hardis, se décidèrent à poursuivre le plus coupable, un certain Postumius Pyrgensis, mais il réussit à soulever une émeute et il fallut dissoudre l'assemblée pour éviter une collision sanglante.

La rapacité des publicains se donnait libre carrière dans les provinces. Partout où les armes romaines avaient pénétré, ils s'abattaient sur le pays et le mettaient en coupe réglée. Tout était permis contre ces populations sans défense, sous le regard indulgent du gouverneur, terrorisé ou complice. Aussi les publicains, autant et plus que les généraux ambitieux et cupides, ont-ils contribué à vaincre les scrupules du Sénat, à le faire sortir de sa prudente réserve pour le pousser à la politique de conquête, qui fut moins une politique de magnificence qu'une politique mercantile. Le Sénat décidait, mais derrière ses décisions nous saisissons l'action de ces potentats de la finance qui tenaient les fils dans l'ombre et faisaient mouvoir les acteurs du premier plan.

Pourtant, entre les deux ordres l'accord était instable et le conflit ne pouvait manquer d'éclater à la longue. Les préoccupations du Sénat ne pouvaient pas être exactement les mêmes que celles des manieurs d'argent. Par la force des choses, elles devaient embrasser un horizon plus large et tenir compte d'intérêts plus généraux et plus élevés. Il avait mission de veiller à la bonne gestion du Trésor, à la bonne administration de l'empire, et il ne pouvait, sans abdiquer et sans se déshonorer, se dérober entièrement à sa tâche. Au milieu de ses faiblesses, il avait des accès de révolte, des sursauts d'indignation, sous l'impulsion des personnalités honnêtes qui se rencontrèrent toujours parmi ses membres et dont les objurgations véhémentes lui faisaient honte de lui-même. Le point de frottement le plus douloureux était naturellement dans les provinces. C'est là que les sénateurs et les chevaliers se trouvèrent le plus fréquemment aux prises. Si trop de proconsuls et de propréteurs ne demandaient qu'à fermer les yeux sur les méfaits de ces derniers, sauf à recevoir de leur tolérance le juste prix, d'autres essayèrent d'y mettre obstacle. « Il fallait, a dit plus tard Cicéron, une vertu divine pour concilier les intérêts des provinciaux et les exigences des publicains ». Cette vertu, quelques-uns tentèrent de la pratiquer, non sans s'exposer à des vengeances redoutables. Et ceux-là mêmes qui n'avaient pas de ces scrupules mais qui, pillant pour leur propre compte, n'aimaient pas que d'autres en fissent autant de leur côté, de manière à leur disputer leur part de la matière exploitable et corvéable, ceux-là aussi se trouvaient avec leurs concurrents en état d'hostilité. Ces causes de dissentiment qui couvaient depuis longtemps aboutirent à une rupture ouverte quand la loi judiciaire de C. Gracchus eut jeté les sénateurs et les chevaliers en face les uns des autres en enlevant les chevaliers à la juridiction des sénateurs et en imposant aux sénateurs celle des chevaliers. La guerre dès lors fut déclarée, une guerre inexorable qui ébranla la République dans ses fondements et la mena à la ruine.

LIVRE III

LES TENTATIVES DE RÉFORME

CHAPITRE I

La réforme contre le Sénat — Les Gracques

§ 1. Flaminius et Caton. — § 2. Tiberius Gracchus. La loi agraire. — § 3. La question italienne et Scipion Emilien. — § 4. Caius Gracchus. L'omnipotence tribunicienne.

§ 1 — Flaminius et Caton

La grande tentative de réforme qui se produisit dans le courant du IIe siècle avant notre ère eut un précurseur lointain dans la personne de ce C. Flaminius dont il a été question déjà à plusieurs reprises. Il eut le malheur d'être le vaincu de Trasimène (217), et le parti conservateur put tout à son aise assouvir ses rancunes en accablant sa mémoire sous ce souvenir. Ce n'en fut pas moins un homme d'Etat singulièrement clairvoyant qui, au plus bel âge de la République, pressentit quelques-uns des dangers qui pouvaient la menacer dans l'avenir et s'efforça de les conjurer. Le premier de son nom qui se fût élevé aux hautes magistratures, il était étranger à la noblesse dont il discerna et essaya de redresser les premières défaillances, et tout près encore de ces classes rurales moyennes dont il voulut maintenir l'ascendant et favoriser l'expansion. Tribun, censeur, consul, toute son activité fut tendue vers ce double objet. Il fut le promoteur de la loi Claudia, destinée à contenir chez les sénateurs l'esprit de lucre dont ils se laissaient envahir, et il eut le courage de la défendre seul dans le Sénat contre tous ses collègues déchaînés. Il rendit aux parties saines de la population la maitrise des comices en refoulant la masse des affranchis et des *humiles* dans les quatre tribus urbaines. Mais surtout il eut ce mérite de reconnaitre le parti qu'on pouvait tirer, à tous les points de vue, des récentes acquisitions opérées au détriment des Gaulois, dans l'Italie du nord et dans la région du Pô, dans la Gaule dite Cisalpine. Si l'établissement de fortes garnisons, au milieu de ces peuplades encore mal soumises, s'imposait au point de vue militaire, d'un autre côté, il y avait là, dans ces plaines fertiles, un vaste débouché ouvert au prolétariat, un terrain à souhait pour la multiplication de petits propriétaires aisés et laborieux. Flaminius reprit, dans cette direction nouvelle, la politique de colonisation interrompue, ou peu s'en faut, depuis environ une trentaine d'années. Etant tribun, en 232, il fit voter une loi réduisant en lots assignables le territoire enlevé aux Sénons dans le Picenum, et l'on ne se trompera pas en attribuant à son initiative la fondation des deux colonies latines de Plaisance et de Crémone réalisée en 218, ainsi que celle de la colonie de Modène, une colonie de citoyens dont Polybe signale l'existence vers la même époque. Ce fut lui encore qui, après avoir étendu la domination romaine en ces pays par les victoires remportées lors de son premier consulat, en 223, se préoccupa, étant censeur en 220, de compléter son œuvre en les reliant à Rome par la route qui a gardé son nom.

De tous les actes de Flaminius, celui qui souleva la plus vive opposition ce fut la loi agraire de 232. Le Sénat usa de tous les moyens pour empêcher le vote. Il fit mine de nommer un dictateur et, en désespoir de cause, finit par susciter contre le tribun récalcitrant son père, comme si l'intervention de la *patria potestas* pouvait être de quelque poids en dehors des affaires privées. Ce qui est remarquable, plus que ces violences intéressées, c'est le jugement sévère formulé par Polybe. Polybe condamne la loi, non seulement parce qu'elle provoqua de la part des Gaulois, inquiets de voir les immigrés romains s'installer à leurs portes, une guerre formidable, mais aussi et surtout parce qu'elle créa un précédent funeste en livrant aux agitateurs démagogiques la libre disposition des domaines et des revenus de l'Etat. Il fait allusion, cela n'est pas douteux, au tribunat de Tiberius Gracchus, dont il a été témoin, de près ou de loin, dans son extrême vieillesse, et il nous rend l'écho des cercles aristocratiques où il a vécu, et notamment du groupe de Scipion Emilien, hostile moins encore au principe de la loi de Gracchus qu'aux illégalités dont elle avait été l'occasion et le prétexte. Le plébiscite Flaminien, valable en vertu de la loi Hortensia malgré l'avis contraire du Sénat, n'était pas illégal. Il est certain toutefois qu'il y avait un danger sérieux à déposséder la haute assemblée de la gestion financière au profit d'une foule irresponsable, inconsciente, toujours facile à entraîner quand on faisait appel à ses appétits. Mais le Sénat lui-même était-il moins accessible aux convoitises matérielles, plus soucieux des intérêts généraux et du bien de l'Etat quand il entendait confisquer au seul profit des nobles et des riches ce qui était la conquête de tous, et était-ce la faute de Flaminius si cette politique égoïste et bornée le contraignait à se passer de son concours, à agir sans lui et contre lui ? Il ne tenait qu'au Sénat de s'associer à ses desseins, et qui sait, s'il y fût entré, s'il y eût persévéré, qui sait s'il n'eût pas prévenu ou atténué la crise terrible qui éclata cent ans après ?

Le péril extérieur réconcilia les partis, puis les destins suivirent leur cours, l'impérialisme porta ses fruits, le mal qu'on n'avait pas voulu étouffer en son germe alla grandissant, et la nécessité d'un remède apparut tous les jours plus pressante. Nous assistons alors, dans les premières années du IIe siècle, à une nouvelle tentative, tentative plus modeste, plus limitée, non de réforme politique et sociale, mais de rénovation morale, effort de la noblesse pour se réformer elle-même, pour revenir aux mœurs et aux vertus antiques. La réaction partait d'une petite élite, moins puissante par le nombre que par l'autorité de ses adhérents, patriotes sincères et probes, effrayés de la corruption croissante de leur caste. A leur tête, quelques-uns des plus beaux noms de la vieille et de la nouvelle Rome, illustres d'une illustration héréditaire et acquise : Ti. Sempronius Gracchus, le père de ceux qui devaient être les Gracques, de la branche des Sempronii Gracchi, la première en dignité des familles plébéiennes, censeur et deux fois consul, une haute et généreuse nature; Paul-Emile, L. Æmilius Paulus, le conquérant de la Macédoine, vigoureux soldat, administrateur intègre, inflexible sur la discipline dans la cité comme sur les champs de bataille; Scipion Emilien, P. Cornelius Scipio Æmilianus, fils de Paul-Emile et petit-fils par adoption de l'Africain, le futur vainqueur de Carthage et de Numance, un grand capitaine et un lettré délicat, le plus parfait exemplaire de la culture grecque entée sur la solidité romaine; tous ces hommes, dissemblables de sentiments et d'humeur, mais rapprochés dans une pensée commune de régénération et de salut, aristocrates d'ailleurs au fond de l'âme, d'opinion comme de naissance, et somme toute ne visant qu'un but, maintenir à la noblesse son empire en l'obligeant à s'en rendre digne, à justifier sa prééminence par ses mérites et ses services. Pourtant ce ne fut pas un noble qui mena la campagne : ce fut un homme nouveau, différent de ces grands personnages beaucoup plus qu'ils ne différaient entre eux, étranger à leur monde par ses habitudes, par ses préjugés autant que par l'humilité de ses origines, et qui néanmoins s'imposa comme un chef par l'ascendant de la volonté, du caractère et du talent.

M. Porcins Cato était né à Tusculum, en 234. Il y passa sa jeunesse dans les intervalles laissés par les exigences du service militaire pendant la deuxième guerre punique, cultivant son bien, âpre à la besogne, dur à lui-même comme aux autres, employant ses loisirs à aider de ses conseils et de son éloquence naissante les plaideurs qui, dans les bourgs des environs, recouraient à ses bons offices, le type du Romain d'autrefois, tel qu'il aimait à se le représenter, tel qu'il s'offrait à son admiration dans la personne déjà légendaire de son compatriote, un des héros de la guerre du Samnium, Curius Dentatus, dont le domaine familial confinait au sien et dont le souvenir, resté vivant dans le pays, exerça sur son imagination un puissant attrait. C'est là qu'un riche propriétaire de ses voisins, le patricien L. Valerius Flaccus, un des membres notables du parti réformiste, ou qui ne tarda pas à le devenir, le remarqua, se prit pour lui de sympathie, le tira de son obscurité pour le produire à Rome, pour le pousser dans la voie des honneurs où très rapidement sa vive intelligence, son infatigable activité le portèrent au premier rang, questeur en 205, à vingt-neuf ans, édile en 199, à trente-cinq, préteur en 198, à trente-six, consul en 195, à trente-neuf, et enfin censeur en 184. Retracer cette carrière qui se prolongea sans lassitude jusqu'à quatre-vingt-cinq ans, ce serait détacher tout un chapitre de l'histoire de la République, et non pas seulement de son histoire politique, mais de son histoire intellectuelle. Caton étonne par la multiplicité de ses aptitudes. Orateur et écrivain, il marque une date dans le développement de la littérature latine. Mais c'est son action politique qui nous intéresse et que nous devons nous contenter de caractériser.

Ses idées sont simples : comme ces populations rurales dont il est issu, il est traditionaliste et conservateur. Ce n'est pas un Flaminius. Assurément il tient pour les classes moyennes ; il ne veut pas que l'accès des magistratures leur soit fermé, ni qu'elles soient dépouillées de leur influence dans les comices. Encore une fois, étant censeur, il reprend la guerre contre les affranchis et les rejette en masse dans les tribus urbaines. Mais il n'est pas l'adversaire du Sénat. Jamais, au plus fort de la lutte, il n'a songé à empiéter sur son domaine au profit des assemblées populaires. Ce qu'il combat en lui, ce sont les vices qui le rongent et les hommes qui incarnent ces vices : c'est contre ces vices et ces hommes qu'il déploie la violence de son tempérament batailleur.

Il s'en prend à l'hellénisme, cause de tout le mal, agent de toutes les nouveautés, dissolvant des mœurs nationales. Il demande l'expulsion des Grecs, des rhéteurs, des philosophes, des médecins dont les raisonnements captieux, les subtilités vaines empoisonnent l'esprit public. Il s'en prend au luxe qu'il essaye d'enrayer par le moyen illusoire des lois somptuaires, par les lois Orchia et Fannia qui fixent les frais des repas et le nombre des convives, par la loi Voconia qui interdit à tout citoyen de la première classe d'instituer une femme pour héritière, par la loi Oppia, une loi déjà ancienne limitant les dépenses de la parure féminine et dont il combat, inutilement d'ailleurs, l'abrogation. Car ce sont les femmes qui, le plus volontiers, se laissent aller au faste, et l'on sait avec quelle verve caustique il stigmatise leur vanité, leur frivolité, leur prodigalité. Affranchies de leur antique sujétion, rendues maîtresses de leur fortune par la suppression de la *manus* et le relâchement de la tutelle, elles usent et abusent de leur liberté récente; elles sont une puissance et le font voir. Battu sur ce terrain, il prendra sa revanche une fois censeur, onze ans plus tard, en majorant la valeur de tous les objets précieux et en les frappant par-dessus le marché d'une sorte d'amende, c'est-à-dire en les soumettant à une taxe triple de la taxe normale. Ce sera sa riposte à l'abrogation de la loi Oppia. Au dehors, il défend, il s'efforce de défendre contre la rapacité des hommes d'affaires et les exactions des gouverneurs les intérêts du Trésor et ceux des provinciaux, nettement opposé à l'impérialisme qui ouvre aux uns comme aux autres un champ trop large et menace de compromettre, avec la solidité des institutions, l'honneur même du nom romain. Il est de ceux qui ne veulent pas, après Pydna, de l'annexion de la Macédoine et qui se prononcent contre l'anéantissement de Rhodes, réclamé à grands cris par les publicains. Et enfin il poursuit de sa haine, de ses accusations répétées, les coteries aristocratiques qui prétendent se placer au-dessus des lois, qui affectent de considérer la République comme leur chose, qui inaugurent cette politique de famille, dynastique et monarchique, dont il ne cesse pas de dénoncer le danger. C'est à la plus puissante d'entre elles, la coterie des Scipions, qu'il s'attaque de préférence, et c'est contre l'Africain qu'il dirige ses coups. Son hostilité datait de loin : elle remontait au temps où, questeur du jeune général en Sicile, il avait été choqué de ses allures indépendantes, de ses airs de souverain. Dès lors, aux conflits d'ordre administratif s'étaient ajoutés des froissements personnels qui laissèrent dans cette âme passionnée une rancune tenace. Elle trouva à se satisfaire une vingtaine d'années après, quand P. Scipion ayant imposé son frère Lucius pour le commandement de la guerre contre Antiochus et s'étant constitué son lieutenant, il put susciter contre l'un et l'autre, pour détournement de fonds et pourparlers suspects avec l'ennemi, cette série de procès qui aboutirent à la condamnation de Lucius et à l'exil volontaire de Publius. Il aurait voulu mieux, et bien que la culpabilité de Publius ne fût rien moins qu'établie, s'il n'eût tenu qu'à Caton, le vainqueur de Zama n'eût pas échappé lui non plus à la flétrissure d'un arrêt juridique. Mais cette fois il était allé trop loin : il se heurta à la résistance de ses propres amis, à l'intervention de Sempronius Gracchus, agissant en vertu de sa puissance tribunicienne, non par sympathie pour l'accusé, mais dans un élan de générosité, et aussi pour empêcher un scandale dont la gloire même de Rome eût été éclaboussée.

La personne de Caton est moins simple que ses idées : il a des inconséquences qui déconcertent. Sans doute, on ne peut pas dire qu'il ait failli à ses maximes dans l'accomplissement de ses devoirs civiques : soldat, il a donné l'exemple de toutes les vertus militaires; administrateur, il a été d'une probité sévère, il a traité avec équité et douceur les populations dont le gouvernement lui était confié. Mais trop souvent, à d'autres égards, ses actes contrastent avec ses paroles. On ne lui reprochera pas d'avoir cédé finalement à l'attrait des lettres grecques après tout le mal qu'il en a dit, et au surplus il en a toujours dit plus de mal qu'il n'en pensait. Il entrait dans ses diatribes sur ce sujet, avec une part incontestable de sincérité, quelque chose de cette manie outrancière qu'il apportait volontiers dans l'étalage de ses opinions. Si d'un autre côté, après s'être opposé tant de fois à l'extension de l'empire, il pousse de toutes ses forces à la destruction de Carthage, ce renouveau de haine contre l'ennemi héréditaire, les alarmes que lui inspire sa prospérité renaissante s'expliquent chez le vétéran des guerres d'Hannibal. On sera moins indulgent pour les écarts de sa vie privée, quand on voit ce prédicateur de morale, déjà vieux, installer sous le toit domestique, à côté de son fils et de sa bru, une esclave, une sorte de servante-maîtresse avec laquelle il entretient un commerce scandaleux. Mais surtout on ne lui pardonnera pas le démenti qu'il s'inflige à lui-même dans les questions d'argent. Très scrupuleux dans le maniement des deniers publics, il ne l'est pas plus qu'un autre quand il s'agit d'arrondir sa fortune autrement qu'au détriment de l'Etat. Le même homme qui donna la chasse aux usuriers et aux publicains est usurier lui-même pour son propre compte et, habile à tourner la loi, pratique, sous le prête-nom d'un affranchi, le commerce maritime interdit aux sénateurs. Apôtre de la vie rurale, ne tarissant pas sur les vertus qu'elle engendre, sur les bienfaits dont elle est la source, il n'est somme toute qu'un capitaliste. Il a été un vrai paysan dans sa jeunesse : il ne l'est plus ; il est le maître qui, de loin en loin, visite ses domaines, qui ne voit dans la terre qu'une matière à spéculation ; il achète des bois, des pâturages, des étangs, des eaux thermales, des emplacements pour foulons ; il renonce à l'agriculture du moment où elle a cessé d'être rémunératrice. Après tout, quoi qu'il en eût et quoi qu'il en dît, il était de son temps ; détaché des champs ou converti à l'hellénisme, il était malgré lui emporté par le courant.

Quand il déposa la censure, on lui érigea une statue

avec cette inscription, « A Caton, pour avoir par de sages ordonnances réformé la République penchant vers sa ruine ». C'était une illusion. Il n'avait rien réformé, rien changé. Les abus qu'il avait cru extirpés ne tardèrent pas à renaître; les hommes qu'il avait frappés relevèrent la tête; la censure de 179 fut une réaction contre celle de 184. Il avait voulu ressusciter le passé, et le passé ne ressuscite pas : il l'avait montré par son propre exemple. Mieux eût valu essayer de comprendre le présent, s'y accommoder, et au lieu de s'opposer aveuglément, brutalement à une évolution irrésistible, la diriger, démêler dans les aspirations nouvelles ce qu'elles avaient de pernicieux et de salutaire, retenir de l'hellénisme épuré ce qu'il apportait d'élevé, d'assimilable au génie romain. Et d'ailleurs, qu'étaient-ce que les méfaits de l'hellénisme ou les fautes mêmes de la noblesse auprès des maux autrement profonds qui minaient la République par la base, désertion des campagnes, extension de la grande propriété, pléthore de la population urbaine, progrès du paupérisme ? C'étaient ces plaies qu'il eût fallu guérir, et pour cela la clairvoyance manqua, ou le courage. Sans doute tout cela ne laissait pas de préoccuper. On revint à la politique de colonisation, telle qu'elle avait été amorcée par Flaminius. Tandis que les colonies fondées en 197, à l'instigation de Scipion l'Africain, ne s'écartaient pas du type traditionnel et étriqué à 300 colons et n'avaient d'autre objet que d'assurer sur la côte où elles s'échelonnaient la perception des douanes maritimes, celles qui se succédèrent les années suivantes, de 191 à 181, sous l'impulsion des Catoniens, étaient d'une tout autre envergure, composées de plusieurs milliers de familles et établies pour la plupart dans cette même région du Pô vers laquelle s'étaient portées les visées du premier parti réformateur. Malheureusement, ce qui peut-être eût été efficace cinquante ans plus tôt ne suffisait plus maintenant ; ce n'était pas de palliatifs qu'on avait besoin.

Un instant, il sembla qu'on allait appliquer le vrai remède, le remède héroïque. Un intime de Scipion Emilien, le plus cher de ses confidents, C. Lælius, élabora, étant préteur en 145, sous les yeux de son illustre patron et ami, et très vraisemblablement sous son inspiration, un projet de loi agraire. Jamais pareille tentative n'eût pu se produire dans des conditions plus favorables, avec plus de chances de succès. On était au lendemain de la chute de Carthage. Scipion revenait d'Afrique avec un prestige immense. Si quelqu'un eût pu imposer aux classes possédantes le dur sacrifice, c'était lui. Il recula devant les difficultés de l'entreprise, devant l'agitation révolutionnaire dont elle devait donner le signal. Lælius garda son projet dans ses papiers. Cette prudence pusillanime lui valut le surnom de Sage. La censure de Scipion Emilien en 142 fut stérile. Elle ne fut après quarante ans que la réédition atténuée de celle de Caton. Il raya quelques sénateurs tarés, il prononça un beau discours pour rappeler le peuple aux vertus d'autrefois, et ce fut tout. Mais, moins de dix ans après, à la fin de 134, Tiberius Gracchus prenait possession du tribunat.

§ 2. — Tiberius Gracchus. La loi agraire.

Tiberius Gracchus était le fils aîné de ce Sempronius Gracchus qui, bien que adhérant aux idées de Caton, s'était séparé de lui dans une circonstance mémorable en passant par-dessus une vieille inimitié pour tendre la main à Scipion l'Africain et l'arracher par son intervention à une condamnation imminente. La réconciliation remontant à cette date avait été scellée, plus de vingt ans après, par son mariage avec la fille du grand homme, jeune encore alors que Sempronius était un homme déjà mûr, arrivé au faîte des honneurs. Tiberius était donc, par sa mère Cornelia, petit-fils de l'Africain, et comme ce dernier avait épousé Æmilia, sœur de Paul-Emile, il se trouvait être en même temps petit-neveu du vainqueur de Pydna, cousin de son fils Scipion Emilien, et par le mariage de Scipion Emilien avec sa sœur Sempronia, son beau-frère. Il appartenait ainsi à l'élite de l'aristocratie romaine, se rattachant d'ailleurs plus étroitement à ce groupe d'esprits distingués, honnêtes, timorés, qui sentaient la nécessité d'une réforme, mais n'osaient aborder résolument le problème. Tiberius osa. Il était poussé dans cette voie par sa mère, une femme d'un grand cœur et d'une grande intelligence qui, tout en conservant un culte pieux à la glorieuse mémoire paternelle, avait adopté sans réserve les idées de son mari et les avait même dépassées. Elle lui avait donné pour maîtres deux Grecs, le rhéteur Diophane, de Mytilène, et le philosophe stoïcien Blossius, de Cumes. Ces deux hommes exercèrent sur leur élève une influence décisive. Blossius entra dans les projets de Tiberius ou, peut-être, les lui suggéra, et en tout cas, le soutint de ses conseils durant la lutte et lui resta fidèle après la défaite et par delà la mort, impliqué dans les poursuites dirigées contre ses partisans. Les philosophes grecs ne se confinaient pas dans la spéculation. C'étaient des hommes d'action en même temps que des penseurs, préoccupés des questions politiques et sociales. Il y avait un siècle environ que, sous la même impulsion, sous l'inspiration du stoïcien Sphæros, le roi Agis avait tenté de régénérer Sparte en mettant un terme à la monstrueuse inégalité des fortunes, telle qu'elle s'était développée en dépit de la législation de Lycurgue. La révolution avait glissé dans l'anarchie et le sang, mais elle avait eu d'admirables débuts. Un souffle puissant d'idéalisme avait traversé les plus nobles éléments de la haute société lacédémonienne. On avait vu toute une jeunesse enthousiaste, et au premier rang les femmes, faire abandon de ses biens sur l'autel de la patrie. Et peut-être Tiberius, dans sa juvénile ardeur, dans sa confiance naïve, attendait-il de ses compatriotes un égal désintéressement.

Caius Gracchus raconta plus tard comment son frère, traversant l'Etrurie en 137 pour se rendre en Espagne où l'appelaient ses fonctions de questeur, conçut la première idée de son entreprise à l'aspect de ce pays désolé où il ne rencontrait, au lieu de travailleurs libres, que des esclaves. Ce qu'il vit en Espagne ne put que le confirmer dans ces dispositions. Il vit la décadence de l'armée, l'insuffisance des effectifs appauvris par la diminution de ces classes moyennes où ils ne cessaient pas de se recruter en majeure partie, l'infirmité du commandement entre les mains d'une oligarchie incapable et corrompue. Enveloppé dans la capitulation de son consul Hostilius Mancinus, menacé d'être livré avec lui à l'ennemi quand le Sénat eut trouvé ce moyen de mettre sa conscience à l'aise en répudiant la honteuse et désastreuse convention, il dut son salut aux sympathies populaires qui déjà se portaient de son côté, en souvenir de son père et en raison de sa bravoure, de ses talents et de l'attente qu'il excitait. Les plans qu'il méditait dès ce moment et qu'il mûrit pendant les années qui suivirent trouvaient dans un événement grave qui se produisait précisément à cette époque une justification frappante et imprévue. En 141 avait éclaté la révolte des esclaves de Sicile. Elle avait commencé par un simple mouvement local, à

Enna, et s'était étendue rapidement à l'île entière. Deux cent mille révoltés tenaient la campagne. Ils avaient battu successivement quatre préteurs, si bien qu'il avait fallu envoyer contre eux deux consuls, le consul Fulvius Flaccus en 134, et le consul Calpurnius Piso en 133, l'année même du tribunat de Tiberius. C'est en 132 seulement qu'on se rendit maître de cette formidable insurrection. L'esclavage était un aspect du mal qui rongeait la République : aucune circonstance ne pouvait venir plus à propos pour démontrer l'urgence du remède.

Plutarque nous a rendu l'écho des harangues qui révélèrent en Tiberius le plus puissant des orateurs et des agitateurs. Il s'adressa franchement au peuple, ne craignant pas de soulever ses passions, d'étaler à ses yeux ses griefs et ses souffrances : « Les bêtes sauvages ont leurs tanières, et ceux qui meurent pour la défense de l'Italie n'ont d'autres biens que l'air qu'ils respirent. Sans toit où s'abriter, ils errent avec leurs femmes et leurs enfants. Les généraux les trompent quand ils les exhortent à combattre pour les temples de leurs dieux, pour les tombeaux de leurs pères. De tant de Romains en est-il un seul qui ait son autel domestique, son tombeau familial ? Ils ne combattent, ils ne meurent que pour nourrir l'opulence et le luxe d'autrui. On les appelle les maîtres de l'univers et ils n'ont pas en propriété une motte de terre ».

Jamais les justes revendications de la foule misérable n'ont trouvé à leur service une éloquence plus entraînante. C'est le cri des déshérités de tous les temps qui retentit dans ces paroles enflammées. Pourtant, il ne faut pas s'y méprendre : l'homme qui, du haut de la tribune, les jetait à l'assistance frémissante du Forum, n'était pas un démocrate. S'il a été l'initiateur du mouvement démocratique, s'il a dû s'appuyer sur le peuple contre le Sénat et déplacer l'autorité au profit de l'assemblée populaire, s'il a porté ainsi aux institutions fondamentales de la République une atteinte irréparable, ce fut, on peut le dire, malgré lui, contraint par la force des circonstances, emporté par les nécessités de la lutte, contrairement à ses intentions premières et à son but véritable. Il ne voulait pas ébranler la constitution, mais la maintenir, la consolider en la raffermissant sur sa base, sur le solide et large support des classes moyennes et rurales reconstituées. Il ne voulait pas faire du prolétariat l'arbitre de l'Etat, mais supprimer le prolétariat en faisant de chaque prolétaire un propriétaire.

Le temps était passé où l'on pouvait pourvoir aux besoins des pauvres en leur distribuant les terres conquises en Italie. Il n'y avait plus en Italie de terres vacantes à distribuer. Les terres conquises avaient reçu leur destination. Elles étaient devenues propriété privée à la suite des assignations individuelles et de la fondation des colonies, ou bien elles avaient formé les vastes domaines dont les possesseurs s'étaient mués en propriétaires de fait. Ce qui restait de terres publiques, louées tous les cinq ans par les censeurs, était peu de chose: Sans doute, les terres disponibles ne manquaient pas en dehors de l'Italie. Mais transplanter des citoyens en dehors de l'Italie, au delà des mers, c'était une idée qui ne venait encore à personne. La hardiesse était grande déjà de les transporter dans la Cisalpine, et elle ne pouvait se soutenir que dans certaines limites. Outre que l'empressement était médiocre pour ces postes dangereux en plein pays ennemi, on n'admettait pas volontiers qu'un citoyen fût assez détaché de Rome, relégué assez loin pour n'y pouvoir à l'occasion exercer ses droits politiques, et bien que cette conception, déjà surannée, ne répondît plus à la réalité présente, bien qu'elle fût passée de plus en plus à l'état de fiction depuis l'extension du droit de cité à toute l'Italie centrale, elle s'imposait encore aux esprits et nul ne songeait à s'y soustraire trop ouvertement. Si donc il était impossible d'établir les citoyens en dehors de l'Italie, il ne restait en Italie même qu'à les établir sur les terres usurpées par les riches.

De la loi Sempronienne nous ne connaissons que quelques dispositions essentielles. Se référant à l'ancienne loi qui avait limité à 500 jugères les occupations du domaine public, elle reprenait cet article en y apportant les atténuations suivantes : 1° en plus de ces 500 jugères, il devait être laissé à l'occupant, pour chaque fils, un excédent de 250 jugères; 2° la portion du domaine public ainsi concédée l'était à titre définitif; en d'autres termes, la possession devenait propriété; 3° pour la portion dont ils étaient dépossédés et pour la plus-value, les possesseurs recevaient une indemnité. La partie du domaine public qui faisait ainsi retour à l'Etat devait être convertie en lots assignables à des citoyens pauvres, sous cette réserve qu'ils ne pourraient pas les vendre et qu'ils paieraient une redevance. L'interdiction de la vente était nécessaire si l'on voulait faire œuvre durable. Les prolétaires, déshabitués du travail agricole, auraient pu succomber à la tentation de liquider leur bien et de retourner manger le produit à Rome. Il fallait les défendre contre eux-mêmes, et aussi contre les sollicitations de leurs riches voisins. La redevance affirmait le droit éminent de l'Etat. Il reprenait le lot au cas où, par déshérence ou pour toute autre raison, ce lot venait à devenir vacant, et il le cédait à un nouveau propriétaire. Il prévenait ainsi la reconstitution des grandes propriétés. Un article accessoire réservait certaines portions du domaine public particulièrement fructueuses, telles que le territoire campanien, l'*ager campanus*, devenu *ager publicus* depuis la deuxième guerre punique, pour punir les habitants de leur défection. Elles étaient exceptées du partage de manière à assurer au Trésor une source de revenus en Italie si, par hasard, ceux qu'il tirait des provinces venaient à manquer. L'exécution de la loi était confiée à une commission de trois membres (*triumviri agris dandis assignandis*), élue tous les ans par les comices tributes. Elle devait procéder à la répartition des terres et trancher tous les litiges qui pouvaient s'élever à ce sujet.

Cet exposé sommaire, dont il faut se contenter, laisse en suspens bien des questions. Par exemple, sur quels fonds prendrait-on les indemnités? Que ferait-on de cette masse d'esclaves employés sur les terres reprises par l'Etat et attribuées à des citoyens? Il est à croire que ces points étaient réglés. Comment? Nous l'ignorons. Ce que nous savons, c'est que la loi avait été rédigée très soigneusement. avec la collaboration de P. Mucius Scævola, le plus grand jurisconsulte du temps.

La loi était juste. Il n'y avait pas de prescription contre l'Etat. Elle était modérée. L'Etat ne revendiquait pas son droit tout entier. Il ne réclamait qu'une partie de ce qui lui était dû et, de plus, il offrait une compensation. Mais juste en principe, modérée dans l'application, était-elle équitable et pratique?

Parmi les arguments que lui opposaient ses adversaires, on peut en écarter un qui devait produire un certain effet, parce qu'il était d'ordre sentimental et faisait appel à des scrupules religieux. Ils allaient répétant que sur les terres dont on voulait les déposséder ils avaient leurs tombeaux de famille. Mais on pouvait réserver les espaces restreints affectés à cet usage, ainsi qu'on faisait toutes les fois qu'il y avait aliénation de propriétés privées. Les autres objections étaient plus sérieuses.

Il n'y avait pas de prescription en droit, mais il y avait prescription en fait. L'Etat, qui depuis tant d'années avait renoncé à la redevance, était-il autorisé maintenant à exhumer un titre périmé? Des générations s'étaient succédé. Les biens usurpés sur le domaine avaient fructifié par le travail accumulé. Ils avaient passé de main en main. Ils avaient été transmis par héritage; ils avaient été aliénés, totalement ou partiellement, par legs, par constitution de dot, par donation, par vente; ils avaient été engagés pour dettes. Créanciers, héritiers, légataires, acquéreurs, possesseurs, tous se croyaient garantis : tous étaient de bonne foi. Etait-ce leur faute si l'Etat les avait retenus dans leur erreur, et la négligence dont il s'était rendu coupable, était-ce à eux à en payer les frais? On parlait de les indemniser, mais comment évaluer les sommes absorbées en bâtisses, en plantations, en améliorations de toute sorte? Et comment se retrouver dans l'enchevêtrement des propriétés publiques et privées? Les pièces étaient perdues ou d'une interprétation contestable. Des procès à n'en plus finir, des chicanes, des ruines, une confiscation générale sous prétexte de restitution, un bouleversement complet des fortunes, telles devaient être les suites de cette loi néfaste.

Ce qu'on pouvait répondre, nous le devinons. La question des indemnités était du ressort de la commission triumvirale qui s'acquitterait de sa tâche en conscience, et quant à la démarcation entre la propriété publique et la propriété privée, elle n'était pas si difficile à tracer. Les propriétés privées étaient soumises à l'impôt foncier ou *tributum*, tandis que les terres occupées devaient ou étaient censées devoir la redevance, le *vectigal*. Or, l'Etat d'une part, les occupants de l'autre, étaient également intéressés à prévenir la confusion, l'Etat pour ne pas laisser tarir ce qui lui restait de revenus en Italie, depuis que le *vectigal* ne rendait plus, les occupants pour maintenir leurs occupations libres de toute charge en les dérobant au *tributum* dont elles étaient menacées, une fois assimilées aux propriétés privées. C'est pourquoi, quarante ans plus tôt, en 173, le consul Postumius Albinus avait pu opérer la délimitation en Campanie, affirmant ainsi et faisant prévaloir le droit de l'Etat. Il est vrai que le *tributum* n'était plus perçu depuis que le Trésor s'était enrichi du butin levé en Macédoine, en 167, mais il y avait de cela trente-quatre ans seulement et les registres des censeurs étaient là, qu'il était facile de consulter. Quand donc les possesseurs excipaient de leur bonne foi, ils étaient dans leur rôle, mais il ne tenait qu'à eux de savoir ce qu'il en était, et quand ils soutenaient que la loi des 500 jugères était tombée en désuétude, ils avaient raison sans doute, mais elle n'était pas oubliée : nous en avons la preuve par une allusion de Caton, dans un discours prononcé précisément en cette année 167[1].

La réforme ne pouvait aboutir que par un effort héroïque de bonne volonté. Si jamais Tiberius avait compté sur ce miracle, il fut vite détrompé. Ce fut tout de suite, de la part des intérêts lésés, une révolte formidable. Il avait pu convertir quelques sénateurs, de ses intimes et de ses proches, son beau-père, l'ancien consul et censeur, prince du Sénat, App. Claudius Pulcher; le beau-père de son frère Caïus, P. Licinius Crassus Mucianus, le grand pontife; et enfin l'un des deux consuls de l'année, frère du précédent, P. Mucius Scævola, le jurisconsulte éminent qui avait collaboré à la rédaction de la loi[2]. Ce n'était qu'une

1. Voir plus haut, p. 83.
2. Le grand pontife, adopté par P. Licinius Crassus, cos. en 175, avait, suivant l'usage, pris les noms de ce dernier en y ajoutant son *gentilicium* originel Mucius, transformé en *cognomen* (Mucianus).

minorité, imposante par l'autorité de ces hauts personnages, et tout à fait insignifiante par le nombre. Dans son entourage même, parmi ses familiers et ses parents, il trouvait plus d'adversaires que d'adhérents. Scipion Emilien était absent : il était parti pour le siège de Numance, mais ses sentiments étaient connus. Ælius Tubero, un petit-fils de Paul-Emile, neveu d'Emilien et cousin, par conséquent, de Tiberius, son compagnon de jeunesse, jusqu'alors son ami, était au premier rang des opposants. De même Lælius, « le sage » Lælius. C'étaient ses idées d'autrefois qui prenaient corps et devant lesquelles il reculait épouvanté. Dans ces conditions, il était bien difficile de solliciter la ratification du Sénat. Tiberius se dispensa de cette formalité et porta directement son projet devant le peuple. La procédure, bien qu'anormale, n'était pas sans exemple, et elle n'avait rien que de légal, on l'a vu plus haut ; mais il ne devait pas tarder à sortir de la légalité.

Le Sénat usa de son arme ordinaire : il suscita contre Tiberius l'*intercession* d'un de ses collègues, le tribun Octavius. Tiberius riposta en suspendant par son *veto* tout le jeu de la vie publique. Cette situation violente ne pouvait durer. Il se décida à en finir avec l'obstruction d'Octavius en provoquant sa destitution par le peuple. C'était un acte révolutionnaire, le premier, mais d'une extrême gravité. Aucun magistrat régulièrement élu ne pouvait être contraint de se démettre avant le terme fixé. A plus forte raison la déposition d'un tribun était-elle quelque chose de scandaleux, d'inouï, une sorte de sacrilège, la négation de sa puissance sacro-sainte, de son inviolabilité. Ajoutez que le droit d'intercession, atteint dans la personne d'Octavius, était dans la constitution un principe fondamental en dehors duquel on ne concevait même pas qu'elle pût fonctionner. Elle était fondée sur l'équilibre des pouvoirs réalisé par ce contrepoids : intercession des magistrats les uns contre les autres au sein du même collège, intercession des tribuns contre tous les magistrats, et ce rouage de l'intercession une fois brisé, la machine entière paraissait détraquée et comme affolée. Tiberius savait tout cela, mais il était convaincu de l'urgence de la réforme, persuadé qu'elle se heurterait toujours aux mêmes difficultés, persuadé aussi qu'il était seul capable de les surmonter. Il essaya de justifier la mesure, d'en démontrer, sinon la légalité, du moins la légitimité. Le tribun, disait-il, avait pour mission de défendre les intérêts du peuple : s'il manquait à ce devoir, le peuple qui l'avait nommé pouvait aussi le révoquer. C'était la thèse du mandat impératif dans toute sa crudité, une thèse nouvelle et dangereuse, qui substituait l'arbitraire à la règle, le caprice populaire au règne de la loi.

Ce n'est pas de gaieté de cœur qu'il se résolut à franchir le pas redoutable. Il consentit cette fois, sur l'intervention de quelques sénateurs, effrayés de ce qui se préparait, à entamer des pourparlers avec le Sénat, mais devant l'accueil qu'il reçut il ne put que se retirer. A deux reprises, il renvoya les comices, et quand enfin, le troisième jour, on eut passé au vote, quand au dépouillement on eut constaté que dix-sept tribus sur les trente-cinq s'étaient prononcées contre Octavius, et qu'il ne s'en fallut plus que de la proclamation d'un suffrage hostile pour que la majorité fût acquise, une dernière fois il tenta de fléchir son collègue, se jetant dans ses bras tout en larmes, le suppliant de prendre en pitié la misère du peuple. Octavius parut ébranlé, mais un coup d'œil sur le groupe des oligarques le rappela à ses engagements. L'opération un instant arrêtée continua, et la déposition fut votée à l'unanimité. La loi le fut ensuite, puis l'on procéda à l'élection de la commission triumvirale qui se composa de Tiberius, de son beau-père App. Claudius et de son frère Caius. Son travail se trouva simplifié, Tiberius ayant commis la faute de biffer la clause relative aux indemnités. Il était exaspéré et ne gardait plus de ménagements.

Sur ces entrefaites, un événement se produisit qui lui permit de combler une lacune ou de renforcer une disposition de la loi, tout en portant un nouveau coup à l'autorité du Sénat. Le roi de Pergame Attale III, mourant sans héritier, légua son royaume et son trésor au peuple romain. Tiberius déposa un projet de loi portant que les sommes provenant du trésor royal seraient réparties entre les bénéficiaires de la loi agraire, pour subvenir à l'achat du matériel aratoire et aux premiers frais de l'exploitation. Il est difficile d'admettre que la loi n'ait point, dès le principe, pourvu à ce besoin, mais il faut croire que ce crédit supplémentaire n'était pas de trop. Il proposa en outre de renvoyer au peuple tout ce qui concernait l'organisation de la nouvelle province. C'était atteindre le Sénat dans deux de ses attributions essentielles, l'administration financière et l'administration provinciale.

Il n'est pas établi que les deux propositions aient abouti à un vote. Il s'agissait d'autre chose pour le moment. Il y avait six mois à peine que Tiberius était entré en charge, le 10 décembre 134, et déjà la date des élections pour le tribunat, placée dans le courant de juillet, approchait. Avant tout il devait se faire réélire. Il y allait de l'avenir de son œuvre et de la sûreté de sa personne. A partir du 10 décembre prochain, s'il n'était pas réélu, il cessait d'être couvert contre une poursuite judiciaire, et les oligarques n'attendaient que ce jour pour lui intenter une accusation de haute trahison, de *perduellio*, trop justifiée, il faut le reconnaître, par son attentat contre l'inviolabilité tribunicienne. Il est vrai que l'interdiction de se perpétuer dans une magistrature s'était étendue au tribunat depuis qu'il était lui-même devenu une magistrature. Mais on n'en était plus à une illégalité près, et celle-ci semblait autorisée par le précédent de la déposition d'Octavius. Puisque le peuple était maître de déposer les tribuns pourquoi ne l'eût-il pas été de leur renouveler leur mandat ? Et puis comment conduire à bonne fin une entreprise de longue haleine et de longue portée dans un temps aussi strictement mesuré ? La courte durée des magistratures assurait l'empire d'une aristocratie routinière, mais elle empêchait toute initiative hardie, toute réforme radicale et profonde. La question étant ainsi posée, la bataille se concentra autour de la candidature de Tiberius.

Les conditions où il affrontait la lutte étaient peu favorables. Il n'était pas suivi par ses collègues. Ils ne s'étaient pas solidarisés avec Octavius, mais l'inviolabilité était le plus précieux de leurs privilèges ; en y renonçant pour un seul, ils sentaient qu'ils y renonçaient pour tous, et il ne fut pas difficile aux oligarques d'exploiter leur mécontentement. Leur attitude fut assez nettement hostile. Ce qu'il y eut de plus grave, c'est que ceux-là mêmes dont il servait la cause ne lui prêtèrent pas l'appui décidé sur lequel il avait droit de compter, et c'est ici qu'apparaît la faiblesse d'un parti où l'ardeur des chefs n'était pas soutenue par celle des soldats. Ses vrais partisans étaient les ruraux, les petits propriétaires menacés de ruine ou ruinés, réduits à l'état de fermiers ou de salariés, tous attachés encore à la vie agricole, ne demandant qu'à la poursuivre à nouveaux frais, plus sûrement, plus avantageusement. Ils formaient le noyau solide de son armée, et ils firent défection. Ils étaient accourus en foule quand il s'était agi de voter la loi, mais le malheur voulut que la date des élections coïncidât avec celle de la moisson, et c'était trop leur demander de s'arracher à leurs travaux en vue d'un intérêt supérieur et d'ordre général. S'ils étaient venus aux élections précédentes, un nouvel effort était au-dessus de leurs forces. Encore n'est-il pas sûr que leur concours ait été alors nécessaire. L'enthousiasme avait été très vif non seulement dans la plèbe rurale, mais aussi dans la plèbe urbaine. Depuis, il s'était refroidi chez cette dernière. La loi agraire lui promettait une existence plus honorable, plus saine que celle qu'elle menait dans la capitale, mais aussi beaucoup plus dure et, au fond, elle y tenait médiocrement. Elle était aussi, nous avons eu occasion déjà d'en faire la remarque, très dépendante des nobles, vivant de leurs largesses, soumise à leur ascendant, à leur prestige, peu habituée à leur tenir tête, à les regarder en face. On le vit bien quand il fallut opposer à leur fureur, non plus un vote, mais la force.

Pourtant, quand on proclama le résultat du scrutin, il se trouva que les deux tribus dont les noms ouvraient la liste avaient voté pour Tiberius, mais la légalité de la candidature fut contestée, un tumulte s'éleva, et l'on s'ajourna au lendemain. Le lendemain le tumulte recommença, les deux partis en vinrent aux mains. Le Sénat assemblé dans le voisinage attendait le moment d'intervenir. Depuis longtemps il dénonçait en Tiberius un aspirant à la tyrannie, à la royauté. Les bruits les plus absurdes, les plus sottes calomnies couraient à ce sujet. Il faut être juste pourtant : il y avait quelque chose de fondé dans ces accusations ou ces appréhensions. Si le désintéressement de Tiberius était au-dessus de tout soupçon, s'il n'entrait dans ses vues aucune arrière-pensée personnelle, aucun mobile bas, un fait est certain : le tribun qui aux pouvoirs négatifs du tribunat ajoutait des pouvoirs positifs illimités, qui, libre de tout empêcher, était libre de tout faire, qui, d'un geste suspendait le fonctionnement de tout l'organisme politique et de l'autre manœuvrait les comices sans être arrêté ni par l'opposition du Sénat ni par celle de ses collègues, qui, de plus, tendait à se perpétuer indéfiniment dans sa magistrature, ce tribun était bien près de devenir le maître de l'Etat. Quand on vint rapporter au Sénat que Tiberius avait chassé les autres tribuns, qu'il voulait se faire proclamer tribun unique, qu'il avait porté sa main à la tête pour signifier qu'il demandait la couronne, on ne se donna pas la peine de vérifier ces allégations mensongères. Scipion Nasica, le plus fougueux des oligarques, somma le consul président de faire son devoir, c'est-à-dire de frapper le traître. Le consul n'était autre que P. Mucius Scævola, un des rédacteurs de la loi agraire, mais qui n'entendait pas que la réforme tournât à la révolution. Néanmoins, il se refusa à ordonner la mort d'un citoyen sans jugement. Sur quoi, Nasica se précipita à la tête d'une troupe de sénateurs et de chevaliers, assistés de leurs clients et de leurs esclaves. La foule se dispersa, terrorisée, et Tiberius fut tué avec trois cents de ses partisans.

L'histoire hésite à le juger. Faut-il le louer de son initiative? Faut-il le blâmer? L'événement lui a donné tort, mais a-t-il donné raison à ceux qui le combattaient? Il se peut qu'il ait mal calculé les difficultés où il devait se briser. Peut-être aussi n'a-t-il pas mesuré toute la portée de ses actes, car, s'il est vrai que le premier sang versé l'a été par ses adversaires, ce fut lui le premier qui enseigna le mépris de la loi et par là ouvrit l'ère des violences et des coups d'Etat. Et pourtant, la noblesse de son caractère, la pureté de ses intentions, la sincérité de son patriotisme, sa candeur même et ses illusions, tout cela, joint à la cruauté de sa destinée, nous émeut d'admiration et de pitié. Et puisque la République périssait, puisque de toute manière les choses en étaient au point où l'abstention et l'action devenaient également dangereuses, nous réservons notre sympathie pour ce jeune homme, au cœur vaillant, à l'âme généreuse qui, sourd aux conseils de l'égoïsme et de la peur, à travers tous les obstacles, dans un esprit d'abnégation absolu, osa risquer cette suprême tentative de salut et y sacrifia sa vie.

§ 3. — La question italienne et Scipion Emilien.

Les trois cents victimes tombées avec Tiberius le jour des comices ne suffirent pas à la vengeance des oligarques. Le Sénat institua des tribunaux exceptionnels qui, au mépris de la *provocatio*, prononcèrent de nombreuses condamnations à mort. Pourtant, il ne s'en prit pas à la loi agraire. Il avait frappé le tyran et ses complices, il affecta de s'en tenir là. Et il est certain que les atteintes à la constitution le touchaient plus directement en tant que corps politique, mais on peut croire aussi que ce qui l'arrêta, ce fut le réveil rapide du parti adverse. Il avait été étourdi, non abattu. Il avait retrouvé, en la personne de M. Fulvius Flaccus et C. Papirius Carbo, deux chefs qui ne tardèrent pas à reprendre l'offensive. Flaccus osa, en plein Sénat, dénoncer l'attentat de Nasica, et le Sénat n'osa pas couvrir le meurtrier. Il se contenta de l'éloigner en lui confiant une prétendue mission en Asie, où il mourut obscurément. En même temps, il multipliait les cérémonies expiatoires destinées à effacer la trace du funeste événement. Tout cela à l'instigation des esprits modérés dont le principal représentant était Mucius Scævola. Il avait eu cette faiblesse d'approuver après coup l'acte de Nasica, oubliant que lui-même il l'avait réprouvé avant qu'il ne fût commis. Mais il passait condamnation sur le fait accompli et souhaitait l'apaisement.

La commission triumvirale fut donc maintenue. Tiberius y fut remplacé par P. Licinius Crassus, qui vint siéger à côté de C. Gracchus et d'App. Claudius. Puis, Crassus ayant été désigné consul pour 131 et Claudius étant mort, on pourvut aux deux vacances par l'élection de Fulvius et de Carbo. De l'activité déployée par les triumvirs, il reste encore aujourd'hui quelques monuments matériels dans les *cippes* ou bornes limites qui portent leurs noms. Mais un témoignage plus éloquent est celui qui résulte de l'augmentation du nombre des citoyens, telle qu'on la constate en comparant les chiffres du cens en 131 et 125. La différence en plus est de 76.000. Ce sont donc 76.000 nouveaux propriétaires qui ont surgi sous l'action bienfaisante de la loi dans cet espace de six années, s'il est vrai, comme il y a tout lieu de le croire, que les chiffres extraits des registres des censeurs s'appliquent, non à la population totale, y compris les *capite censi*, mais aux catégories de censitaires constituant la force militaire de Rome. Les historiens, assez mal disposés en général pour le principe des lois agraires, ne nous disent rien de ce résultat. S'ils nous parlent des opérations de la commission, c'est uniquement pour insister sur les embarras où elle se débattait. Les possesseurs avaient organisé une sorte de grève, se refusant à produire l'état de leurs possessions, si bien qu'il fallut recourir aux déclarations des tiers, en d'autres termes faire appel aux dénonciations, et les choses naturellement en furent envenimées. Il y eut des abus. Tel qui possédait un domaine prospère recevait en échange une lande stérile. Le mécontentement allait croissant, et ce n'était pourtant pas le seul et le plus grand danger. Un autre problème se posait maintenant de plus en plus menaçant. La question italienne s'était greffée sur la question agraire. La secousse imprimée par Tiberius Gracchus se propageait comme par des ondulations successives ébranlant tout l'édifice.

Les Romains avaient traité leurs sujets italiens avec une faveur exceptionnelle, unique dans le monde ancien. Ils les avaient divisés en deux grandes classes, les villes appelées *municipes* et les villes alliées. Les municipes étaient les villes dont les habitants, conservant à des degrés divers, suivant les cas, leur autonomie locale, étaient assimilés aux citoyens romains en ce qui concernait les droits privés. Avec le temps ils acquirent les droits politiques, de telle sorte qu'à l'époque où nous sommes parvenus, le mot municipe ne désignait plus que les communes en possession du droit de cité complet. Et ce ne fut pas, pour le dire en passant, une des créations les moins originales, et les moins fécondes du génie politique de Rome, que ces villes rattachées à la cité romaine et formant néanmoins autant d'organismes distincts. Jusqu'alors on n'avait pas conçu que l'on pût faire partie d'une même cité sans faire partie de la même commune. C'est pourquoi l'on peut voir dans cette institution du municipe le berceau du régime qui a été un des grands bienfaits, une des grandes choses de l'Empire et que nous appelons justement le régime municipal. Restaient donc, en dehors de la cité, les alliés qui se partageaient eux-mêmes en deux catégories, les alliés tout court et les Latins. Le droit latin, le *jus Latii*, ainsi nommé parce qu'il s'était limité d'abord aux Latins de race, mais qui depuis s'était propagé à travers l'Italie, applicable aux colonies latines comme aux villes dites latines sans qu'elles fussent des colonies, constituait une situation privilégiée, impliquant une jouissance partielle du droit de cité. Les

Latins avaient, sinon le *connubium*, du moins le *commercium* ou droit de propriété. Ils votaient dans une tribu désignée par le sort quand ils se trouvaient à Rome en déplacement, et il suffisait de la résidence pour leur assurer le titre de citoyen sans restriction. Les alliés non latins ne participaient pas à ces avantages mais, pour le reste, ils étaient sur le même pied; non que la condition des divers peuples fût absolument identique, — elle pouvait varier suivant les circonstances où ils étaient entrés dans l'alliance romaine —, mais c'étaient des différences de détail dont il est permis de faire abstraction. Ils étaient tenus de reconnaître la « majesté » c'est-à-dire la suprématie, la *suzeraineté* du peuple romain ; il leur était interdit de pratiquer une politique indépendante entre eux ou, à plus forte raison, avec une puissance étrangère. Mais ils administraient librement leurs affaires intérieures, où Rome n'intervenait que rarement, pour des raisons de police locale ou générale. Ils ne payaient pas de tribut, et la seule charge qui leur incombât était d'ordre militaire. Ils devaient fournir et entretenir des contingents dont le total était, comparé à l'effectif de l'armée civique, à peu près comme 3 à 1, disproportion justifiée d'ailleurs par l'infériorité numérique des Romains.

La deuxième guerre punique mit à l'épreuve la solidité de la confédération italienne, et somme toute, le résultat fut favorable à Rome. Elle recueillit alors le fruit de sa conduite habile autant que généreuse. Les défections furent peu nombreuses, et c'est parce qu'elles ne le furent pas davantage qu'Hannibal échoua. Mais à dater de cette époque, les dispositions des deux parts changèrent du tout au tout. Il était juste de châtier les traîtres, mais il l'était aussi que la fidélité obtînt sa récompense. Il n'en fut rien, tout au contraire. Rome se crut assez forte pour n'avoir plus de ménagements à garder. Sa politique se fit étroite, oppressive, et inversement les alliés formulèrent des exigences en rapport avec les services rendus.

Le premier fait à noter, c'est l'arrêt qui se produit dans la propagation du droit de cité. Depuis la réforme des comices centuriates, en 241, il était clair qu'on ne créerait plus de tribus nouvelles. La coordination établie entre le système des tribus et celui des classes et centuries ne permettait pas qu'on dépassât le chiffre 35, fixé une fois pour toutes. On pouvait, il est vrai, inscrire les nouveaux citoyens dans les tribus existantes, et c'est le parti qu'on prit pour les concessions individuelles. Mais c'en était fait des concessions collectives. Les municipes arrivaient successivement, l'un après l'autre, au droit de cité complet. Le dernier exemple à nous connu d'une promotion de ce genre est de l'année 188. C'était le terme d'un mouvement depuis longtemps commencé. Il n'y avait pas apparence qu'il se continuât au profit des alliés.

Nous avons signalé plus haut cette orientation nouvelle de la politique romaine et nous avons admis qu'elle pouvait tenir à des préoccupations légitimes. Il était impossible en effet que l'incompatibilité entre le maintien des institutions et l'extension indéfinie du droit de cité échappât aux hommes d'Etat clairvoyants. Mais il y avait d'autres motifs non moins impérieux, moins élevés, plus grossiers, plus accessibles à tous, l'orgueil et l'égoïsme. Les citoyens de toute condition, depuis le sénateur jusqu'au dernier homme du peuple, étaient très fiers de leur titre et également attachés aux avantages qu'ils en retiraient et, pour cette double raison, très décidés à le garder pour eux. Il flattait leur amour-propre et il servait leur intérêt. Il signifiait qu'ils étaient les maîtres du monde et libres de l'exploiter à leur gré. Les nobles se réservaient de l'exploiter par le gouvernement des provinces, les chevaliers par les sociétés financières, et quant à la plèbe, profitant à sa manière de la conquête, de l'afflux des richesses, des largesses de toute sorte qui en étaient la suite, elle ne se souciait pas de partager avec des intrus. Divisées sur tant de points, toutes les classes étaient d'accord sur celui-là.

Les plus lésés parmi les alliés, ou les plus frustrés parce qu'ils paraissaient les plus voisins du but, étaient les Latins. Ils appartenaient à la même famille ethnique que les Romains, et ceux qui n'étaient pas Romains de race l'étaient devenus par la langue, par les institutions, par les mœurs. Ils avaient pour parvenir au droit de cité des facilités qui semblaient leur promettre, dans un avenir plus ou moins rapproché, la naturalisation en masse. Et non seulement cette perspective leur était fermée, mais ces facilités mêmes se trouvèrent réduites. La faculté d'acquérir le droit de cité par le simple transfert du domicile fut subordonnée d'abord à certaines conditions, puis radicalement supprimée. Les Latins immigrés devaient laisser derrière eux au moins un fils conservant sa nationalité, et comme ils trouvaient moyen de tourner la loi par toute sorte de subterfuges juridiques, on se décida à en finir par des expulsions brutales, pratiquées sur une grande échelle et fréquemment renouvelées. La première fois, en 187, ce ne furent pas moins de 12.000 Latins qui se trouvèrent ainsi rayés des rôles du cens et renvoyés dans leur patrie. Seuls désormais furent admis au droit de cité ceux qui avaient exercé une magistrature dans leur ville : il fallait bien, du moment où l'on s'aliénait les classes populaires, conserver les sympathies des aristocraties. L'immigration à flot continu était, il faut bien le dire, un danger, non seulement pour la capitale dont elle renforçait la plèbe indigente, car la plupart des immigrés étaient des pauvres en quête de ressources, mais plus encore pour les villes qui se dépeuplaient tout en restant astreintes à fournir les mêmes effectifs à l'armée. On ne saurait donc sans injustice reprocher aux hommes d'Etat romains ces mesures prises dans l'intérêt des Latins eux-mêmes, et d'ailleurs à la requête même de leurs gouvernements. Elles n'en provoquaient pas moins chez ceux qui étaient frappés une vive irritation, et d'autant plus justement que l'intérêt des villes latines n'était pas seul en cause, on le sentait trop bien. Le peu d'empressement des citoyens à s'enrôler dans les colonies romaines avait fait accepter dans ces colonies des Latins. Ces Latins se figuraient par là être devenus des citoyens. Un sénatus-consulte de l'an 195 leur apprit qu'ils se trompaient. On ne pouvait pas alléguer qu'il s'agissait d'empêcher le dépeuplement des villes latines puisque, de toute manière, ils étaient perdus pour leur patrie d'origine. C'était une vexation injurieuse et gratuite, profondément ressentie et de nature à glacer le plus ardent loyalisme.

Le moment où se rétrécissaient ainsi, au point de s'obstruer à peu près complètement, les voies qui menaient au droit de cité était précisément celui où l'acquisition de ce droit paraissait de plus en plus désirable. Il y avait eu un temps, et il n'était pas trop éloigné encore, où les Italiens, satisfaits de leur sort, très attachés à leurs traditions et à leur individualité nationales, ne se souciaient pas d'y renoncer pour aller s'absorber dans la masse uniforme du peuple romain. Lorsque en 216, après la bataille de Cannes, le Sénat offrit le droit de cité aux contingents de la ville de Préneste, en reconnaissance de leur conduite héroïque au siège de Casilinum, ils refusèrent : ils aimèrent mieux rester des Prénestins. Ce temps n'était plus. Le prestige grandissant de Rome faisait tort à la petite patrie locale en même temps que le contraste de plus en plus choquant entre la condition des citoyens et celle des alliés rendait plus intolérable à ces derniers le sentiment de leur dépendance, devenue une véritable et très dure sujétion.

Si le Sénat s'était contenté d'empiéter sur l'autonomie des villes par des interventions plus fréquentes dans le domaine de la législation et de l'administration, le mécontentement serait resté à la surface, restreint aux cercles aristocratiques, les seuls sensibles à ces usurpations. Mais l'aggravation des charges militaires touchait tout le monde. Les traités, les lois qui avaient fixé les contingents des alliés et des Latins n'étaient plus observés. Le rapport équitable longtemps maintenu entre les effectifs des citoyens et des Italiens était renversé. Tandis qu'on ménageait avec un soin jaloux le sang des premiers, celui des autres coulait à flots. Sans doute on pouvait dire que les rangs des citoyens aptes au service s'éclaircissaient tous les jours, alors que la petite propriété luttait encore dans certaines régions plus ou moins écartées, en dehors du territoire romain. Mais quelle prise pouvaient avoir des arguments de ce genre, et qu'en devaient penser les malheureux condamnés à se faire tuer pour des intérêts qui leur étaient étrangers, pour des ambitions qu'ils ne partageaient point, non plus pour défendre leurs foyers contre l'envahisseur gaulois ou punique, mais pour assouvir les passions de l'impérialisme déchaîné, pour enrichir une petite coterie de magistrats et de trafiquants, pour gorger une populace oisive de fêtes et de festins ? Encore si, pour tant de sacrifices, une part légitime leur était réservée dans les profits de la guerre. Mais pour le butin comme pour les assignations de terres, ils étaient réduits à la portion congrue. Encore, si, combattant aux côtés du légionnaire, ils étaient traités comme lui, mais les lois qui récemment avaient étendu le bénéfice de la *provocatio* en dehors de la ville et supprimé le supplice infamant de la bastonnade ne s'appliquaient qu'aux citoyens. Après comme avant, les alliés pouvaient être fustigés et mis à mort sur un simple ordre du magistrat de Rome.

Les magistrats avaient pris de mauvaises habitudes dans le gouvernement des provinces et, pas plus que les provinciaux, les Italiens n'étaient défendus contre leurs abus de pouvoir, contre leurs caprices brutaux ou sanguinaires. Il faut voir dans Aulu-Gelle les faits odieux dont il emprunte le récit aux discours indignés de Caton et de C. Gracchus. Un consul passe à Teanum, en Campanie, avec sa femme et sa suite, tous hébergés magnifiquement aux frais des habitants. La femme du consul a envie de se baigner. Le bain des femmes n'étant pas assez luxueux, elle veut celui des hommes, et aussitôt le principal magistrat le fait évacuer en toute hâte. Pas assez vite pourtant au gré de la dame qui s'impatiente, et sur ce, le consul ordonne à ses licteurs de saisir le magistrat et de le battre de verges en plein forum. Pour une cause non moins futile, deux questeurs de Ferentinum sont menacés de la même peine, et l'un des deux se précipite du haut des remparts pour échapper à cette ignominie.

Les choses en étaient là quand fut lancée la loi agraire de Ti. Gracchus. C'est une question de savoir si elle s'étendait à l'Italie et dans quelle mesure, en d'autres termes, si elle obligeait les possesseurs Italiens à restituer et si elle admettait les Italiens pauvres à bénéficier de la restitution.

Sur le premier point, — les possesseurs Italiens étaient-ils dépouillés? — il ne saurait y avoir de doute. Les réclamations des Italiens ne se comprendraient pas s'ils n'avaient été lésés dans leurs droits, réels ou prétendus, aussi bien que les citoyens.

Les villes entrées dans l'alliance romaine tenaient de l'Etat romain des portions du domaine public, des terres cédées ou, après la guerre, rétrocédées à ce titre, et elles les avaient laissé envahir par les nobles, comme on avait fait à Rome. Les Latins en particulier, jouissant du *commercium*, pouvaient se croire autorisés, non moins que les citoyens, à considérer ces occupations comme définitives et transformées en véritables propriétés. Ce qu'il y avait de grave dans ces protestations c'est qu'elles ne prenaient pas, comme celles des citoyens, un caractère individuel; elles étaient formulées, au nom des intéressés, par les villes dont ils ressortissaient, elles invoquaient des traités, et sans doute il n'est pas probable que la loi ait violé ouvertement ces conventions, mais ici, comme ailleurs, la ligne de démarcation était flottante entre la propriété publique et privée, et en tout cas, les contestations, les chicanes surgissaient avec la même âpreté.

Sur le deuxième point, — les pauvres étaient-ils admis à bénéficier de la loi agraire? — nous éprouvons quelque embarras. Il n'est pas à croire pourtant que Tiberius ait fait leur part aux Italiens. Il l'aurait voulu sans doute : tout ce que nous savons de ses projets ultérieurs nous autorise à le conjecturer. Mais il n'a pas osé : il connaissait trop les dispositions du peuple romain pour ajouter cette difficulté à toutes les autres. Ce qui confirme cette manière de voir, c'est que plus tard Fulvius Flaccus, quand il proposa de conférer le droit de cité aux alliés, eut soin de spécifier qu'il impliquerait pour eux le droit de participer aux assignations. Il est vrai d'autre part qu'Appien nous les montre divisés en deux camps comme les citoyens eux-mêmes, les uns tout à la crainte, les autres tout à l'espérance, et cela ne peut vouloir dire qu'une chose, à savoir qu'il y avait en Italie comme à

Rome une aristocratie menacée dans ses biens et un prolétariat escomptant le terme de ses misères. Et cela n'empêche pas le même Appien de nous montrer plus loin les mêmes Italiens unanimes dans leur opposition. La contradiction n'est sans doute qu'apparente ; elle se résout si l'on considère que le premier de ces deux textes se rapporte à la période préparatoire, antérieure au vote de la loi, et le second à la période d'exécution. Il résulte de là que Tiberius a bien eu l'intention d'admettre les Italiens au bénéfice de la loi, mais qu'il a dû y renoncer devant l'impopularité de cette mesure. Et ainsi, les Italiens riches, quand ils se voyaient dépouillés, n'avaient pas même cette consolation de l'être au profit de leurs compatriotes pauvres, et pour ces derniers, l'attente excitée aboutissait à une immense déception.

Alors se fit jour une idée qui germait depuis longtemps dans les esprits, mais qui empruntait aux circonstances une nouvelle force. Les Italiens réclamèrent le droit de cité. Ils le réclamèrent pour des raisons diverses avec une égale insistance, les uns pour participer aux avantages de la loi agraire, les autres comme une compensation due aux pertes qu'elle leur infligeait, tous parce que c'était la fin de l'arbitraire, la sécurité, l'égalité, la justice. Pour la première fois leurs revendications trouvèrent un écho. Cent ans plus tôt, quand il avait fallu reconstituer le Sénat décimé par la bataille de Cannes, un certain Carvilius, plus libéral que ses collègues, avait imaginé d'aller prendre deux sénateurs chez chacun des peuples latins. La proposition avait été repoussée avec horreur. Aujourd'hui, c'était l'Italie entière qui frappait à la porte de la cité, et c'était tout un parti qui était prêt à lui livrer la place. Déjà on avait prêté ce projet à Ti. Gracchus. Il figurait parmi ceux qu'on lui attribuait pour son deuxième tribunat. Il était recueilli maintenant par les héritiers de sa pensée. Ils y voyaient le moyen de réconcilier les Italiens avec la loi agraire, mais ils y voyaient autre chose encore, une mesure de préservation et de salut. Le nombre croissait de ceux qui commençaient à comprendre qu'entre l'extension de l'empire et l'effectif stagnant des citoyens, la disproportion était trop forte, que sur cette base étroite le colossal édifice élevé par le génie et la fortune de Rome chancelait et menaçait ruine.

La personnalité la plus en vue était encore une fois Scipion Emilien. Il était revenu d'Espagne couvert d'une gloire nouvelle. Ses amis l'avaient accueilli comme l'arbitre, comme le sauveur, seul capable de surmonter la crise. Ils songeaient à restaurer pour lui l'institution démodée de la dictature. Mais ils se trompaient sur sa puissance réelle. Comme tous les politiques de juste milieu, il était, dans la fureur des partis, un isolé. Les oligarques ne pouvaient considérer comme un des leurs le censeur austère qui avait dénoncé leurs tares et qui, à peine de retour, reprenait son œuvre d'assainissement en poursuivant pour ses exactions le consulaire Aurelius Cotta. D'un autre côté, sa rupture avec les révolutionnaires était complète. Homme d'autorité et de discipline, il ne pardonnait pas à leur chef ses atteintes à la légalité et ses avances à la démocratie. Il avait eu, apprenant sa fin sous les murs de Numance, une dure parole : « Ainsi périsse, avait-il dit en citant, suivant son habitude, un vers d'Homère, ainsi périsse quiconque se sera rendu coupable des mêmes attentats ». Et Papirius Carbo avait eu cette habileté de lui arracher un propos semblable en plein Forum. Carbo était alors le grand meneur du parti. Il avait présenté deux lois, la loi *tabellaire* qui achevait d'émanciper les suffrages en étendant aux comices législatifs le vote secret, sur bulletin (*tabella*), déjà introduit, depuis quelques années, pour les opérations électorales et judiciaires, et une autre loi plus redoutable qui, en légitimant la réélection des tribuns, justifiait rétrospectivement la deuxième candidature de Ti. Gracchus et lui préparait pour l'avenir un successeur. L'autorité de Scipion se trouva encore assez grande pour faire rejeter la deuxième loi, mais ce fut au cours des débats soulevés à cette occasion qu'il se vit amené malgré lui, presque de force, sur les questions pressantes de son adversaire, à répéter publiquement la condamnation prononcée en Espagne, dans le cercle de ses intimes, et les clameurs qui lui répondirent ne lui laissèrent pas d'illusion sur l'effet produit.

Il ne conservait de popularité qu'en dehors de Rome, parmi les Italiens. C'est vers eux qu'allaient toutes ses sympathies. Il professait pour la plèbe urbaine un mépris qui, ce même jour, dans cette même circonstance, s'exprima par l'apostrophe cinglante dont nous avons rapporté les termes précédemment. Et comment ne l'aurait-il pas méprisée, cette populace qui se dépensait en vaines protestations contre le meurtre de son défenseur, après l'avoir lâchement abandonné au jour du péril? Mais il estimait et il aimait les Italiens. Il avait éprouvé leur valeur sur cent champs de bataille, et les Italiens de leur côté se tournaient vers leur ancien général comme vers leur patron naturel. En acceptant ce patronage, il n'avait pas à renier ses opinions conservatrices, car du même coup, il prenait parti plus décidément que jamais contre la loi agraire. C'était contre cette loi que portaient les récriminations des Italiens; c'était à cette loi qu'il fallait s'en prendre pour leur donner satisfaction. Il usa d'un moyen détourné. Il obtint — ce fut le dernier triomphe de son éloquence et de l'ascendant qu'il gardait encore malgré tout sur la foule — il obtint de faire enlever le contentieux à la commission triumvirale pour le soumettre à l'arbitrage du consul Sempronius Tuditanus. Et Sempronius n'eut rien de plus pressé que de se dérober à sa tâche en se hâtant de partir pour sa province. Les affaires s'accumulèrent en son absence et la commission, qui ne pouvait rien faire tant que ces litiges n'étaient pas réglés, se consuma dans l'inaction.

La loi était enterrée; les Italiens étaient tranquilles. Etait-ce là tout ce qu'ils avaient voulu? Etait-ce tout ce que voulait Scipion? Au point où en étaient les choses, cette solution était-elle pour les satisfaire? Etait-elle pour satisfaire un véritable homme d'Etat? On aimerait à croire qu'il formait un plan plus vaste. Puisque les protagonistes de la réforme promettaient aux Italiens le droit de cité en échange de leur adhésion à leur programme, on souhaiterait que de son côté il eût songé à le leur offrir, comme un don gratuit et mérité. Si telle a été sa pensée, il en a emporté le secret dans la tombe avec celui de sa mort. Un matin de l'année 129, on le trouva inanimé dans son lit. Il avait parlé la veille au Sénat et s'était retiré dans sa chambre pour travailler. Mort naturelle? Suicide? Assassinat? On ne le sut jamais. Appien qui mentionne, sans d'ailleurs se prononcer, l'hypothèse du suicide, dit qu'on attribua cette résolution à ce fait qu'il avait pris certains engagements qu'il ne pouvait tenir. Il s'agit, on n'en peut guère douter, d'engagements avec les Italiens, mais de quelle nature? Les soupçons d'assassinat portèrent sur ses ennemis politiques, sur Carbo, sur Fulvius, sur C. Gracchus même et sur Cornélie, et jusque sur sa femme Sempronia, la sœur des Gracques, qui vivait avec lui en mauvaise intelligence et partageait les sentiments exaltés que sa mère entretenait pour la mémoire de Tiberius. Ce fut très vraisemblablement une invention de l'esprit de parti. On remarquera seulement que ce bruit n'aurait sans doute pas pris naissance si les dissidences avaient été moins profondes, si sur la question italienne, plus importante encore que la question agraire, il y avait eu accord. Une autre présomption dans le même sens négatif, c'est l'attitude résignée des Italiens après la disparition, de toute façon suspecte, de leur protecteur. Ils ne jugèrent pas leur cause perdue, ils ne se révoltèrent pas. Il en devait être autrement après le meurtre de Drusus.

Depuis la mort de Ti. Gracchus, les élections consulaires avaient été favorables à l'oligarchie. En 126, le vent tourna. Fulvius Flaccus fut désigné pour le consulat. Il crut le moment venu. Il déposa un projet de loi octroyant à tous ceux qui en feraient la demande le droit de cité et étendant aux autres le régime de la *provocatio*. Les nouveaux citoyens devaient de plus, ainsi que nous l'avons vu plus haut, avoir leur part dans la distribution des terres. Mais le projet, qui ne fut même pas soumis au Sénat, tant on était sûr de la réponse, ne fut pas mieux accueilli des comices tributes. Le nationalisme de la plèbe ne se montra pas moins intraitable que celui des oligarques. Cette fois, c'en était trop. Un soulèvement s'en suivit, qui était comme un premier avertissement, la première étincelle de la guerre terrible qui, trente-cinq ans plus tard, devait mettre l'Italie à feu et à sang. Il eut pour théâtre la colonie latine de Frégelles : elle s'était signalée entre toutes par son dévouement pendant la guerre d'Hannibal, et le Sénat lui avait exprimé sa reconnaissance dans les termes les plus chaleureux. Les Frégellans ne s'étaient pas lancés dans cette aventure sans compter sur des appuis, mais les temps n'étaient pas mûrs : ils restèrent livrés à eux-mêmes et leur rébellion fut réprimée avec une énergie sauvage par le préteur Opimius, le même qui devait s'illustrer quelques années après par le meurtre de C. Gracchus.

§ 4. — **Caius Gracchus**. — **L'omnipotence tribunicienne**.

C'est Caius qui apparaît maintenant au premier plan. Il avait dû s'effacer jusqu'alors devant ses associés plus âgés, Fulvius Flaccus et Papirius Carbo, mais de bonne heure les oligarques avaient pressenti dans ce jeune homme l'héritier de son frère et son vengeur. Ils avaient essayé de tous les moyens pour l'écarter de leur chemin. Ils avaient prolongé sa questure en Sardaigne, dans un pays insalubre et hostile, comptant, pour l'arrêter à ses débuts, sur un hasard heureux, une maladie, une blessure. Mais Caius était rentré à Rome et il avait démontré qu'il était rentré légalement. Ils l'avaient dénoncé comme un complice des révoltés de Frégelles, et cette fois encore il s'était disculpé victorieusement. En même temps il s'était fait élire tribun pour 123, soutenu par les mêmes suffrages qui, dix ans plus tôt, avaient porté Tiberius.

Il affrontait la lutte sans aucune des illusions dont s'était flatté son aîné. Il savait mieux que lui ce qu'il avait à attendre de ses adversaires, et il était décidé à les briser. Il savait mieux aussi où il allait et jusqu'où il était contraint d'aller. Sans doute, les historiens sont d'accord pour prêter à Tiberius quelques-unes des idées réalisées par Caius, et il n'est pas impossible qu'il ait eu dans sa courte carrière l'intuition des grandes choses projetées par ce dernier, mais c'est avec Caius que le plan se dessine nettement dans toute son ampleur et dans sa hardiesse révolutionnaire.

Arracher à l'oisiveté de la capitale quelques milliers de prolétaires pour les ramener bon gré mal gré aux travaux de la vie rurale, ce maigre résultat, ce misérable palliatif valait-il l'effort qu'il coûtait ? Et quand on leur eût adjoint les vrais paysans, rétablis sur les terres usurpées par les détenteurs du domaine, qu'eût-on fait sinon reconstituer ce peuple de trois ou quatre cent mille citoyens, condamné à succomber, tôt ou tard, sous le fardeau de l'empire? Ce qu'il fallait, c'était substituer à ce corps restreint la grande nation italienne, participant au bénéfice de la loi agraire et mise en possession du droit de cité. Et ce n'était là encore qu'un commencement, une étape vers un but plus lointain. Pour la première fois, on voyait un homme d'Etat étendre ses vues au delà des mers dans une pensée qui n'était pas simplement d'exploitation et de conquête. Prolonger l'Italie à travers les provinces en transportant dans les provinces le système de colonisation jusqu'alors limité à l'Italie, ce fut la conception propre de Caius, conception géniale, reprise, moins d'un siècle après et appliquée dans de larges proportions par César. Conception subversive aussi, ne tendant à rien moins qu'à un bouleversement complet de l'ordre politique. Comment, en effet, les cadres étriqués de la vieille Rome, si mal ajustés déjà à sa taille présente, se seraient-ils adaptés au monument grandiose entrevu dans les perspectives de l'avenir? Et puisque les institutions étaient impuissantes à se transformer, puisque, entre la petite cité et le vaste empire monarchique, on ne concevait pas de milieu, il n'y avait pas à s'y tromper, c'était à la monarchie qu'on marchait. La monarchie a bien des formes dont les circonstances décident, personnelle ou héréditaire, provisoire ou définitive, civile ou militaire, franchement avouée ou se dérobant sous l'étiquette républicaine, mais Caius n'avait pas à chercher :

il trouvait dans le tribunat affranchi de toute entrave, porté à son maximum de puissance, le point d'appui et la formule du régime nouveau.

Il débuta par deux projets de loi qui étaient une déclaration de guerre. Le premier interdisait l'accès de toute magistrature à tout magistrat déposé par le peuple. C'était un coup porté, non seulement à Octavius, mais à tous ceux qui, après lui, se seraient mis dans le même cas. C'était aussi implicitement la ratification de l'illégalité commise par Tiberius. Mais du moment où l'on avait reconnu au peuple souverain le droit de déposer ses magistrats, il était illogique de limiter sa souveraineté en lui déniant celui de les réélire à son gré. Le projet fut donc retiré. L'autre loi, visant les auteurs du meurtre de Tiberius et des poursuites exercées contre ses partisans, était inattaquable et passa sans difficulté. C'était une loi *de provocatione* qui complétait les précédentes en spécifiant que nulle commission extraordinaire ne pourrait être instituée sans un vote populaire. Les oligarques prirent peur. Les lois à Rome étaient rétroactives, et d'ailleurs la loi en question ne formulait aucun principe nouveau. Elle se bornait à rappeler, pour ceux qui l'avaient oublié ou qui seraient tentés de le violer encore une fois, le vieux principe de l'appel au peuple, fondement des libertés publiques. Scipion Nasica était mort ainsi que P. Rupilius, l'un des deux consuls qui avaient présidé les tribunaux sénatoriens et assumé la responsabilité de leurs opérations sanguinaires. Mais le survivant, Popillius Lænas, se déroba par un exil volontaire à la condamnation qui l'attendait.

La loi *Sempronia de provocatione* n'était qu'une entrée de jeu, une loi de représailles pour le passé et de précaution pour le lendemain. Il s'agissait maintenant de remettre sur pied la loi agraire. Bien qu'elle n'eût jamais été abrogée, il parut nécessaire d'en promulguer une nouvelle qui vraisemblablement ne différa pas beaucoup de l'ancienne. Mais il fallait empêcher cette seconde loi d'échouer comme la première. La première avait échoué devant la quadruple opposition du Sénat, des chevaliers, de la plèbe urbaine et des Italiens. Du Sénat, il n'y avait rien à espérer, mais on pouvait l'isoler dans sa résistance en brisant la coalition dont il était l'âme, en détachant, moyennant compensations et, mieux encore, en retournant contre lui, par l'antagonisme des intérèts, le faisceau de ses alliés. Dès lors réduit à ses propres forces et assailli de toute part, il était vaincu. Caius n'hésita pas. Aux revendications des uns, aux convoitises des autres, il donna satisfaction et pâture. Aux chevaliers, il offrit la judicature et tout l'or de l'Asie. A la plèbe urbaine, la loi frumentaire. Aux Italiens, le droit de cité.

En léguant au peuple romain ses trésors avec ses Etats le roi Attale avait fourni à Tiberius les moyens d'installer plus largement les nouveaux propriétaires établis sur les portions confisquées de l'*ager publicus*. Il restait à régler le mode de perception de l'impôt dans l'ancien royaume de Pergame devenu la province d'Asie. On pouvait choisir entre l'impôt fixe, en espèces, dit *stipendium*, et l'impôt en nature, consistant dans la dîme prélevée sur les produits du sol. Ce deuxième procédé, appliqué en Sicile, rapportait d'énormes bénéfices aux sociétés de publicains. Caius le transporta dans la province d'Asie, la plus riche de l'empire. C'était un beau cadeau fait à l'ordre équestre, mais le grand avantage assuré aux chevaliers, le plus puissant des appâts, ce fut la loi judiciaire. Jusqu'alors, c'était parmi les sénateurs exclusivement que s'étaient recrutés les tribunaux de tout ordre, et notamment le plus important de tous au point de vue politique, la commission permanente, *quæstio perpetua*, instituée en 149 pour juger *de pecuniis repetundis*, c'est-à-dire des procès en restitution pour sommes perçues indûment à l'occasion d'un service public. Naturellement c'étaient le plus souvent des magistrats ou promagistrats, gouverneurs de provinces, coupables d'exactions ou de concussion, qui comparaissaient devant cette juridiction, et naturellement aussi, ils étaient assurés de trouver dans un tribunal ainsi composé des juges complaisants. Caius, non seulement rendit la répression plus vigoureuse en imposant la restitution du double, ce qui transformait la répétition simple en action pénale, mais de plus, en substituant dans la judicature les chevaliers aux sénateurs, il rendit ceux-ci dépendants de ceux-là. Les sénateurs en furent réduits à trembler devant ces juges non moins partiaux qu'ils l'avaient été eux-mêmes, et d'autant moins aptes à juger en toute équité qu'ils étaient, en leur qualité d'hommes d'affaires, plus préoccupés de leur intérêt personnel et moins soucieux du bien général. Qu'un gouverneur fût assez hardi pour s'opposer à leurs malversations, aussitôt, sous n'importe quel prétexte, il était traduit devant le tribunal, instrument de leurs rancunes et, tout innocent qu'il pût être, condamné sans pitié. Ce n'était donc pas une bonne loi que la loi *Sempronia judiciaria*, et Montesquieu n'a pas tort de préférer la justice sénatoriale, si imparfaite qu'elle fût, à celle des « traitants ». Mais le résultat cherché était acquis : entre les deux fractions de l'aristocratie, également hostiles à la loi agraire, la scission était consommée.

La loi *frumentaire*, destinée à rallier les sympathies de la plèbe urbaine, portait que chaque mois une certaine quantité de blé serait distribuée à tous les citoyens habitants de la ville, non pas gratuitement,— la gratuité complète ne viendra que plus tard, — mais contre une somme très modique, à un prix très inférieur au prix courant. De toutes les lois de Caius, nulle n'a été de la part de ses adversaires l'objet de critiques plus acerbes. On lui reprochait de grever le Trésor, ce qui n'était pas tout à fait exact, puisque le blé entrant dans les magasins publics était pour la grosse part livré par les provinciaux et qu'ainsi la charge retombait à peu près exclusivement sur ces derniers. On lui reprochait plus justement d'aggraver les maux dont souffrait l'État en créant, par l'importation croissante et la vente à vil prix des blés étrangers, un obstacle de plus au relèvement de l'agriculture italienne et, d'un autre côté, en entretenant et en confirmant la populace dans ses habitudes de mendicité et de fainéantise. Tout cela était vrai, et tout cela pourtant sonnait faux dans la bouche des oligarques, auteurs responsables de cet état de choses. Qui donc, dans un intérêt de domination, avait appris au peuple à vendre ses voix? Qui donc l'avait corrompu en le saturant de fêtes, de congiaires, de largesses de toute sorte? Ce qui les indignait maintenant, c'était la concurrence de l'État leur disputant leur clientèle et, par l'attrait des mêmes avantages, essayant de soustraire à leur tutelle la foule misérable. Affranchir les votes en substituant les dons anonymes, impersonnels aux libéralités individuelles, telle était évidemment la pensée de Caius. Ainsi raisonnait Périclès quand il imagina de combattre par le fameux système des « salaires » ($\mu\iota\sigma\theta o\acute{\iota}$) l'influence de l'opulent Cimon.

Au fond, que lui importait la moralisation de la plèbe urbaine? Il avait besoin de ses suffrages dans les comices, mais ce n'est pas sur elle qu'il comptait pour l'œuvre de régénération et de salut. Les mesures prises jusqu'à présent n'étaient que des moyens discutables en eux-mêmes, dangereux et funestes s'ils ne devaient pas le conduire au résultat final, véritable et seul objet de ses efforts, la création d'une nation nouvelle.

La colonisation italienne prit, sous son impulsion, un puissant élan et un caractère original. Des colonies, fondées ou décidées sur son initiative, et qui paraissent avoir été très nombreuses, nous ne connaissons que quelques-unes, mais nous voyons clairement en quoi elles différaient des fondations antérieures. D'abord, c'étaient des colonies de citoyens où les Latins étaient admis et par le fait de leur participation promus à la qualité de citoyens, à l'inverse de ce qui se passait précédemment, quand les citoyens participant à la fondation d'une colonie latine étaient, de ce fait, déchus de leurs droits civiques et assimilés aux Latins. En second lieu ce n'étaient plus, comme autrefois, des colonies militaires, des postes stratégiques dont l'utilité ne se faisait plus sentir en ce pays soumis et pacifié ; ce n'étaient même plus, ou moins exclusivement des colonies agricoles. La conquête romaine, la guerre d'Hannibal avaient accumulé les ruines sur le sol italien ; des villes avaient été détruites, qui avaient jadis été des centres commerciaux d'une intense activité. Réparer ces désastres, ramener sur les sites où elle s'était épanouie la prospérité disparue, ce fut la pensée nouvelle qui présida à l'œuvre de la colonisation. Nous ne pouvons que glaner deux ou trois noms, mais ils sont à noter. Sur l'emplacement où s'était élevée Tarente, fut érigée la colonie de Neptune (*colonia Neptunia*). Non loin de là, sur le même littoral, à la place de l'antique Scyllacium, s'installa la colonie de Minerve (*colonia Minervia*). Capoue même, la ville exécrée, si cruellement châtiée pour sa défection pendant la deuxième guerre punique, devait renaître de ses cendres. Ce qui n'est pas moins significatif, c'est l'appel adressé, pour le recrutement de ces colonies, non plus aux indigents comme autrefois, mais aux gens aisés, disposant d'un capital. Au même plan se rattachaient les vastes travaux de viabilité, conçus et exécutés avec une rapidité prodigieuse, l'établissement de routes solides et magnifiques, allant porter dans les régions les plus reculées le mouvement et la vie.

Caius était au comble de sa puissance et de sa popularité. Il s'était fait réélire tribun (122), et rien désormais n'empêchait qu'il ne fût réélu indéfiniment. Son ascendant sur le peuple et sur ses collègues était irrésistible. Aux droits qu'il tenait du tribunat, il ajoutait des pouvoirs qui étendaient son action à toutes les branches de l'administration et mettait à sa disposition d'immenses ressources financières. Il présidait lui-même à l'exécution de ses propres lois, membre de la commission agraire, *curator viarum* et *curator annonœ*, c'est-à-dire préposé au service des routes et des distributions de blé, chargé enfin de choisir dans l'ordre équestre les personnages appelés à composer la liste des juges. Plutarque nous le montre dans l'exercice de sa souveraineté, dans le déploiement de sa merveilleuse activité, entouré, comme un roi de sa cour, d'une foule d'entrepreneurs, d'architectes, d'artistes, d'ambassadeurs, de magistrats, de littérateurs, d'hommes de guerre, d'hommes d'affaires, faisant face à tout, avec un esprit toujours présent et une inaltérable bonne grâce. C'était la dictature, la monarchie, à prendre le mot dans son sens littéral, non pas la monarchie telle que la voudra César ou Auguste, mais une monarchie personnelle, fondée sur l'opinion, issue du suffrage et en relevant, une monarchie à la Périclès. C'est le nom du grand Athénien qui revient et dont l'exemple, à n'en pas douter, a fortement agi sur la pensée de Caius. Nous avons vu déjà comment la loi frumentaire évoque le souvenir des « salaires ». De même les constructions ordonnées par l'Etat étaient pour le prolétariat comme un complément de cette loi. Et, de même qu'à Athènes, la constitution était sinon violée, du moins faussée, et de la même manière, par le prestige de l'éloquence et du génie, et par la concentration entre les mêmes mains de tous les ressorts du gouvernement.

Le Sénat était terrorisé, annihilé. Par la loi judiciaire il était livré, dans la personne de ses membres, à la discrétion des chevaliers. Il était, en outre, dépouillé de ses attributions essentielles. En faisant régler par les comices le mode de perception des impôts de l'Asie, Caius avait empiété sur sa compétence en matière d'administration financière et de politique étrangère. Dans ce dernier domaine comme dans tous les autres, il était le maître. Ce fut lui qui trancha, en le portant devant le peuple, le différend survenu entre le roi de Bithynie Nicomède et le roi du Pont, Mithridate Philopator, le père du grand Mithridate. Pour réduire encore l'autorité du Sénat, il l'avait obligé à désigner les provinces consulaires avant l'élection des consuls. Ainsi, dans l'incertitude où l'on était du résultat du scrutin, il le mettait dans l'impossibilité de favoriser ses partisans en leur attribuant les grands commandements ou d'annuler ses adversaires en les en écartant, ou du moins il lui rendait la manœuvre difficile et aléatoire. Il essaya même d'agir sur l'élection des consuls. A cela tendait un projet de réforme des comices centuriates. Des deux assemblées populaires, c'était la seule qui, par sa composition et son organisation, échappât à son influence. Son instrument était l'assemblée tribute, devenue le grand et l'unique organe législatif. Mais l'assemblée centuriate avait conservé le droit d'élire les magistrats supérieurs, et il y avait intérêt à la modifier dans son esprit et ses tendances aristocratiques. A cet effet, sans toucher à la hiérarchie des classes, il imaginait de faire voter toutes les classes simultanément, de telle sorte que le vote de la première n'étant plus proclamé à part, n'exerçât plus sur les suivantes cette espèce de fascination consacrée par l'usage et entrée dans les habitudes du peuple romain. Devant ces attentats ou ces menaces, le Sénat déchu, humilié, impuissant, ne pouvait que ronger son frein, mais le moment était proche où il allait relever la tête et prendre sa revanche.

Le jour était venu de la bataille décisive. C'était un premier pas déjà et une grande audace que la colonisation extra-italique. L'historien Velleius Patérculus nous dit de Caius qu'il remplissait les provinces de colonies nouvelles, en quoi il exagère sans doute, ou prend l'intention pour le fait. De ces colonies, nous n'en pouvons citer que deux, la colonie de Narbonne, dans la Gaule Transalpine, dont l'idée lui appartient, mais ne fut réalisée qu'après sa mort, sur les exigences du parti réformiste, ou plutôt sur les instances de l'ordre équestre, escomptant, à son point de vue, purement mercantile, les avantages de cette création, et la colonie de Carthage, ébauchée de son vivant et sous sa direction. La résurrection de la capitale punique, sur ce terrain merveilleusement approprié au développement d'un vaste emporium méditerranéen, était une très haute pensée, généreuse et pratique, que l'avenir devait justifier amplement. Mais elle heurtait violemment les préjugés des Romains, les souvenirs d'un patriotisme ombrageux et les scrupules d'une superstition toujours en éveil. Le sol de Carthage avait été déclaré maudit, voué aux dieux; de terribles imprécations avaient été prononcées contre quiconque tenterait d'habiter en ces lieux. Et l'on verra le parti que ses oligarques surent tirer du sentiment populaire.

Restait maintenant l'échéance redoutable devant laquelle il ne pouvait plus reculer. La concession du droit de cité aux Italiens était le dernier mot, la clef de voûte de sa politique. Et ce fut là-dessus qu'il échoua.

Il se rendait si bien compte des difficultés de l'entreprise qu'il se résigna à une demi-mesure, à une mesure de transition, destinée évidemment, dans sa pensée, à préparer les voies vers la réforme complète. Nos renseignements sur la solution à laquelle il s'arrêta sont contradictoires, mais du rapprochement des textes il semble bien résulter que, s'il promit à tous les alliés le droit de cité, il se contenta pour le moment de le réclamer en faveur des Latins, sauf à octroyer aux autres les droits de ces derniers. Si modérée qu'elle fût, la proposition n'en reçut pas un meilleur accueil. Le préjugé aveugle, l'égoïsme féroce commun à toutes les classes et à tous les partis, se révolta encore une fois. La coalition que Caius avait espéré briser se reforma, d'autant plus solide que chevaliers et prolétaires ayant touché d'avance le prix de leur concours ne perdaient rien à le refuser. C'est en vain que, dans un discours pathétique, il s'efforça d'émouvoir la solidarité plébéienne au tableau des souffrances endurées par les frères italiens. C'est en vain qu'il invoqua les motifs de haute politique, de patriotique prévoyance qui devaient forcer l'assentiment des bons citoyens. Que pouvaient ces raisonnements contre ceux du consul Fannius ? « Les Latins viendront vous disputer votre place dans les assemblées, dans les jeux, dans les fêtes, dans les distributions ». La loi fut retirée. C'était l'effondrement de l'œuvre entière ruinée par la base, une banqueroute.

Le Sénat reprit courage. La popularité de Caius avait subi une grave atteinte. Il s'agissait de lui porter le dernier coup. Pour cela, il imagina une tactique perfide. Il ne pouvait être question d'une offensive directe. S'en prendre aux lois judiciaire, agraire, frumentaire, c'était le bon moyen pour reconstituer l'armée révolutionnaire, près de se dissoudre. Ce qu'il fallait, c'était dérober ses armes à l'adversaire, le battre sur son propre terrain, en lui débauchant sa clientèle par une habile surenchère, par l'appât d'avantages nouveaux, non compris dans la législation Sempronienne, après quoi, une fois le tour joué, on verrait. La manœuvre fut confiée à un collègue de Caius, le tribun M. Livius Drusus, qui déjà s'était signalé par son opposition à la loi concernant les Italiens. Il s'en acquitta à merveille. Les bénéficiaires des assignations agraires étaient astreints à une redevance établie par Tiberius, de manière à maintenir le droit éminent de l'Etat: il proposa de la supprimer. Les classes pauvres voyaient d'un mauvais œil un système de colonisation conçu moins à leur intention qu'à celle des classes plus aisées: il leur promit douze colonies qui leur seraient exclusivement destinées, non plus en Gaule et en Afrique, mais en Italie seulement. Et comme ces fondations n'étaient réalisables qu'au détriment des Italiens, il leur offrit, au lieu de tous les droits impliqués par le droit de cité, le plus précieux pour le plus grand nombre, le plus ardemment souhaité, la suppression des châtiments corporels, même sous les drapeaux. En tout cela, il affectait un désintéressement contrastant avec les allures envahissantes et l'omnipotence de Caius, laissant à d'autres le soin d'exécuter ses lois, refusant d'entrer dans les commissions préposées à l'organisation des colonies votées sur son initiative, et s'interdisant par là le maniement des fonds dont Caius disposait avec une liberté rendue suspecte par la calomnie.

Le stratagème réussit. Le Sénat, prôné par Drusus comme le meilleur et le plus sincère ami du peuple, reprit sur la foule son ascendant séculaire. Et d'ailleurs, indifférente à tout sauf à ses intérêts matériels, peu lui importait de quel côté elle tendrait la main. Caius était absent, laissant le champ libre à ces machinations. Le Sénat avait eu cette autre habileté de l'éloigner, avec son collaborateur Fulvius Flaccus, en les faisant charger l'un et l'autre d'installer la colonie de Carthage. Quand il revint, ce fut pour échouer aux élections tribuniciennes. En même temps, le plus violent des oligarques, le bourreau de Frégelles, L. Opimius, était désigné pour le consulat. Alors il sentit qu'il était perdu.

Le Sénat était embarrassé pour commencer l'attaque. Il n'en était pas de Caius comme de Tiberius : il n'avait pas commis d'illégalité ; ses lois avaient été votées régulièrement. On pouvait, il est vrai, proposer de les abroger comme mauvaises. Mais encore fallait-il choisir. Des deux seules qui fussent impopulaires, la loi sur les Italiens n'avait pas passé ; restait la loi sur la colonisation de Carthage. On répandait à ce propos tous les bruits de nature à surexciter les imaginations; on racontait les prodiges qui avaient accueilli l'arrivée des colons et par où s'était manifestée la colère divine. Les esprits étaient donc préparés quand le tribun Minucius Rufus vint proposer l'abrogation de la loi. Caius, bien que rentré dans la vie privée, ne put se dispenser de défendre son œuvre. Des désordres se produisirent le jour du vote. Le Sénat en profita pour déclarer la République en danger, et inviter le consul Opimius à prendre les mesures nécessaires. Ce fut la première apparition du fameux *senatus consultum ultimum*, la résurrection, sous un autre nom, de l'antique dictature, un coup d'Etat. Le meurtre de Tiberius avait pu être attribué à l'initiative privée de Scipion Nasica, le consul Scævola ayant refusé de s'associer à cet attentat, et les commissions sénatoriales instituées contre ses partisans avaient eu au moins l'apparence d'une justice régulière.

Maintenant c'était le Sénat qui, de sa seule autorité, sans autre forme de procès, ordonnait de courir sus à des citoyens, suspendant ainsi toutes les garanties spécifiées dans la longue série des lois *de provocatione* et tout récemment renouvelées, confirmées et précisées dans la dernière d'entre elles due à Caius lui-même. La tête de Caius, celle de Fulvius furent mises à prix. Fulvius se retrancha sur l'Aventin, y fut forcé et tué. Caius, renonçant à la lutte, se fit donner la mort par un esclave.

La réaction, cette fois encore, fut sanglante, et plus encore que la première fois. Elle n'épargna même pas le plus jeune fils de Fulvius, un bel enfant qui lui avait servi d'intermédiaire dans une négociation entamée avec le Sénat. Aux deux cent cinquante victimes tombées dans la bataille des rues s'ajoutèrent celles des tribunaux sénatoriens qui recommencèrent à fonctionner. Les condamnations prononcées ne s'élevèrent pas à moins de trois mille (121).

Des colonies promises par Drusus il ne fut plus question. De celles qui avaient été décrétées par Caius les seules maintenues, — et c'est pourquoi ce sont les seules connues, — furent la colonie Minervia à Scyllacium et la colonie Neptunia à Tarente. Sans doute, comme elles étaient les seules installées on n'osa pas les supprimer. De même il était impossible d'expulser le premier ban des colons amenés en Afrique, mais ce ne furent plus des colons; l'emplacement même de Carthage leur fut interdit et resta voué à l'abandon. On a vu comment ultérieurement, au bout de trois ans, en 118, les publicains obtinrent du Sénat la colonisation de Narbonne.

La loi agraire fut démolie pièce par pièce. Elle avait soulevé contre elle tous les partis. Odieuse aux classes possédantes, aux sénateurs et aux chevaliers, redoutée des Italiens, très médiocrement goûtée du prolétariat urbain, elle n'intéressait guère que les rares survivants de la plèbe rurale. On pouvait s'y attaquer impunément.

On procéda par trois lois successives s'espaçant sur une période de dix ans. La première abrogea l'interdiction de vendre les terres assignées. Le résultat ne se fit pas attendre. Les riches, nous dit Appien, se mirent encore une fois à acheter les lots des pauvres, quand ils n'allaient pas jusqu'à les expulser par la chicane ou la force. Ainsi se trouvaient annulées en fait les concessions anciennes. La deuxième loi empêchait les concessions futures, en garantissant leurs possessions aux détenteurs du domaine moyennant le rétablissement de la redevance supprimée par Drusus, et de nouveau et définitivement supprimée par la troisième loi.

Cette troisième loi, de l'année 111, nous est connue par des fragments d'inscription détachés d'une table de bronze où elle était gravée et dont le rapprochement a permis de la reconstituer, sinon dans son intégralité, du moins par morceaux étendus. Elle ne s'en tenait pas à l'article susdit. Elle avait un objet beaucoup plus vaste. C'était une loi d'ensemble, une loi de liquidation et de codification, devenue nécessaire après tant de bouleversements. On en peut résumer ainsi qu'il suit les dispositions principales. Etaient reconnues désormais comme propriété privée les possessions de l'*ager publicus* n'excédant pas les limites fixées par la loi de Tiberius, à savoir 500 jugères pour chaque père de famille, plus 250 pour chacun de ses fils, plus les portions du même *ager* assignées ou attribuées à titre de compensation aux expulsions prononcées par la commission triumvirale, plus enfin les terres occupées ultérieurement jusqu'à concurrence de 30 jugères à condition qu'elles fussent mises en culture. Ces dispositions étaient valables pour les Latins comme pour les citoyens. L'Etat ne se réservait pour les besoins du Trésor que certaines parties de son domaine, parmi les plus productives, telles par exemple que le territoire de Capoue.

La loi avait l'avantage de mettre un terme à l'agitation en réglant les questions pendantes, en consolidant les positions acquises, en rassurant les intérêts et, à ce point de vue, on peut dire qu'elle était sagement conçue ; elle pouvait même passer pour bienfaisante et libérale puisque, somme toute, elle ratifiait, et au delà, les résultats obtenus par la loi agraire en faisant des concessionnaires autant de propriétaires, dans le sens complet du mot. Mais il ne faut pas s'y tromper : c'était au fond une loi de réaction très ingénieusement combinée, ramenant les choses au point où le premier des Gracques les avait trouvées et aggravant le mal en ce sens qu'elle interdisait l'espoir du remède. La conversion des terres assignées en propriétés privées n'était avantageuse que si elles restaient entre les mains des bénéficiaires, et l'on a vu au contraire comment la liberté de vendre eut pour effet de les faire passer de nouveau entre celles des riches, de manière à reconstituer très rapidement la grande propriété avec ses conséquences néfastes et ses abus. Et, d'un autre côté, les garanties stipulées en faveur des possesseurs, leur transformation en propriétaires, rendaient impossibles des expropriations ultérieures alors que, par ailleurs, l'exiguïté du domaine resté à l'Etat ne permettait guère de songer à des mutilations nouvelles. Aussi comprend-on qu'Appien, après avoir énuméré et caractérisé les trois lois, conclue en ces termes : « Quand on eut par ces artifices éludé l'application de la loi de Gracchus, cette loi salutaire et excellente si seulement elle avait été mise en pratique, le peuple fut privé de tous les avantages qu'il avait espérés et la pénurie de citoyens et de soldats fut plus grande que jamais ».

La grande tentative avait avorté. Il en restait une idée féconde léguée à l'avenir, au fondateur de l'Empire et à ses successeurs, mais en attendant, ce qu'elle laissait derrière elle, c'étaient des ferments de guerre civile. La question italienne n'était pas résolue et, à la suite des déceptions répétées, devenait tous les jours plus brûlante. Les lois frumentaires et la loi judiciaire surtout, auxquelles on n'avait pas osé toucher, n'étaient pas un moindre danger. La première était un instrument redoutable à la portée des ambitieux. La seconde ne pouvait manquer un jour ou l'autre de mettre aux prises les deux fractions de la noblesse. La République, dit Florus, avait été une jusque-là : maintenant c'était un monstre à deux têtes. Et Cicéron prête à Caius cette parole : « J'ai jeté dans le Forum des épées avec lesquelles les Romains s'entre-tueront ». On a peine à croire qu'il ait tenu ce propos cruel, indigne d'un bon citoyen, — une calomnie sans doute lancée par les cercles conservateurs, — mais la prédiction, authentique ou non, était juste et elle ne tarda pas à se vérifier.

CHAPITRE II

La réforme par le Sénat. Drusus et Sylla.

§ 1. Les commencements de la démagogie dans l'armée et à Rome. Marius et Saturninus. — § 2. La tentative du parti sénatorial réformiste. Drusus et la révolte des Italiens. — § 3. Les premières guerres civiles. Marius et Sylla. — § 4. La réaction oligarchique. La dictature de Sylla. La réaction antisyllanienne. — § 5. Catilina et la tentative de révolution sociale.

§ 1. — Les commencements de la démagogie dans l'armée et à Rome. Marius et Saturninus.

Le Sénat était redevenu le maître et il sut le rester durant une période de seize années, de 121 à 105.

Jamais son gouvernement n'avait été si faible au dehors, si décrié au-dedans. Au dehors, une série d'humiliations et de désastres. En Afrique, la guerre contre Jugurtha, une politique incohérente et pusillanime, des généraux incapables, des troupes indisciplinées, des négociateurs véreux ou suspects, un roitelet numide se jouant impunément de la toute-puissante République. Ailleurs, l'Italie menacée par les Barbares, le consul Porcius Cato battu par les Scordisques, les consuls Papirius Carbo et Junius Silanus battus par les Cimbres et les Teutons, le consul Cassius Longinus battu par les Tigurins et, à deux ans de distance, en Gaule comme en Afrique, les légions réduites à passer sous le joug. Au-dedans, une succession de scandales

publics et privés, le procès des Vestales, où deux ans
durant on vit traîner dans la boue les plus illustres
familles, puis, aussitôt après, l'enquête contre les
complices ou prétendus tels de Jugurtha, tout le personnel gouvernant mis sur la sellette, la fleur de la
noblesse, des sénateurs, des consulaires condamnés et flétris pour connivence avec l'ennemi, pour
corruption et trahison. Tel était le bilan depuis que le
Sénat avait remis la main sur le pouvoir.

Rien de tout cela pourtant n'avait ébranlé sérieusement son autorité. Le procès des Vestales avait
passé comme un orage sans lendemain. Le procès
intenté aux complices de Jugurtha avait jeté sans
doute quelques victimes en pâture aux haines populaires, mais il avait élevé au pinacle le chef même de
l'oligarchie, son guide et son pilote dans les passes
difficiles, l'astucieux Æmilius Scaurus. Soupçonné
lui aussi, à tort ou à raison, c'est au banc des accusés
que sa place semblait marquée ; il fut assez habile ou
assez puissant pour se faire porter au tribunal du
juge, et de là à la haute magistrature morale de la
censure. L'année même où Scaurus était créé censeur (109), quand, après le traité ignominieux signé
en Numidie par le légat Postumius Albinus, il fallut
se décider enfin à une action énergique, ce fut un
aristocrate qu'on alla chercher pour lui confier, en
qualité de consul, la direction de la guerre, le plus
honnête homme assurément de son parti et le général le plus capable, mais le plus intraitable dans ses
opinions, le plus entiché des privilèges de sa caste,
un membre de cette dynastie des Metelli qui, par
droit de naissance, s'était implantée dans la possession
des magistratures.

Le Sénat avait eu cette prudence de ne toucher ni à
la loi frumentaire ni à la loi judiciaire. Par là s'explique
sa résistance. La plèbe urbaine était satisfaite. Les

chevaliers étaient nantis. Ils avaient le champ libre pour leurs spéculations, et quant aux mesures qui avaient balayé les derniers restes de la réforme agraire, ils ne pouvaient qu'y applaudir, les intérêts des deux aristocraties, politique et financière, étant identiques sur ce point. Ils n'avaient donc aucune raison pour se détacher du Sénat. Mais ils abusaient de leurs avantages. Maîtres des tribunaux, ils ne se contentaient pas d'y assouvir leur cupidité en trafiquant sans vergogne de leur mandat : par des manœuvres de chantage ou par des condamnations iniques, ils faisaient peser sur les sénateurs un régime d'oppression et de terreur. « Délivrez-nous, s'écriait l'orateur Crassus, dans un discours demeuré fameux, délivrez-nous de ces bêtes de proie qui ne peuvent se rassasier de notre sang. » Le Sénat, à la fin, se révolta. La possession ininterrompue du pouvoir l'avait enhardi. Il se crut assez fort pour dénoncer une alliance achetée à ce prix. En 106, le consul Q. Servilius Cæpio proposa et réussit à faire passer une loi lui restituant la judicature. Mais aussitôt se reforma, entre la faction populaire et l'ordre équestre, la coalition savamment ourdie par C. Gracchus et dont la rupture avait depuis lors frappé d'impuissance tous les efforts de l'opposition.

Le Sénat jouait de malheur. L'année suivante, en 105, Cæpio, envoyé contre les Cimbres, se laissa infliger, dans les environs d'Orange, la plus éclatante défaite que Rome eût enregistrée depuis Cannes. L'occasion était bonne pour une revanche. Elle emporta, avec l'auteur de la loi, la loi elle-même. Cæpio, destitué de son commandement, expulsé du Sénat, traduit en justice, condamné à mort, n'échappa au supplice que par la fuite. Une autre loi Servilia, portée par le tribun Servilius Glaucia, rendit aux chevaliers leur monopole. Le désastre d'Orange eut une autre conséquence : ce fut l'élection de Marius à son deuxième consulat, pour l'année 104.

Il s'est formé une légende sur le compte de Marius. On se le représente souvent, sur la foi de quelques auteurs amateurs de romanesque, comme un soldat de fortune, sorti du rang, issu des bas-fonds de la société. La vérité est toute différente. Né à Arpinum, une petite ville de l'Italie centrale, dans une famille alliée à celle de Cicéron, il appartenait à cette bourgeoisie municipale aisée qui, un siècle plus tôt, avait donné Caton et dont à son tour, avec les particularités de son tempérament, et non sans une certaine affectation, il incarnait l'esprit, les allures rustiques, les mœurs rudes, et aussi les opinions. Son tribunat, à ce dernier point de vue, est caractéristique. Egalement hostile à la domination du prolétariat urbain et à celle de l'oligarchie sénatoriale, il avait combattu et fait échouer une loi tendant à élargir le bénéfice des distributions frumentaires soit en les rendant plus abondantes ou plus fréquentes, soit en abaissant encore le prix déjà dérisoire exigé des participants, mais en même temps il avait fait voter une autre loi qui avait pour but de réduire l'influence des nobles sur les comices. Cette influence était déjà entamée par la série des lois *tabellaires* qui, depuis 139, avaient successivement imposé le scrutin secret pour leurs diverses opérations électorales, judiciaires, législatives, mais les nobles avaient pris l'habitude de se poster à la sortie des couloirs ou *ponts* conduisant aux bureaux de vote, de manière à agir par la persuasion ou la menace sur les votants et en les obligeant au besoin à déplier sous leurs yeux leur bulletin. Marius imagina de couper court à ces pratiques en rétrécissant ces couloirs dans la pensée que, s'exerçant sur un plus petit nombre d'individus, elles seraient plus facilement surveillées. La mesure, il faut le croire, était efficace, car elle rencontra dans le Sénat une vive opposition et fut soutenue par son auteur avec une ténacité singulière et par les procédés les plus violents. Pourtant, malgré cette incursion dans la politique, ce n'était pas de ce côté que l'appelaient ses vraies aptitudes. Il fallait bien passer par la filière des magistratures pour arriver aux grands commandements militaires, mais c'étaient ces commandements qu'il visait. Sa vocation s'était manifestée brillamment dès sa jeunesse au siège de Numance, où Scipion Emilien l'avait distingué et lui avait prédit, dit-on, ses hautes destinées. Aussi, quand Métellus fut chargé d'imprimer à la guerre d'Afrique une direction plus énergique, s'empressa-t-il de s'adjoindre ce vigoureux lieutenant. Il avait le mérite de faire abstraction de ses préventions et de ses rancunes d'aristocrate pour ne considérer que le bien de l'Etat et le succès de ses armes, mais Marius ne paraissait être alors qu'un officier de talent égaré un instant sur un terrain qui n'était pas le sien, et il ne pouvait se figurer qu'il se préparait à lui-même un rival et à son parti le plus redoutable des adversaires.

Marius ne tarda pas à devenir l'idole de l'armée. La familiarité de ses manières contrastait avec la morgue de son chef. Sa stratégie audacieuse faisait paraître timide la marche mesurée de ce dernier. Bientôt ce fut une opinion courante que lui seul était capable de mener à bonne fin cette guerre interminable. Pour cela, il lui fallait le consulat. Le congé qu'il sollicita de Metellus pour aller faire à Rome acte de candidat lui fut refusé en termes méprisants qu'il ne pardonna jamais. Il n'en partit pas moins sans autorisation et fut élu d'acclamation. L'avènement d'un homme nouveau était toujours un coup porté aux oligarques, mais ils avaient aggravé leur échec en obligeant Marius, par leur attitude inconsidérée, à se jeter décidément dans les bras du parti populaire Les haines n'étaient qu'assoupies ; il ne fut pas difficile de les réveiller ; on évoqua le souvenir des Gracques, de leur martyre, du martyre de leurs partisans. Et le nouvel élu se vanta d'avoir enlevé la suprême magistrature comme une dépouille opime emportée sur des vaincus ; il faisait parade de ses origines obscures, opposant à la lâcheté des nobles ses services, ses grades conquis par son mérite. La foule applaudissait à ses diatribes ; les chevaliers, de leur côté, ne lui ménageaient pas leurs sympathies : ils avaient sur le cœur la loi de Servilius Cæpio, et puis, il était des leurs, il avait lui-même trafiqué autrefois comme publicain et encouru à ce titre les dédains de l'état-major de Metellus. Le Sénat essaya du moins de pallier sa défaite en maintenant Metellus dans sa province en qualité de proconsul. Expédient puéril dont Marius n'eut pas de peine à triompher par un vote des comices tributes.

C'est alors qu'il prit, en vue de la prochaine campagne, une initiative qui devait avoir une portée incalculable. Non content des réformes tactiques qui modifièrent du tout au tout l'organisation de la légion, il introduisit dans le recrutement de ce corps une nouveauté qui en altéra profondément la composition et l'esprit. Jusqu'alors, tout en descendant graduellement au-dessous du niveau des cinq classes pour enrôler ceux que l'on appelait les *proletarii* et que l'on avait fini par distinguer des *capite censi* parce qu'ils disposaient encore d'un capital qui, si mince qu'il fût, pouvait figurer sur les registres du cens, on était resté fidèle à la règle écartant du service cette dernière catégorie ou, si on l'avait enfreinte, ç'avait été dans des cas particulièrement critiques, sous le coup de nécessités urgentes, à titre exceptionnel, et le principe était resté sauf. Les alliés, cela n'est pas douteux, étaient soumis au même régime. Mais un recrutement ainsi limité, et d'ailleurs de plus en plus appauvri par la diminution progressive des classes moyennes, ne répondait plus aux besoins de l'heure présente. Depuis longtemps l'insuffisance des effectifs avait compromis la solidité de l'armée, et les difficultés qui en résultaient avaient eu une fâcheuse répercussion sur la discipline. Les déboires de la guerre contre Jugurtha, venant après les leçons du siège de Numance, avaient été à cet égard un nouvel et terrible avertissement. Marius adressa aux volontaires de toute condition un appel qui fut accueilli avec enthousiasme. Tout ce qu'il y avait d'aventuriers errant sur le pavé de Rome ou sur les routes italiennes accourut sous les drapeaux du chef qui promettait la vie assurée, la solde, la victoire, le pillage. La mesure pouvait paraître dictée par les circonstances comme d'autres du même genre qui avaient été prises précédemment, bien que dans de moindres proportions et avec un moindre retentissement, mais elle se montra trop efficace, et surtout elle était trop conforme aux aspirations de tous, elle se prêtait trop bien aux ambitions des généraux, aux convoitises des soldats pour ne pas devenir définitive. On peut rendre cette justice à Marius, que les considérations d'ordre militaire étaient entrées pour la plus large part dans sa décision, mais on peut croire aussi, avec Salluste, qu'il n'était pas fâché d'avoir sous la main des troupes entièrement attachées à sa fortune. Ce qui est certain, c'est qu'une grande révolution était consommée. Rome, comme toutes les cités antiques, était restée durant des siècles sans comprendre qu'on pût être appelé à défendre le sol héréditaire à moins d'en posséder tout au moins une parcelle. De cette conception étaient issues ces armées civiques, sortes de gardes nationales, fortement encadrées et vigoureusement entraînées, merveilleusement adaptées à ces organismes minuscules.

Elles avaient disparu des cités grecques en décadence pour être remplacées par les mercenaires d'Alexandre et des diadoques. Rome elle aussi en était là, maintenant qu'elle se transformait à l'image des grands empires hellénistiques. A l'armée des citoyens se substituait une armée de métier, animée encore d'un vif sentiment patriotique, mais incarnant la patrie dans l'homme qui lui donnait la gloire et l'argent et n'hésitant pas à fouler aux pieds pour lui plaire la légalité et les libertés publiques. Sans doute on avait pu constater déjà, dans le même sens, quelques symptômes inquiétants, au temps des guerres puniques et même plus tôt, dès les guerres du Samnium, mais ces manifestations passagères et relativement inoffensives faisaient place à un état d'esprit redoutable, chronique, permanent. L'instrument était prêt qui devait asservir la République, et c'était la politique de conquête, l'impérialisme qui l'avait forgé.

Marius revint d'Afrique en 104, vainqueur et entouré d'une popularité immense. Il était naturel de l'opposer à l'invasion cimbrique et, puisque le choc se faisait attendre, de lui prolonger son commandement tant qu'il paraissait nécessaire. Pour cela il n'y avait qu'à le nommer proconsul après son deuxième consulat, comme on avait fait en Afrique après le premier. Mais ce titre ne suffisait plus ni à Marius ni à l'engouement de la foule. On assista alors à un spectacle inouï : Marius consul cinq fois de suite, pour la seconde fois en 104, pour la troisième en 103, pour la quatrième en 102, pour la cinquième en 101, et enfin pour la sixième en 100, après que l'anéantissement des Cimbres à Aix et à Verceil semblait avoir mis un terme à sa mission. La gestion d'une même magistrature avant un intervalle de dix ans était interdite, et il est vrai que cette loi, fréquemment violée, l'avait été tout récemment en faveur de Marius lui-même, mais ce qu'on n'avait jamais vu, c'était un consul se perpétuant à ce poste et, ce qui était plus grave encore, un victorieux tenant de ses victoires tout son prestige et toute sa force.

Au moment où la démagogie commence à s'insinuer dans l'armée avec Marius, elle prend possession de Rome et y règne en maîtresse avec Saturninus.

Marius était monté trop haut pour consentir à descendre. Les temps n'étaient pas mûrs pour le despotisme militaire dans sa brutalité : l'idée que le régime de la soldatesque pût se substituer au gouvernement civil ne venait encore à personne. Pour se maintenir, il devait se jeter dans la mêlée des partis, et à ce nouveau rôle il était, il en avait conscience, mal préparé. Il avait acquis son renom dans les camps et il se sentait comme perdu dans les intrigues des politiciens. Il lui fallait des appuis, des alliés. Il n'avait aucun goût pour le désordre et, s'il avait pu suivre ses préférences, il serait allé sans doute vers la fraction modérée du Sénat. Mais, dans la voie où il était entré, où on l'avait poussé, il ne pouvait plus reculer. Il était le prisonnier de la faction populaire.

Les meneurs étaient alors C. Servilius Glaucia, le même qui avait fait abroger la loi judiciaire de Servilius Cæpio, et en premier lieu, L. Appuleius Saturninus. Leur caractère a été noirci par les historiens, sous l'empire des rancunes aristocratiques. Cicéron pourtant veut bien reconnaître à Saturninus certaines qualités, la sincérité, le désintéressement[1]. Il reste que c'étaient l'un et l'autre des violents, dépourvus de tout scrupule, n'hésitant ni devant l'émeute ni devant l'assassinat. Leur programme, au fond, ne différait guère de celui des Gracques, mais leurs procédés attestent la décadence rapide des mœurs politiques.

1. *Pro Sestio*, 16, 37.

C'est avec ces deux hommes que Marius fit alliance. Ils avaient besoin de lui comme il avait besoin d'eux, de son nom et, à l'occasion, de son épée. Le pacte conclu en 103, quand il briguait son quatrième consulat, fut resserré en 101, quand il s'agit d'emporter le sixième. Glaucia était candidat à la préture, Saturninus au tribunat pour la seconde fois. Les élections furent scandaleuses, entachées de fraude et souillées de sang. Saturninus se débarrassa de son compétiteur en le faisant tuer dans une échauffourée, et avec Marius et Glaucia, il forma une sorte de triumvirat dont il était le chef.

Il avait fait voter, dès son premier tribunat probablement, en 103, une loi de *majesté* visant les crimes contre l'Etat. Contre ces crimes l'Etat était protégé de temps immémorial par l'accusation de *perduellio*. Mais la notion de la *perduellio* était trop précise pour suffire aux haines des partis. Le crime de majesté, étant très vague de sa nature et susceptible d'une extension indéfinie, devenait une menace toujours suspendue sur la tête des conservateurs. La loi, il est vrai, était à l'usage de tous les partis; elle ne tarda pas à se retourner contre ses auteurs, et l'on sait la longue carrière qu'elle devait fournir quand la tyrannie impériale se fut substituée à la tyrannie populaire.

Le deuxième tribunat fut marqué par la loi frumentaire et la loi agraire. La loi frumentaire était la même, ou peu s'en faut, que Marius avait combattue étant tribun, mais il n'était plus le même homme, et au surplus la loi agraire, à laquelle il tenait par-dessus tout, était à ce prix.

La loi agraire avait ceci de nouveau qu'elle ne s'appliquait pas à l'Italie. Les questions relatives à l'*ager publicus* italien avaient été réglées par la loi de 111 à laquelle il était impossible de toucher, et d'ailleurs assez inutile, car ce qui restait de cet *ager* était peu de chose. En revanche, l'*ager publicus* provincial était immense. La loi reprenait donc la pensée de C. Gracchus en décidant la fondation de nombreuses colonies en Macédoine, en Achaïe, en Sicile, en Afrique, en Gaule dans les pays conquis par les Cimbres et recouvrés par Rome. Elle contenait une autre nouveauté : ces colonies devaient être des colonies de vétérans. Ce n'était pas la première fois sans doute qu'on se préoccupait de l'établissement des vieux soldats. En 201, après la fin de la deuxième guerre punique, le Sénat leur avait fait leur part dans les assignations décrétées sur les territoires dévastés par Hannibal. Mais cette préoccupation devenait dominante et de plus en plus exclusive avec la transformation de l'armée, et c'était pour Marius le grand intérêt de la loi, la raison pour laquelle il était résolu à la soutenir coûte que coûte. Sa popularité ne pouvait que grandir par ces largesses, d'autant plus qu'elles n'étaient dispensées que par lui. Il était en effet seul chargé de l'exécution, contrairement à tous les précédents. La question italienne, toujours liée à la question agraire, était embarrassante. On ne pouvait trop avantager les alliés sans soulever aussitôt la plèbe urbaine, et pourtant il fallait faire quelque chose. Marius, en raison de ses origines, et parce qu'il avait trouvé en eux, comme autrefois Scipion Emilien, quelques-uns de ses meilleurs soldats, leur était favorable. Il l'avait prouvé quand, sur le champ de bataille de Verceil, de sa propre initiative, à la grande indignation du Sénat, et d'ailleurs illégalement, il avait conféré le droit de cité à deux de leurs cohortes, en récompense de leur belle conduite. Il se fit autoriser à admettre dans chaque colonie, — c'étaient toutes des colonies romaines, — un certain nombre d'Italiens qui par là devaient être promus citoyens.

Notre texte dit : « trois Italiens » : c'était peu. On a proposé de lire « trois cents » : c'était beaucoup.

La loi de majesté et la loi frumentaire ne paraissent pas avoir rencontré de grosses difficultés. La loi de majesté flattait les passions populaires, et la plèbe urbaine était toujours disposée à voter une loi frumentaire. Mais elle était indifférente, sinon hostile, à la loi agraire, et ces dispositions habilement exploitées pouvaient servir d'appui à la résistance commune des chevaliers et des sénateurs, d'accord une fois encore sur ce terrain. La loi, il est vrai, ne visait que les provinces, mais la possession du domaine provincial ne leur était pas moins lucrative que celle du domaine italien. Le Sénat d'ailleurs, il faut le reconnaître, n'avait pas tort de redouter le surcroit de puissance que Marius en devait tirer. Elle fut votée, si l'on peut dire votée, au mépris des auspices et de l'intercession tribunicienne, à la suite d'un combat où les tribuns opposants ne durent leur salut qu'à la fuite et où la victoire resta à la troupe de vétérans requise tout exprès pour la circonstance.

Depuis que le Sénat avait été dépouillé de son contrôle sur les opérations des comices, il avait essayé de le ressaisir par une voie détournée en déniant leur caractère obligatoire aux lois qu'il jugeait avoir été votées contrairement à la légalité. Il ne formulait qu'un avis, mais qui naturellement était d'un grand poids sur les magistrats dont il pouvait autoriser ou susciter la résistance. Pour prévenir toute difficulté, Saturninus avait inséré un article obligeant tous les sénateurs à jurer individuellement obéissance à sa loi, sous peine d'être déchus de leur dignité et frappés en outre d'une énorme amende. C'était son abdication qu'il exigeait du Sénat. L'attitude de Marius fut piteuse. Il commençait à être las de ses associés. Le sentiment de la discipline, subsistant malgré tout chez le soldat, se révoltait à la longue contre l'innombrable série de leurs attentats. Et puis, il ne pouvait oublier qu'il était arrivé par l'ordre équestre. Mais d'autre part, comment abandonner la loi agraire sans s'aliéner l'armée? Il annonça d'abord qu'il ne jurerait pas, puis il essaya de s'en tirer par une restriction mentale en déclarant que le serment n'engageait qu'autant que la loi aurait été régulièrement votée. Par ce misérable subterfuge, il ne réussit qu'à se déconsidérer. Les sénateurs terrorisés jurèrent avec lui. Un seul, Metellus, l'ancien général de Marius, resta inflexible, bravant les pénalités spécifiées par la loi et d'autres même qui n'étaient pas prévues, car il fut traduit devant les comices tributes en vertu de la loi de majesté et s'en alla fièrement en exil.

Les élections approchaient. C'était la crise périodique qui, chaque année, remettait tout en question. Les élections pour le tribunat, qui avaient lieu d'abord, tournèrent à l'avantage de Saturninus. Il fut réélu et plusieurs de ses partisans passèrent avec lui. Restaient les élections consulaires. Le Sénat battu devant les comices tributes, se ressaisit devant les comices centuriates. Les excès des factieux avaient amené l'inévitable réaction : ils avaient groupé en un même faisceau tous les éléments de l'opinion conservatrice, depuis les plus décidés des oligarques jusqu'à des démocrates avérés. Les candidats présentés par cette coalition étaient heureusement choisis pour symboliser et pour réaliser l'union des deux partis. C'étaient le grand orateur M. Antonius, un des chefs de l'aristocratie modérée et libérale, et C. Memmius, qui s'était signalé, étant tribun, lors de la guerre contre Jugurtha, par ses invectives contre les nobles, et que la peur, le dégoût, l'intérêt, car il semble bien avoir été en cette affaire l'homme de l'ordre équestre, rejetaient maintenant de l'autre côté. Antonius fut élu et

Memmius allait l'être quand les sicaires de Saturninus se précipitèrent et le frappèrent à mort. Il ne s'agissait plus d'élection mais de bataille. Les sénateurs, sans exception, prirent les armes et sommèrent Marius de faire son devoir. Bien qu'à moitié brouillé avec ses anciens amis, — ils ne l'avaient pas porté cette fois pour un septième consulat, — il négociait encore avec eux en sous-main. Néanmoins, il ne put se dispenser d'obéir. Il marcha donc, la mort dans l'âme, contre les insurgés réfugiés sur le Capitole. Il essaya de sauver la vie à Saturninus et Glaucia, mais il n'était pas le maître. Ils furent massacrés l'un et l'autre. Il était lui-même une autre victime de cette journée. Renié par tous les partis, il avait donné la mesure de son incapacité politique, contrastant d'une façon lamentable avec l'éclat de sa gloire militaire et l'immensité de son orgueil et de son ambition.

§ 2. — La tentative du parti sénatorial réformiste. Drusus et la révolte des Italiens.

La victoire du Sénat sur une faction justement décriée était non seulement matérielle mais morale, et d'ailleurs elle ne fut pas souillée, comme après Ti. et C. Gracchus, par des représailles sanglantes, par des condamnations en masse, ce qui tient sans aucun doute à la part qu'y avaient prise les chefs des modérés dans le parti aristocratique et dans le parti populaire et à leur influence devenue prépondérante. Le point douloureux était toujours le conflit entre les sénateurs et les chevaliers. Le rapprochement opéré par le danger commun ne pouvait durer. Les accusations calomnieuses, les condamnations iniques reprirent de plus belle dans les tribunaux équestres. Le scandale fut porté à son comble par le procès de

P. Rutilius Rufus, ancien légat de Q. Mucius Scævola dans sa province d'Asie. C'étaient deux hommes d'une intégrité reconnue qui s'étaient attiré la haine des publicains en s'opposant à leurs exactions. On n'osa s'attaquer à Scævola, trop bien défendu par sa haute situation, par sa vieille noblesse, par ses puissantes alliances, mais on poursuivit Rufus pour malversations. Il dédaigna de se défendre et alla vivre en exil, parmi ces mêmes populations qu'il était censé avoir pillées, entouré de leur affection et de leur respect.

Le Sénat cherchait un sauveur. Il se présenta, dans la personne de M. Livius Drusus, élu tribun en 91, peu de temps après le procès de Rutilius Rufus.

Il était fils de ce Livius Drusus qui, par ses manœuvres déloyales, avait ruiné la popularité de C. Gracchus et avait été, en récompense, porté par le parti oligarchique aux premières dignités. Il était donc engagé par tradition dans la cause sénatoriale, mais s'il entendait la soutenir, lui aussi, c'était par d'autres moyens, dans un autre esprit, avec des visées plus larges et plus généreuses. Les historiens, qui lui reprochent certains défauts de caractère, la violence, l'orgueil, un excès de confiance en soi, sont d'accord pour rendre justice à ses qualités éminentes, à sa haute intelligence, à la noblesse de ses sentiments. S'ils hésitent dans le jugement à porter sur sa politique, s'ils sont embarrassés pour en démêler le vrai objet, pour en discerner la pensée fondamentale, c'est qu'elle les déroute par ce qu'elle a d'imprévu, de déconcertant. Réaliser par le Sénat et à son profit la vaste réforme tentée contre lui, à son détriment, mettre à son service les éléments déchaînés par les meneurs de l'agitation démocratique, il y avait dans cette interversion des rôles de quoi troubler les idées de la postérité comme des contemporains. Tel fut pourtant le dessein de Drusus. Il s'était dit que la restauration de la puissance sénatoriale, par un coup de force ou une habile intrigue, ne serait jamais que précaire si elle ne comportait en même temps la solution des problèmes dont dépendait l'avenir de la République, et si elle n'était par là consolidée et justifiée. Et ainsi l'on vit cette chose paradoxale, la cause de l'aristocratie liée à celle des intérêts populaires et des revendications italiennes.

Pour restituer au Sénat son pouvoir, il fallait avant tout lui rendre la judicature. La difficulté était grande. Il imagina d'abord de la tourner en introduisant dans la curie trois cents chevaliers et en constituant ainsi un corps judiciaire mixte. Il savait bien qu'il dépouillerait vite ce caractère et que les nouveaux sénateurs ne tarderaient pas à se fondre avec les anciens. Mais les chevaliers savaient fort bien aussi à quoi s'en tenir sur ce point, et ceux d'entre eux qui ne devaient pas faire partie de la promotion n'avaient aucun motif pour se prêter à cette combinaison. Les sénateurs, de leur côté, faisaient mauvais accueil à ces intrus. La proposition étant repoussée des deux parts, il fallut en venir à la mesure radicale, à la radiation pure et simple de la loi Sempronienne, ou plus exactement de la loi de Servilius Glaucia.

La tactique de Drusus ne fut autre que celle de C. Gracchus renversée. De même qu'il lui dérobait ses idées, il lui empruntait ses moyens d'action. Pour dissoudre la coalition groupée autour du Sénat, Gracchus avait offert la judicature à l'ordre équestre, la loi frumentaire au prolétariat urbain, la loi agraire au prolétariat rural, le droit de cité aux Italiens. Pour restituer la judicature au Sénat et l'enlever à l'ordre équestre, Drusus, par l'appât des mêmes avantages, s'efforça de tourner contre cet ordre et les Italiens et les deux fractions du prolétariat.

La loi frumentaire était le don de joyeux avènement auquel désormais nul ne pouvait se soustraire qui prétendait agir sur les masses électorales. Nous ignorons tout à fait en quoi consistait celle de Drusus. Il est à présumer qu'elle abaissait le prix du blé comme celle de Saturninus. Nous sommes un peu mieux renseignés sur la loi agraire. Drusus put se vanter de n'avoir plus rien laissé à partager, sinon le ciel et la boue. Elle s'appliquait en effet à tout ce qui restait de terres disponibles en Italie, y compris le territoire campanien. Elle avait pour corollaire une autre loi ordonnant la fondation de nombreuses colonies, non seulement en Italie, mais en Sicile, très probablement les colonies vainement décrétées par C. Gracchus avec celles dont la promesse avait été lancée par le père même de Drusus.

La rançon de la loi agraire pour les Italiens, c'était la concession du droit de cité. A en croire Appien, Drusus n'aurait pas au fond visé d'autre objet. Appien écrivait à plusieurs siècles de distance : à cette époque, l'entrée de l'Italie dans la cité devait apparaître comme le fait capital dont l'importance effaçait tous les autres ; il était naturel qu'il fût considéré comme ayant été le but essentiel et unique de l'entreprise, d'autant plus qu'il en fut l'unique résultat. Pour un autre historien, Velleius Paterculus, Drusus ne prenait au sérieux que la restauration du Sénat par la loi judiciaire ; tout le reste était leurre et duperie ; la proposition concernant les Italiens n'était elle-même qu'une inspiration de la dernière heure, la vengeance d'un orgueilleux blessé dans sa vanité, furieux de ses déboires et de ses échecs et jetant par dépit ce brandon de discorde. On ne reconnaît pas dans ce politicien cynique et incohérent le grand homme d'Etat, le grand honnête homme, *vir sanctissimus*, dont le même Velleius, quelques lignes plus haut, nous a tracé le portrait. L'erreur des deux parts est la même :

elle sépare ce qui dans son programme était étroitement solidaire ; elle en méconnaît l'unité et l'originalité. Il est vrai qu'il attendit jusqu'à la fin pour aborder la question brûlante, mais il imitait en cela encore l'exemple de C. Gracchus, n'ignorant pas plus que ce dernier ce qu'il y fallait de précautions.

Le principal adversaire de Drusus était le consul L. Marcius Philippus, un homme remarquablement doué, mais un type très curieux et très symptomatique de versatilité politique. Il avait débuté, étant tribun, dans les rangs du parti populaire, par un projet de loi agraire qu'il avait du reste retiré aussitôt, sous quelles suggestions? mais qui n'en avait pas moins eu un grand retentissement car, dans un discours prononcé à ce sujet, il avait donné cet argument qu'on ne trouverait pas à Rome deux mille propriétaires. L'assertion était exagérée sans doute, mais non pas assez pour qu'elle ne parût pas dangereuse. Cicéron, qui la rapporte sans d'ailleurs en contester la vérité, la blâme sévèrement. Le même homme devait finir parmi les partisans les plus décidés de la réaction Syllanienne. Pour le moment il était inféodé à l'ordre équestre dont il épousait la cause avec une extrême âpreté.

A vrai dire, les objections fondées ou spécieuses ne manquaient pas. Contre la loi frumentaire, on pouvait alléguer le vieil argument financier. Les intérêts du Trésor étaient également compromis par la loi agraire. Qu'une guerre malheureuse vînt à tarir la source des impôts provinciaux, il était à sec, ne pouvant plus compter sur les revenus du domaine italien. Et puis, que devenait la loi de 111, les garanties formellement stipulées en faveur des détenteurs de l'*ager publicus*? La difficulté évidemment n'avait pas échappé à Drusus, mais comment l'avait-il résolue? Les textes ne nous le disent pas. Ce qu'ils nous apprennent, c'est que les grands propriétaires étaient fort alarmés, en Ombrie notamment et en Etrurie. Il y avait là une aristocratie locale très riche et pour qui l'octroi même du droit de cité ne paraissait pas une compensation suffisante. Et enfin, en ce qui concerne cette dernière mesure, rien n'était plus facile que d'ameuter contre elle tous les partis.

Le Sénat était hésitant, divisé. Drusus avait su gagner à ses idées tout un groupe de hauts personnages, considérables par leur situation sociale, par leur naissance, par leurs talents. En tête, Æmilius Scaurus, le vieil oligarque, dont l'adhésion, il faut le dire, n'était pas tout à fait désintéressée, car il se trouvait sous le coup d'une poursuite pour concussion, et il avait tout à redouter de la juridiction équestre, mais d'autres avec lui qui ne pouvaient être suspectés, les deux plus illustres orateurs du temps, M. Antonius et L. Licinius Crassus, le jurisconsulte Q. Mucius Scævola, Q. Lutatius Catulus qui avait partagé avec Marius les lauriers de Verceil, et enfin, deux jeunes gens de la plus grande espérance, C. Aurelius Cotta, neveu de l'intègre Rutilius Rufus, et P. Sulpicius qui devait marquer plus tard dans le mouvement démocratique et Marianiste et qui maintenant faisait ses premières armes dans le parti aristocratique modéré. C'était ce parti en effet qui s'était rallié à Drusus. Son autorité avait grandi par réaction, à la suite des excès auxquels s'étaient laissé aller les violents après la chute des Gracques et dont il avait su empêcher le renouvellement après celle de Saturninus. Il avait fait du chemin à un autre point de vue. Quand on pense que quatre ans plus tôt, en 95, les deux consuls Licinius Crassus et Mucius Scævola avaient rayé impitoyablement de la liste des citoyens la masse des Latins qui s'y étaient glissés indûment, et quand on les retrouve maintenant, marchant de concert avec le champion des Italiens, on admire le miracle opéré par l'éloquence persuasive du tribun. Sans doute, il leur offrait la loi judiciaire en échange de leur concours, et c'était là peut-être ce qui les touchait le plus, mais il n'en reste pas moins qu'ils s'étaient associés à l'ensemble de ses desseins. Beaucoup de sénateurs ne partageaient pas ces sentiments. Ils s'effrayaient de cette brusque rupture avec la vieille tradition conservatrice, scandalisés par les allures démagogiques du prétendu « patron » du Sénat, inquiets de cette extension du droit de cité qui ne pouvait manquer d'ébranler la constitution dans ses fondements. La restitution même de la judicature leur paraissait achetée trop cher au prix où il la mettait. Entre les deux opinions l'équilibre était instable, mais il pouvait être facilement renversé au détriment des novateurs.

Nous avons, sur l'état d'esprit du Sénat à ce moment, un témoignage intéressant dans quelques pages fameuses de Cicéron. Dans les trois dialogues intitulés *de Oratore*, il met en scène les principaux adhérents de Drusus, profitant des loisirs ménagés à la politique par les *jeux romains* qui remplissaient une partie de septembre, pour se reposer dans la villa de Crassus, à Tusculum, la veille de la bataille décisive. Bien que leur entretien roule exclusivement sur l'art oratoire, les préoccupations de la vie publique n'en sont pas absentes, non plus que les sombres pressentiments. A cette époque, nous dit Cicéron, la puissance de Drusus était sur son déclin. Il fait allusion aux élections tribuniciennes pour 90, élections qui avaient eu lieu à la date ordinaire, en juillet, et qui avaient été mauvaises. Drusus pourtant n'avait pas perdu tout son crédit sur le Sénat. Nous le voyons par un épisode sur lequel Cicéron s'est longuement étendu. Le consul Philippus avait fait devant une assemblée du peuple une sortie inconvenante. Il avait déclaré qu'avec un Sénat comme celui-là, il ne pouvait plus gouverner, qu'il lui fallait se mettre en quête d'un autre conseil. Beaucoup de sénateurs penchaient donc encore pour la réforme. Crassus, aussitôt de retour à Rome, releva le propos dans un vigoureux discours, le plus beau qu'il eût prononcé et le dernier, car il mourut peu de jours après. Le Sénat avait applaudi. Il avait voté un ordre du jour portant que jamais il n'avait failli à ses devoirs envers la République. C'était une protestation contre Philippus, mais non pas une approbation donnée à Drusus qui, dans cette formule très vague, n'était pas nommé. La majorité ne se prononçait pas. Ce qui suivit mit fin à ses tergiversations.

Il fallait se hâter. Le grand malheur, c'était toujours la courte durée des magistratures. Toute réforme, pour aboutir, devait, au lieu d'être préparée patiemment, être enlevée précipitamment et de haute lutte. Drusus commença par présenter simultanément ses trois lois, frumentaire, agraire et judiciaire. Il était à craindre que le peuple, en votant la première et peut-être la seconde, ne se désintéressât de la troisième. Mais il avait prévenu ce danger en les intégrant toutes trois, solidairement, dans une même loi, une loi composite, « *per saturam* » bien que cet abus eût été formellement interdit sept ans auparavant. La loi fut votée en dépit de cette disposition, en dehors de toute légalité, après des voies de fait contre le consul, sous la menace des Latins appelés à la rescousse. Drusus n'était pas homme à se priver des moyens qui de plus en plus entraient dans les habitudes du peuple romain.

Cette fois, les adversaires de Drusus l'emportèrent. Le Sénat déclara le vote nul pour vice de forme et comme entaché de violence. Drusus fut ulcéré. Il avait voulu sauver le Sénat, et le Sénat repoussait la main qui lui était tendue. Il se plaignit en termes amers d'être incompris et trahi. Il reprocha aux sénateurs leur lâcheté, leur aveuglement, leur suicide. En annulant sa loi dans son ensemble, ils avaient annulé, du même coup, la loi judiciaire : ils verront ce qu'il leur en coûtera devant les tribunaux des chevaliers. Il était trop avancé maintenant pour reculer. Du double rôle qu'il avait assumé et dont vainement il avait essayé de résoudre les données contradictoires, il ne lui restait plus qu'à tenir une moitié. Il avait cessé d'être le vengeur du Sénat : il n'était plus que le protagoniste de la cause italienne. Il ne pouvait manquer aux engagements qu'il avait pris, se dérober à l'attente immense qu'il avait excitée. Il s'apprêta à lancer son dernier projet de loi. Une agitation fiévreuse s'était emparée de Rome et de toute l'Italie. On s'attendait à des événements tragiques. Des bruits sinistres couraient. Les Latins, disait-on, avaient tenté d'assassiner Philippus. Le Marse Pompædius Silo s'était mis en marche à la tête de 10.000 hommes. C'étaient de ces rumeurs qui se répandent à travers la foule anxieuse sans qu'il soit possible d'en vérifier l'exactitude et l'origine. Au milieu de cette effervescence, Drusus tomba frappé d'un coup de poignard. Aucune enquête ne fut ouverte, pas plus qu'après la mort de Scipion Émilien, mais il était facile de deviner dans quels rangs se cachait le meurtrier.

Il était clair désormais que la question italienne ne serait tranchée que par la force. Une insurrection éclata, qui rapidement se propagea dans la majeure partie de la péninsule. On prétendit que Drusus, traître à sa patrie, l'avait lui-même fomentée et préparée. Ses relations très légitimes avec les principaux personnages des villes alliées donnaient prise à cette accusation dont il est impossible de dire si elle était ou non justifiée. Nous n'avons pas à raconter cette guerre qui fut terrible. Les Italiens avaient pris les armes pour forcer les portes de la cité; ils les gardèrent pour s'en détacher. Les anciens griefs, les anciennes haines, les souvenirs de l'ancienne indépendance se réveillèrent. On ébaucha le plan d'une confédération ne tendant à rien moins qu'à l'anéantissement de Rome.

Après un an de combats acharnés, la victoire restait incertaine. Les forces des deux partis étaient égales; les adversaires avaient combattu naguère sous les mêmes drapeaux; ils avaient le même armement, la même discipline, la même vaillance. On comprit à Rome qu'il fallait céder. Les modérés reprirent le dessus. Les représailles, après la mort de Drusus et pendant la première période de la guerre, avaient été très violentes. Le tribun Varius avait fait voter une nouvelle loi de majesté complétant celle de Saturninus : elle était censée viser les complices de la révolte; en réalité, elle était dirigée contre les ennemis de l'ordre équestre. Elle avait passé sous la pression d'une troupe de chevaliers. Le tribunal, fonctionnant au milieu du bruit des armes, alors que toute autre action judiciaire était suspendue, fit de nombreuses victimes dans les rangs de l'aristocratie. Mais les élections tribuniciennes pour 89 accusèrent un revirement, et Varius, l'année suivante, fut poursuivi en vertu de sa propre loi et condamné avec ses partisans. En même temps, dès la fin de 90, le consul Julius fit voter une loi accordant le droit de cité aux alliés restés fidèles. Il s'agissait des colonies latines qui jusque-là, malgré leurs griefs, avaient tenu bon, et en raison de leurs attaches à Rome, et aussi sans doute parce que, établies aux dépens des populations indigènes, elles se sentaient isolées dans ce milieu et suspectes. Le droit de cité n'était pas imposé, mais offert. On l'avait décidé ainsi par égard pour les villes grecques de la côte qui, fort bien traitées et ne se souciant pas de renoncer à leurs traditions et coutumes nationales, n'avaient pas elles non plus pris part à l'insurrection. Leur cas était d'ailleurs tout à fait exceptionnel. La loi Julia fut accueillie avec joie. Elle prévint la défection de l'Etrurie et de l'Ombrie qui n'avaient pas bougé encore, mais dont la révolte paraissait imminente. Elle ne faisait d'ailleurs que circonscrire l'incendie sans l'attaquer à son foyer. Les nations belliqueuses du centre, les Sabins du nord et du sud, les Marses, les Samnites, exclus du bénéfice de la loi, restaient debout. En 89, une nouvelle loi, portée par les tribuns M. Plautius Silvanus et C. Papirius Carbo et renchérissant sur la loi Julia, admit au droit de cité, non seulement les villes qui consentiraient à déposer les armes, mais tous ceux qui, individuellement, viendraient faire leur déclaration devant le préteur, dans un délai de soixante jours. La loi Plautia Papiria eut pour effet de désorganiser la résistance, mais elle ne mit pas fin à la guerre. Ce n'était plus le titre de citoyen romain que les insurgés ambitionnaient; c'était leur indépendance qu'ils voulaient. Il fallut encore, pour les réduire, un vigoureux effort qui aboutit vers la fin de 89 à la prise de leur principale place forte, la ville d'Asculum. Seuls les Samnites ne se rendirent pas. Ils avaient été les derniers jadis à se plier au joug de Rome, les premiers à se rallier à Hannibal. Ces souvenirs toujours vivants exaltaient leur courage. C'est sept ans plus tard seulement que Sylla écrasera ce peuple indomptable. Le danger néanmoins était passé, l'Italie tout entière ou peu s'en fallait, était soumise, pacifiée, satisfaite. Drusus avait vaincu après sa mort. Il restait à régler la situation des nouveaux citoyens, et ce sera la source de nombreuses difficultés, l'occasion de très vifs débats. Mais le principe était reconnu. Rome, en se résignant à un acte de justice devenu un acte de raison imposé par la force des choses, avait, en dépit d'elle-même, franchi l'étape décisive qui, par l'élargissement de la cité, devait la conduire fatalement à la chute de la République.

§ 3. — Les premières guerres civiles. Marius et Sylla

La tentative du parti sénatorial réformiste avait été, somme toute, malgré sa défaite momentanée et la fin tragique de son chef, plus heureuse que celle des Gracques puisque, sur la question capitale soulevée par ces derniers et reprise à son compte, il avait fini par obtenir gain de cause. Nous allons assister maintenant à une autre tentative, en sens inverse, visant à restaurer la République par un violent retour en arrière, sur la base des idées conservatrices. Ce sera la tentative des oligarques intransigeants représentés par Sylla. Elle se poursuivra dans des conditions nouvelles, au milieu des guerres civiles dont l'histoire va s'ouvrir, au moyen de la dictature militaire, conséquence inévitable de la transformation de l'armée par Marius.

Disposer d'une armée pour disposer de la République, tel fut désormais le but de tous les ambitieux. C'est parce qu'ils se disputèrent le commandement de la même armée que la rivalité éclata entre Marius et Sylla.

Entre ces deux hommes, tout était contraste. L. Cornelius Sylla, issu de l'illustre famille patricienne des Cornelii, appartenait à une de ces branches déchues qui, faute de s'adapter aux conditions d'une société transformée par le mouvement des affaires, ne s'enrichissant plus, et par conséquent se ruinant dans la multiplication du numéraire et le coût croissant de la vie, étaient tombées finalement dans l'obscurité et la pauvreté. Il n'en était pas moins un aristocrate de tempérament et d'éducation. Dans le monde interlope où il promena sa jeunesse besogneuse, au milieu des bouffons, des comédiens, des filles, il avait gardé ses allures de grand seigneur, les raffinements de culture et de vice qu'il tenait de sa caste. Et l'on devine les rancunes qui s'amassaient en lui contre l'avènement de ces hommes d'argent, dont le faste et la puissance tendaient à éclipser les rejetons de la vieille noblesse. Une fortune lui était venue tout à coup, d'une source impure, du testament d'une courtisane dont il avait été l'amant, et lui avait permis d'aborder la vie publique. Il n'avait été jusque-là qu'un dilettante, un jouisseur, et il le resta toujours à beaucoup d'égards, dans le long effort qui suivit. Mais il y avait sous ces dehors un autre homme, un homme d'action qui se révéla en Afrique, sous les ordres de Marius. Son coup d'éclat, ce fut la capture de Jugurtha, à la cour du roi de Maurétanie, Bocchus. Il déploya dans cette opération difficile une audace, un sang-froid, une habileté qui attirèrent sur ce débutant tous les regards. Le résultat était décisif, si bien qu'il put se flatter, à son retour, d'avoir terminé la guerre plus que Marius lui-même. Les nobles, trop heureux de faire échec au parvenu, l'entretenaient dans cette idée. Ce fut le point de départ d'une mésintelligence qui alla s'envenimant.

En 93, après avoir pris une part active à la campagne contre les Cimbres et les Teutons, il fut élu préteur, puis nommé gouverneur de la Cilicie. Le poste était important : il s'agissait de réprimer les menées de Mithridate qui commençaient à devenir inquiétantes. Il rétablit sur le trône de Cappadoce le roi Ariobarzane, un ami de Rome, et poussa jusqu'à l'Euphrate.

Pour la première fois les légions atteignaient les rives de ce fleuve. Ce fut l'occasion d'une scène imposante destinée à frapper les imaginations. Une ambassade du roi des Parthes était venue le trouver. Il la reçut sur un siège élevé d'où il dominait l'assistance, incarnant en lui la majesté du nom romain. Il revint enivré, plein de rêves de grandeur, exalté par les prédictions des devins chaldéens. Ce sceptique était un superstitieux ; il croyait aux sorciers et il avait foi en son étoile. Il arrivait au moment où éclatait la révolte des alliés. Dans cette guerre aux opérations morcelées, où chaque chef avait la responsabilité et l'initiative, il eut tout le mérite des succès qu'il remporta. Sa récompense fut le consulat, en 88. Il voyait s'ouvrir enfin les vastes perspectives, les grands commandements. Le plus convoité était le gouvernement de l'Asie, avec la direction de la guerre contre Mithridate. Entre les deux consuls, le sort désigna Sylla. On n'eût pu mieux choisir. Ses dernières victoires avaient mis le sceau à sa réputation militaire, et depuis son gouvernement de Cilicie, il connaissait le terrain mieux que personne. Mais il rencontra un rival en Marius.

Nous avons laissé Marius tout meurtri à la suite de l'aventure de Saturninus, discrédité et, qui pis est, oublié. Il avait été mis en réquisition, comme tout ce que Rome comptait d'officiers éprouvés, dans la guerre contre les alliés, mais on lui reprochait de s'être battu mollement, soit qu'il fût gêné par ses sympathies pour les Italiens, soit qu'il fût en effet, comme on le disait, un homme fini. Pour lui, il ne se résignait pas à ce déclin. Il lui fallait sa revanche dont la campagne d'Asie devait lui fournir l'occasion. N'était-ce pas le vainqueur de Jugurtha, le héros d'Aix et de Verceil qu'il convenait d'opposer à un nouvel Hannibal ? Plutarque nous le montre cherchant à faire illusion aux autres et à lui-même, entrainant aux exercices violents du Champ de Mars son corps alourdi par l'âge, par l'embonpoint, par les infirmités. Quand il se vit frustré dans son espoir il se décida à ravir par la force ce qu'il ne pouvait tenir de la légalité.

Encore une fois, comme seize ans plus tôt, en 104, il lia partie avec les chefs populaires. Le principal était ce même Sulpicius que nous avons vu au premier rang des partisans de Drusus. Les historiens l'ont jugé sévèrement, et sans doute ce n'est pas sans raison. Il taxait Saturninus de faiblesse : c'est assez dire qu'il ne reculait devant rien. Il aimait le plaisir, l'argent. On n'oubliera pas pourtant que nous n'avons là que des témoignages hostiles, un écho de la tradition conservatrice. Cicéron, qui blâme sa défection, ne l'attribue pas à des motifs vils, et d'ailleurs était-ce bien une défection à proprement parler? Il s'est retourné contre le Sénat après avoir essayé de le servir. Mais Drusus lui-même, qu'eût-il fait dans l'amertume de sa déception dernière ? Et son évolution n'était-elle pas commencée déjà, quand il succomba? Ce qui est certain, c'est que Sulpicius, en prenant en mains, à son tour, la cause des Italiens, restait fidèle, sur ce point du moins, à la pensée de son maître et ami. Il y avait en effet une question italienne en suspens, malgré la loi Plautia Papiria. Le Sénat avait essayé d'atténuer les effets de cette loi en reléguant les nouveaux citoyens dans huit tribus, de manière à ne leur laisser que huit suffrages sur les trente-cinq. C'était le meme expédient dont il continuait d'user à l'égard des affranchis, quand il le pouvait. La mesure ne devait toucher que médiocrement les citoyens pauvres écartés des comices par la distance, mais elle blessait les aristocraties locales en mesure de faire le voyage et jalouses d'exercer leurs droits.

Les lois présentées par Sulpicius, tribun en 88, forment un ensemble complexe et incohérent en apparence, mais dont les diverses parties se tiennent ou, pour mieux dire, se soutiennent réciproquement. Comme on partait en guerre contre le Sénat, il était nécessaire de rallier contre lui tous les éléments opposants, et en premier lieu cet ordre équestre que Sulpicius avait combattu naguère et dont il était amené maintenant à rechercher l'appui. Il ne pouvait lui offrir la judicature dans la possession de laquelle il était rentré après l'abrogation des lois de Drusus, mais il proposa le rappel de ceux de ses membres qui avaient été bannis après la chute de Varius, en représaille des vengeances exercées par ce dernier, au nom des chevaliers, contre le parti sénatorial réformiste. Une autre loi exclut du Sénat quiconque avait plus de 8.000 sesterces de dettes (2.000 drachmes, dit Plutarque, c'est-à-dire 2.000 fr. de notre monnaie). La proposition était cynique de la part d'un homme qui devait mourir endetté de trois millions, et qui lui-même serait tombé sous le coup de sa propre loi si elle avait été exécutée impartialement, mais il n'était pas à craindre qu'elle fût appliquée à d'autres qu'à des ennemis, et pour ceux-là elle était redoutable. Il y avait peu d'hommes politiques qui n'eussent contracté des dettes pour suffire à leur luxe ou à leurs ambitions, et très peu sans doute étaient en mesure de les réduire instantanément au minimum requis. La loi menaçait donc de faire dans le Sénat des vides dont le parti adverse eût profité. C'était la porte ouverte à une invasion de chevaliers. En même temps, satisfaction était donnée à l'élément italien et à l'élément populaire par deux lois décrétant l'inscription des nouveaux citoyens dans les trente-cinq tribus et la réintégration dans les mêmes cadres des affranchis, expulsés encore une fois vingt-sept ans plus tôt, en 115, sous le consulat et par l'initiative d'Æmilius Scaurus. Les comices ainsi composés ne pouvaient manquer de casser le sénatus-consulte attribuant la province d'Asie à Sylla pour la transférer à Marius. Leur intervention pouvait invoquer des précédents, mais il était trop clair cette fois qu'elle n'était justifiée en rien par l'intérêt public.

Les lois furent votées au milieu des violences coutumières, plus scandaleuses encore que par le passé. Sulpicius s'était constitué une garde personnelle de six cents jeunes chevaliers qu'il appelait son anti-Sénat, et il avait soudoyé en outre une troupe de trois mille spadassins prêts à tout. Les deux consuls, Pompeius Rufus et Sylla, dépourvus de force armée, étaient impuissants. Sylla, échappant à l'émeute par la fuite, alla rejoindre ses légions concentrées avant l'embarquement sur les côtes de la Campanie. Il se retrouvait là sur son terrain. Mieux que personne, il était entré dans l'esprit de la nouvelle armée. Les soldats aimaient ce chef exigeant sur le champ de bataille et facile pour tout le reste. Il n'eut pas de peine à leur persuader que le commandement attribué à Marius, c'était tout le profit de la guerre réservé à ses vétérans. Les deux tribuns envoyés pour procéder à l'exécution du plébiscite furent mis en pièces, et Sylla aussitôt se mit en marche sur Rome.

Cette marche de Sylla est une date mémorable, néfaste, dans l'histoire de la République. Jamais encore l'armée n'était intervenue dans les discordes civiles. Jamais elle n'avait osé franchir l'enceinte sacrée du *Pomœrium*. A la règle qui lui en fermait l'entrée, il n'y avait qu'une exception : c'était quand le triomphateur, accompagné de ses troupes, montait au Capitole, mais aussitôt après la cérémonie, il devait les licencier et déposer lui-même les emblèmes du commandement. C'est pour cela, en raison de cette interdiction, que l'assemblée centuriate, image de l'armée, devait se réunir en dehors de cette limite, au Champ de Mars. Les officiers supérieurs, bien que dévoués à la cause de Sylla, reculèrent, pour la plupart, devant le sacrilège. Mais les soldats ne partageaient pas ces scrupules. Après un violent combat dans les rues étroites de l'Oppius et du Cispius, Sylla prit possession de la capitale.

On ne peut pas dire qu'il fût dès lors l'homme de sang qu'il devint par la suite en représaille des cruautés de Marius. Il n'était pas d'humeur à ménager ses ennemis, mais du moins il limita le nombre des exécutions qu'il jugea nécessaires. Il fit voter par le Sénat et le peuple terrorisés une loi déclarant ennemis publics, c'est-à-dire mettant hors la loi, douze individus, au nombre desquels Sulpicius et Marius. Pour agir légalement, il eût fallu un procès préalable au cours duquel l'accusé gardait la faculté de s'exiler volontairement avant la condamnation. Il est vrai que Sylla pouvait se couvrir du *senatus-consultum ultimum* lancé contre C. Gracchus. Mais qui donc songeait alors à la légalité ? Une protestation unique s'éleva, celle du vieux Q. Mucius Scævola. Parmi les douze proscrits, un seul perdit la vie. Ce fut Sulpicius, livré par un esclave. Les autres, traqués, échappèrent, et parmi eux Marius. On sait les aventures tragiques de sa fuite.

Cette longanimité relative enhardit des adversaires qui ne se sentaient qu'à moitié abattus. L'élection au consulat de L. Cornelius Cinna, un Marianiste notoire, fut un avertissement. Sylla prit son parti. Il lui eût été facile, avec son armée, d'écraser ses ennemis, mais il ne pouvait faire face à la fois en Italie et en Orient. Il devenait urgent d'arrêter les progrès de Mithridate ; c'était sa tâche, qu'il avait sollicitée et à laquelle il ne pouvait se dérober : il y allait de sa gloire comme de la puissance et de l'existence même de Rome. Et il savait bien que, rentrant vainqueur, il n'aurait pas de peine à rentrer en maître.

Son départ laissait le champ libre à Cinna qui, aussitôt, proposa le rétablissement des lois Sulpiciennes abrogées par Sylla, et notamment de la loi ouvrant aux nouveaux citoyens les trente-cinq tribus. Et une fois de plus, le parti conservateur sut exploiter la vieille question italienne de manière à semer la division dans le camp adverse. Contre la proposition du consul démocrate, il eut bientôt fait de soulever les jalousies toujours vivaces de la plèbe urbaine et quand on en vint au vote, c'est-à-dire à la bataille, car c'est ainsi maintenant que se tranchaient les débats, Cinna à son tour connut la défaite et la fuite. Le Sénat s'empressa de le déclarer ennemi public et de le remplacer par un aristocrate avéré, L. Cornelius Merula, qui fit la paire avec l'autre consul, Cn. Octavius.

La réaction était victorieuse à Rome, mais à Rome seulement. Cinna ne se tenait pas pour battu. Sa cause était celle de l'Italie qui lui fournit une armée en tête de laquelle il recommença la marche de Sylla. Il fut rejoint en cours de route par un auxiliaire imprévu. Marius, au reçu de ces nouvelles, avait débarqué en Etrurie. Ses malheurs lui avaient rendu son prestige. Il était populaire dans ce pays qu'il avait sauvé de l'invasion cimbrique. Il l'était dans toute l'Italie. Il restait pour les Italiens le plus illustre de leurs compatriotes, l'homme nouveau, le paysan d'Arpinum, et c'était à ces sympathies qu'il avait dû d'échapper aux sicaires de Sylla. Il revenait ulcéré des affronts subis, altéré de vengeance. Le plan concerté avec Cinna était de réduire Rome par la famine qui ne tarda pas à exercer de cruels ravages. Le Sénat essaya de résister. Il y eut de furieux combats jusque dans la ville, mais enfin il fallut céder et se rendre sans conditions. Pour la deuxième fois, une armée romaine entrait à Rome comme en un territoire ennemi.

Alors commencèrent les scènes de meurtre qui ont déshonoré les derniers jours du vieux soldat. Ce n'étaient pas seulement ses haines qui demandaient à s'assouvir. Sylla enrichissait son armée par le pillage de la Grèce et de l'Asie. Il fallait bien que Marius récompensât la sienne à Rome. Ce fut d'abord une tuerie confuse puis, ces abominations ayant révolté les consciences les moins endurcies, on substitua à ces exécutions brutales un semblant d'instruction judiciaire qui, au fond, pour s'envelopper de formes hypocrites, ne fut pas moins odieux.

Marius ne jouit pas longtemps de son triomphe. Il obtint, pour 86, ce septième consulat qui lui avait été prédit et dont la vision n'avait pas cessé de le hanter, mais il mourut dans les premiers jours de l'année, usé par les émotions, les fatigues. Cinna restait le maître, consul successivement en 86, 85, 84. Il essaya d'organiser un gouvernement. Il fit nommer des gouverneurs de province Marianistes. Il fit procéder au cens, mais tout cela était provisoire, subordonné à une éventualité redoutable et toujours plus prochaine, le retour offensif de Sylla.

§ 4. — La réaction oligarchique.
La dictature de Sylla. — La réaction antisyllanienne.

Le spectacle était étrange. L'empire coupé en deux, chaque moitié avec son gouvernement qui se prétendait légitime, d'un côté les Marianistes avec le Sénat, les consuls, les magistrats, Rome, l'Italie, l'Occident; de l'autre, en Grèce et en Orient, Sylla destitué de son commandement, proscrit, mais resté à la tête de son armée, combattant vaillamment et heureusement pour les intérêts et l'honneur de la patrie romaine.

Ce paradoxe ne pouvait durer. Les Marianistes prirent les devants. Mais la petite armée expédiée au delà de l'Adriatique sous les ordres du consul Valerius Flaccus se révolta contre son chef et finalement, répugnant à une lutte fratricide, cédant aux séductions de Sylla, à son prestige, et plus encore à ses largesses, passa sous les drapeaux de l'ennemi. Ce fut au tour de Sylla de prendre l'offensive. Mithridate vaincu, mais non dompté, rejeté en Asie, mais retranché dans ses Etats héréditaires, demeurait puissant et menaçant, et sans doute une paix bâclée dans ces conditions avec l'homme qui d'un trait de plume avait décrété la mort de 100.000 Romains, n'était rien moins que glorieuse, mais il avait cessé pour le moment d'être redoutable et, entre l'ennemi du dehors et celui du dedans, il fallait choisir. Sylla n'hésita point. Aussi bien ne pouvait-il laisser s'affermir un régime également hostile à sa personne et à ses idées.

Au printemps de 83, il débarqua à Brindes avec 40.000 hommes dévoués jusqu'au fanatisme. Il avait à craindre les mauvaises dispositions des Italiens, mais il lança une proclamation où il leur garantissait leurs droits et, contrairement à ses habitudes, à ces bandes dont il pouvait tout obtenir, il imposa une sévère discipline, impitoyable pour ceux qui lui résistaient et affichant pour les autres une extrême bienveillance. Les Italiens rassurés s'abstinrent en général. Quelques peuples même, les Marses, les Picentins, passèrent de son côté. D'autres, comme les Etrusques, fidèles à de vieilles antipathies, se prononcèrent contre lui. Il faut faire une place à part aux Samnites. Seuls, ils n'avaient pas désarmé après la concession du droit de cité. Ils étaient naturellement plus favorables aux Marianistes, mais au fond, en marchant avec eux, ils ne songeaient qu'à profiter des circonstances pour s'affranchir du joug romain.

Il y avait dans le Sénat un groupe qui eût voulu prévenir la guerre civile, d'autant plus porté à l'entente qu'il penchait plutôt vers les opinions conservatrices. Mais les violents l'emportèrent. Cinna était mort : il avait succombé dans une de ces émeutes militaires qui passaient à l'état de mal chronique. Il avait pour successeur à la tête du parti Cn. Papirius Carbo, son collègue à deux reprises dans le consulat, en 85 et 84, proconsul en 83, consul pour la troisième fois en 82. Il s'était adjoint, dans ce troisième consulat, le fils de Marius, un jeune homme dont le nom seul était une force. C'étaient l'un et l'autre de vigoureux officiers, mais peu sûrs de leurs soldats. Sylla, reprenant la tactique qui lui avait réussi en Orient, s'appliquait à débaucher les armées ennemies. Il obtint de nombreuses défections, tant collectives qu'individuelles. La guerre n'en dura pas moins près de deux ans. Nous n'avons pas à en retracer les péripéties. Il suffira de dire que, venant après la révolte des alliés, elle porta à la prospérité de l'Italie un coup dont elle ne se releva jamais complètement.

Vers la fin de 82, Sylla, vainqueur sur toute la ligne, put procéder à l'œuvre de réorganisation politique et sociale dont il portait le plan dans sa tête et dont il avait ébauché les premiers linéaments pendant son consulat, après sa marche sur Rome et sa victoire d'un jour sur les Marianistes. Il commença par se pourvoir d'un titre légal en ressuscitant à son profit l'institution de la dictature tombée en désuétude depuis plus d'un siècle, mais la dictature qu'il se fit attribuer ne ressemblait que de nom à l'ancienne : elle en différait par la durée qui était illimitée, au lieu d'être fixée à six mois, et par l'étendue des pouvoirs qui, au lieu de viser un objet déterminé, étaient indéfinis, comprenant tout ce qui touchait au gouvernement, avec le droit de vie et de mort sur les citoyens. C'était la monarchie, non plus une monarchie à la Périclès comme celle de C. Gracchus, la monarchie franchement avouée, absolue, sans contrôle, la tyrannie. Mais la monarchie était le moyen, non le but. Le but n'était autre que la restauration, *per fas et nefas*, de la République oligarchique.

Les proscriptions dépassèrent en atrocité tout ce qu'on avait vu jusque-là. A son tour, Sylla revenait avide de vengeance, de représailles, et l'on eut un témoignage de ses fureurs quand on le vit violer la tombe de Marius et jeter au vent ses ossements. Dans cette immense tuerie, dans cette chasse, comme il arrive toujours, les haines privées, les viles convoitises, les plus bas sentiments de la nature humaine se donnèrent libre carrière. Comme toute proscription était accompagnée de confiscation, il n'y avait pas de riche qui ne fût menacé, et malheur à qui osait entrer en concurrence avec l'enchérisseur syllanien, quand les biens du proscrit étaient vendus au profit de l'Etat. Il y eut ainsi des fortunes scandaleuses édifiées sur l'assassinat. Celle de Crassus, le futur triumvir, n'eut pas d'autre origine. Sylla présidait à cette orgie sanglante avec une âme inaccessible à la pitié. On avait obtenu de lui l'affichage des noms signalés aux meurtriers, et l'on avait espéré du moins, par cette publicité, limiter le nombre des victimes aux adversaires politiques, mais quoi ? n'avait-il pas à gorger ses soldats, ses amis de tout ordre, ses affranchis, et lui-même ne prenait-il pas sa part de la curée ?

Si les proscriptions n'avaient eu d'autre objet que d'assouvir les rancunes et la cupidité du maître et de son entourage, elles ne mériteraient pas de retenir notre attention, et l'on pourrait dire, avec Montesquieu : « Je supplie qu'on me permette d'en détourner les yeux », mais ce serait diminuer Sylla et méconnaître la portée de ses vues que de lui attribuer cet unique et vulgaire mobile. Il avait son idée, une idée simpliste, brutale et féroce, puisée à l'école des cités grecques, empruntée à l'histoire de leurs convulsions dernières, et dont la contagion détestable se communiquait maintenant à Rome, au milieu des haines civiles portées à leur paroxysme : assurer la durée de son œuvre en faisant table rase des opposants et en lui créant, par le partage de leurs dépouilles, autant d'adhérents pour l'avenir. C'est pour cela que, non content de supprimer l'opposition présente, il prétendit l'étouffer en son germe, dans les fils et petits-fils des proscrits, déchus de leurs droits politiques en même temps que privés de leur patrimoine. D'un autre côté, par la vente des biens confisqués, il intéressait chaque acquéreur à la conservation du régime. Le calcul fut vain, mais il est vrai qu'au plus fort de la réaction antisyllanienne, la question des enfants des proscrits, de leur réintégration en tant que citoyens et propriétaires, fut la seule qu'on n'osa point soulever. Il y eut là quelque chose d'analogue à la question des biens nationaux, telle qu'elle se posa chez nous, au début de la Restauration.

C'est dans la même intention qu'il sema à travers l'Italie ses colonies de vétérans. Elles n'étaient pas moins de seize, sans compter les assignations individuelles. Il se constituait ainsi une armée de plus de cent mille hommes, dispersés sur tous les points de la péninsule, mobilisables au premier signal, fidèles à sa personne et qui le resteraient à sa mémoire. Ces fondations ne pouvaient se faire qu'au détriment des Italiens, mais il n'en avait cure. Il partageait à leur égard les sentiments étroitement haineux des vieux Romains. Il avait dû les ménager au début de la guerre : il se dédommagea après la victoire. Les historiens remarquent qu'un trait par où la proscription Syllanienne se distingue des mesures ordonnées par les Marianistes, c'est qu'au lieu de se confiner à Rome, elle s'étendit au dehors, avec un caractère particulièrement odieux dans ces milieux restreints, terrorisés par quelques scélérats improvisés chefs de parti. Il faut lire dans un discours de Cicéron, le *pro Cluentio*, l'histoire d'un de ces tyranneaux de petite ville, usant de ses pouvoirs pour se débarrasser des parents dont il convoitait l'héritage.

Il ne pouvait être question de revenir sur le grand fait de la concession du droit de cité, et d'ailleurs le dictateur était lié par les engagements pris au débarquement de Brindes, mais ce qu'il avait dû accorder en principe, il fit de son mieux pour le retirer en détail. Il retira le droit de cité aux municipes qui s'étaient déclarés contre lui et, quant à la loi Plautia-Papiria, s'il ne l'abrogea point, il la laissa à l'état de lettre morte. Il est vrai qu'elle n'avait jamais été appliquée dans toute son extension. Il est à croire que les nouveaux citoyens étaient entrés en possession des droits privés dont la pratique ne requérait pas nécessairement, comme celle des droits politiques, l'inscription dans les tribus, mais, pour ce qui est de ces derniers droits, ils n'étaient reconnus à la plupart que théoriquement, en expectative si l'on peut dire. Les violents débats suscités par cette mesure de l'inscription dans les tribus, le conflit entre ceux qui la réclamaient pleine et entière et ceux qui demandaient à en limiter la portée en parquant les nouveaux venus dans huit tribus sur les trente-cinq, la guerre se poursuivant encore contre les peuples non soumis, la difficulté des communications et l'insuffisance des statistiques, la mauvaise volonté des gouvernants, secondée par la négligence des Italiens eux-mêmes ou de beaucoup d'entre eux, satisfaits d'avoir obtenu l'égalité civile et médiocrement soucieux d'un droit de suffrage purement illusoire, tout cela peut expliquer la prolongation d'un état de choses auquel moins que jamais on avait hâte de mettre un terme. Les censeurs de 86 n'inscrivirent que 463.000 citoyens, ce qui à la vérité fait un excédent de 68.664 sur les derniers chiffres connus, ceux de 115 (394.336), mais ce qui était peu de chose, étant donné le gain réalisable par l'application intégrale des lois de 89 et de 88. C'est seulement en 70 que les censeurs antisyllaniens, Gellius et Lentulus, en comptant 900.000 citoyens, firent de ces lois une réalité. Sylla ne procéda point au recensement, et pour cause. Le corps civique n'était donc pas sensiblement amplifié, il était plutôt réduit à la suite des nombreuses radiations prononcées par le dictateur, et sur cette base, rendue aussi étroite qu'autrefois, il pouvait à son aise reconstruire, tel qu'il le concevait, l'édifice de l'ancienne constitution.

L'œuvre législative de Sylla, très vaste, très complexe, n'en forme pas moins un système très cohérent, dominé par une pensée unique : rétablir l'autorité du Sénat, ramener Rome au point où elle en était avant que l'esprit nouveau eût déchaîné les révolutions.

Avant tout, il fallait réorganiser le Sénat décimé par la guerre civile et la proscription. Sur l'origine des nouveaux sénateurs, nos textes ne sont pas d'accord. D'après les uns, il les prit dans l'ordre équestre, d'après les autres il alla les chercher plus bas, n'importe où. Il est probable que les deux versions également vraies se complètent. On est surpris d'abord qu'il se soit adressé à l'ordre équestre. L'aristocratie d'argent lui était particulièrement odieuse, et c'est elle qui avait payé à la proscription le plus large tribut. La vérité, c'est qu'il ne pouvait l'exclure de sa fournée sans nuire à la considération de l'assemblée aux yeux d'un peuple essentiellement respectueux de la hiérarchie sociale. Il savait d'ailleurs que les chevaliers, une fois incorporés au Sénat, ne tarderaient pas à faire avec lui cause commune, et l'on se rappelle que cette appréhension avait soulevé l'ordre équestre dans son ensemble contre une mesure analogue proposée par Drusus. Mais en même temps, il eut soin d'introduire dans la curie des hommes de peu et jusqu'à de simples soldats dont il pouvait à coup sûr escompter l'aveugle dévouement. C'était une tradition dans la faction oligarchique de s'appuyer contre ses adversaires des classes moyennes sur la clientèle des classes inférieures. C'est ainsi qu'il affranchit et fit inscrire dans les tribus plus de dix mille esclaves, les « *Cornelii* » dont les votes, et les bras au besoin étaient à son service.

Le Sénat ne fut pas seulement reconstitué. Son effectif fut doublé, porté de 300 membres à 600. Il y avait à cela diverses raisons.

Rétablir l'autorité du Sénat, ce but ne pouvait être atteint qu'à deux conditions. Il fallait le défendre contre les autres et contre lui-même. Car le danger, pour le Sénat, n'était pas seulement au dehors, il était au-dedans ; il n'était pas seulement dans les prétentions de l'ordre équestre, dans la poussée démocratique, il était dans les hommes qui, sortis de son propre sein, s'élevaient assez haut pour aspirer à le dominer et à l'asservir. Refouler l'ordre équestre et la démocratie d'une part, de l'autre courber sous une sorte de niveau égalitaire tous les membres de l'oligarchie, tel fut donc le double objet poursuivi par Sylla.

Les lois dites *annales* avaient été imaginées pour empêcher qu'un individu ne fût élevé trop vite aux hautes dignités ou ne s'y perpétuât. Sylla renouvela les dispositions exigeant un intervalle de deux ans entre chaque magistrature et interdisant de briguer un deuxième consulat moins de dix ans après le premier. Les allures indépendantes des gouverneurs de provinces n'étaient pas un moindre abus. Il porta une loi leur interdisant, sous peine de lèse-majesté, de sortir des limites de leur gouvernement et de faire la guerre de leur propre initiative. Il décida que désormais les magistrats résideraient à Rome, sauf à aller gouverner leurs provinces en qualité de *promagistrats*, après leur magistrature annuelle. Par là il les soumettait plus étroitement à l'autorité du Sénat. Contre le magistrat indocile, le Sénat avait peu de recours : il ne pouvait l'obliger à se démettre. Mais il pouvait proroger ou non les promagistrats dans leur commandement.

Cette dernière mesure avait un autre avantage. Le personnel gouvernemental n'était plus en rapport avec les besoins du grand empire. En réservant le gouvernement des provinces aux ex-magistrats, Sylla augmentait le nombre des magistrats présents à Rome, et d'un autre côté, la prorogation d'un proconsul ou d'un propréteur multipliait chaque année celui de ses successeurs possibles et ne laissait plus craindre la pénurie des candidats. C'est dans la même pensée qu'il porta le nombre des préteurs de six à huit et des questeurs de huit à vingt. L'augmentation dans ces proportions du nombre des questeurs eut pour effet de doubler l'effectif du Sénat, mais elle eut un autre résultat qui très certainement était prévu et voulu. La promotion annuelle de vingt *quæstorii* était suffisante pour maintenir cet effectif nouveau, de telle sorte que le recrutement de l'assemblée put s'effectuer automatiquement, sans l'intervention des censeurs et sans l'appoint de leurs choix complémentaires et arbitraires. Sylla n'abolit pas la censure qui reparut après lui sans qu'une loi eût été pour cela nécessaire, mais il la supprima en fait, revenant ainsi à l'ancien ordre de choses où les opérations administratives confiées aux censeurs étaient attribuées aux consuls qui pouvaient aussi, comme autrefois, dresser la liste des sénateurs et au besoin effacer les noms dont la radiation s'imposait. La censure avait été une arme puissante entre les mains des oligarques, mais qui pouvait se retourner contre eux, et c'est en effet ce qui arriva, et au surplus cette grande magistrature morale, indépendante, irresponsable, ne rentrait pas dans la conception présidant à l'ensemble de la réforme constitutionnelle.

L'ordre équestre fut frappé dans sa vanité, dans ses intérêts, dans sa puissance. Sylla lui retira la place d'honneur qu'il s'était fait attribuer aux spectacles ; il lui retira la ferme des impôts de l'Asie dont l'avait gratifié C. Gracchus ; il lui retira la judicature. Depuis la loi de Servilius Glaucia qui, en 104, avait abrogé celle de Servilius Cæpio et restitué leur monopole aux chevaliers, la question judiciaire avait traversé des phases diverses. En 89, avait été votée la loi Plautia, œuvre de ce même tribun Plautius qui, la même année, de concert avec son collègue Papirius Carbo, avait fait voter la fameuse loi Plautia-Papiria, et conçue comme cette dernière dans un esprit de sagesse et de modération. C'était la première bonne loi judiciaire qu'on eût faite à Rome. Elle avait été motivée par un épisode scandaleux, le meurtre du préteur A. Sempronius Asellio, victime des usuriers contre lesquels il avait entrepris de sévir. On ne pouvait compter sur les hommes de finance pour réprimer ces attentats. La loi Plautia décida que chaque année chacune des trente-cinq tribus élirait quinze juges pris indifféremment dans toutes les classes, sénateurs, chevaliers ou même au-dessous. Le corps judiciaire ainsi composé, reposant sur une base plus large, devait échapper aux influences exclusives de tel ou tel parti. Nous ne savons si la loi Plautia a subsisté jusqu'à Sylla. Il est assez vraisemblable qu'elle a été emportée par la réaction Marianiste. Ce qui est certain, c'est que Sylla, repoussant tout moyen terme, rendit la judicature aux sénateurs. Ce fut une des raisons pour lesquelles il doubla leur effectif, car il avait augmenté le nombre des *quæstiones perpetuæ* tant pour renforcer l'action de la justice criminelle que pour la concentrer entre les mains du Sénat, d'où il suit qu'un bon nombre de sénateurs étaient requis par le travail judiciaire. C'est pour cette raison encore, — sans compter les autres, — que les préteurs qui étaient chargés de présider ces tribunaux furent portés à huit et retenus à Rome.

La force du parti démocratique était dans le tribunat et les comices tributes. Les conservateurs avaient en horreur cette magistrature dont ils avaient réussi jadis à se servir comme d'un instrument utile mais qui depuis, revenant à ses origines, était devenue le plus actif agent de la révolution, une sorte de monstre dans l'Etat, dont le développement anormal entravait et faussait le jeu régulier des institutions. Par une manœuvre où il semble bien qu'il entrait quelque ironie, Sylla voulut ramener le tribunat à son point de départ en le dépouillant des pouvoirs qu'il avait usurpés successivement, et en le réduisant à la place secondaire qui primitivement avait été la sienne, à côté et en dehors des magistratures proprement dites. De même que longtemps les tribuns, en leur qualité de plébéiens, avaient été exclus des honneurs, de même il leur fut interdit désormais de briguer une magistrature curule. Dans ces conditions, le tribunat devenu une impasse ne pouvait tenter que les médiocres. L'application du droit d'intercession, étendue abusivement à toutes les mesures d'ordre général, fut restreinte, comme elle l'avait été d'abord, aux cas intéressant les individus. Les comices tributes, émancipés depuis la loi Hortensia de la tutelle du Sénat, y furent assujettis de nouveau, les propositions qui leur étaient soumises devant être, comme avant cette loi, ratifiées au préalable par un sénatus-consulte, et conséquemment la vieille assemblée ploutocratique des comices centuriates reprit son antique prééminence. Le tribunat, déconsidéré, mutilé dans ses attributions, dépourvu de ses moyens d'action les plus puissants, ne fut plus dès lors que l'ombre de lui-même, une image vaine, « *imago sine re* ».

Sylla supprima les distributions frumentaires. Ce ne fut pas la plus mauvaise de ses mesures. Elles étaient une prime à l'oisiveté, un appât qui aggravait la pléthore de la capitale. Et ce ne fut pas la moins hardie : elle atteignait la populace à l'endroit sensible, où il était le plus dangereux de frapper.

Quand il jugea son œuvre achevée, il abdiqua. C'était à l'entrée de l'année 79. Sa dictature n'avait pas duré beaucoup plus de trois ans, depuis novembre 82. La lassitude, la satiété, l'orgueil, le mépris des hommes ont pu être pour quelque chose dans cet acte fameux. Finir ses jours paisiblement, en simple particulier, là où il avait régné par la terreur, dans cette atmosphère de haines féroces grondant autour de son nom, il y avait à cela, pour ce raffiné, comme une dernière bravade, une jouissance exquise et cruelle. Et l'on ne dira pas qu'il ne courait aucun risque. S'il n'avait rien à craindre pour sa personne d'un mouvement insurrectionnel, si les dix mille « Cornéliens » affranchis par lui et devenus par lui des citoyens, si les cent mille vétérans établis par ses libéralités sur la terre italienne étaient tout prêts à se lever pour sa défense au premier appel, il restait exposé, comme Drusus, au poignard d'un meurtrier obscur. Mais ici encore, comme pour les proscriptions, l'explication, la vraie, n'est pas dans la psychologie du personnage : il faut la chercher ailleurs et plus haut. L'abdication de Sylla s'imposait. Elle n'était pas le caprice d'une imagination blasée, la satisfaction suprême d'une vanité colossale : elle était un acte politique, la conséquence logique du système, le couronnement de l'édifice. La constitution était remise sur pied; il ne restait plus qu'à la laisser fonctionner, et pour cela le dictateur devait s'effacer.

Telle fut l'œuvre de Sylla, œuvre d'une intelligence vigoureuse servie par une volonté énergique et sans scrupules, mais d'une intelligence bornée, fermée aux perspectives de l'avenir comme aux idées et aux besoins du présent, éprise d'un idéal chimérique autant que suranné, figée dans le cercle étroit des préjugés et des passions oligarchiques, une œuvre caduque, destinée à une ruine inévitable et prochaine. Remonter le cours des âges, ramener les choses au point où elles en étaient deux siècles plus tôt, quelle illusion! On pouvait, par un coup de force, rétablir le Sénat dans ses prérogatives, mais comment lui insuffler les vertus nécessaires pour en bien user? Comment rendre à cette noblesse épuisée, à cette coterie de jouisseurs et d'exploiteurs, l'esprit politique, la confiance en soi, l'autorité, le prestige, tout ce qui lui avait manqué? Si jadis l'excès de sa force l'avait entraînée à tous les abus, qu'allait-elle faire maintenant sans contrepoids, sans le contrôle de la censure, sans le contrôle, plus importun mais efficace, du tribunat? Et se fût-elle ressaisie, quelle apparence que le mode de gouvernement conçu pour une petite cité pût se perpétuer au sein d'un grand empire? Et que d'autres problèmes non résolus et toujours menaçants, l'Italie plus misérable que jamais, dévastée et bouleversée de fond en comble par la guerre et les confiscations, couverte de populations errantes, de prolétaires sans feu ni lieu, d'esclaves fugitifs! C'est en vain que Sylla avait implanté sur tous les points de la péninsule ses colonies de vétérans, renouvelant pour eux la disposition imaginée autrefois par les Gracques, leur interdisant de vendre leur fonds. Comment ces vieux routiers, habitués à une vie d'aventures et de pillage, se seraient-ils pliés à cette existence laborieuse et tranquille? Ils vendaient malgré la loi et, l'argent dépensé, allaient grossir l'armée de l'émeute future. Mais, de toutes les causes qui d'avance frappaient de mort l'œuvre poursuivie par le fer et le feu, à travers cette immense hécatombe de vies humaines, la plus décisive, ce fut la contradiction interne dont elle était viciée à son origine. Entre le but et les moyens, le contraste était trop flagrant. Sylla avait voulu restaurer le sens de la légalité, et il tuait ce qui en restait par son propre exemple. Il avait voulu supprimer les situations exceptionnelles, et il s'en était créé une qui dépassait tout ce qu'on avait jamais vu. Il avait voulu relever le Sénat, le gouvernement civil, et il avait inauguré le règne de la soldatesque et frayé la voie au despotisme militaire.

Il n'avait pas déposé le pouvoir que déjà l'opposition relevait la tête. En l'an 80, un jeune avocat, un inconnu, M. Tullius Cicero osait en plein prétoire dénoncer les méfaits de Chrysogonus, le tout-puissant affranchi du dictateur. Et Sylla se trouvait encore à Rome, après son abdication, quand les élections pour 78 portèrent au consulat Q. Lutatius Catulus et M. Æmilius Lepidus. Le premier était un aristocrate convaincu, honnête, lié au parti par la communauté des opinions, non par la solidarité du crime. On pressentait dans le second un adversaire qui ne tarda pas à se révéler comme tel. Il inaugura ses fonctions par un virulent discours, ne tendant à rien moins qu'à l'abrogation des lois Syllaniennes. De sa villa de Pouzzoles, de la voluptueuse demeure où il passait ses derniers jours, le tyran retraité put percevoir, dans les échos de cette harangue enflammée, comme les premiers craquements de l'édifice. Quand il ne fut plus là, au lendemain des obsèques royales décrétées par le Sénat, le dissentiment entre les deux consuls éclata tellement violent qu'il aboutit bientôt à une rupture ouverte et à une nouvelle guerre civile, d'ailleurs vite étouffée. Sous prétexte de se rendre dans sa province, Lepidus était allé ramasser des troupes en Étrurie et s'était mis en marche sur Rome, mais il fut battu aux portes de la ville, et l'oligarchie l'emporta pour cette fois. Ce ne devait pas être pour longtemps.

Contre la coalition des mécontents, Italiens, chevaliers, prolétaires de la capitale, proscrits et fils de proscrits, le Sénat, privé de son terrible champion, se sentait faible. Il comptait quelques hommes décidés, tenant ferme pour la constitution, Catulus, le vieux Marcius Philippus, rallié sur la fin de sa carrière, après d'innombrables palinodies, à la cause de l'aristocratie. C'étaient eux qui, secouant l'inertie de l'assemblée, l'avaient contrainte à sévir contre le consul factieux. Mais il y avait aussi les hommes de transaction, de conciliation, les survivants ou les héritiers du groupe de Drusus, à leur tête les trois frères Aurelii Cottae, dont l'aîné Caius avait figuré vingt ans plus tôt parmi les amis du grand tribun. Il y avait enfin la masse des timides, des égoïstes dont cette suite de catastrophes avait brisé le courage, qui ne demandaient qu'à sauver leurs biens et leur vie en louvoyant, en cédant au plus fort. Entre les uns et les autres, entre les modérés et les peureux, les hommes d'énergie étaient impuissants.

L'arbitre de la situation se trouva être encore une fois un soldat. Cn. Pompeius avait débuté, à vingt-trois ans, en amenant à Sylla, qui venait de débarquer à Brindes, trois légions recrutées à ses frais dans ses domaines du Picenum, et Sylla l'avait récompensé en le chargeant d'aller soumettre la Sicile et l'Afrique et en lui accordant, sur ses instances, après qu'il se fût acquitté de cette mission d'ailleurs facile, le triomphe. C'était une chose inouïe qu'un gouvernement proconsulaire et, à plus forte raison, le triomphe obtenus avant l'exercice d'aucune magistrature et à l'âge où l'on ne pouvait prétendre même à la plus humble, et l'on ne s'explique pas comment Sylla, en consentant à cette énormité, a pu se donner à lui-même et à son œuvre ce démenti. Mais qui déchiffrera le secret de cette nature complexe où la netteté des idées, la puissance de la volonté n'ont jamais exclu une sorte de nonchalance dédaigneuse, de détachement ironique? Autant la politique du dictateur est claire, autant sa personnalité intime nous demeure à beaucoup d'égards énigmatique. Ces honneurs prématurés avaient mis Pompée hors de pair. Quand il fallut organiser la résistance contre Lepidus, il offrit au Sénat son épée qu'on n'osa refuser. Et quand il s'agit d'en finir avec les débris des Marianistes en allant abattre en Espagne le plus tenace et le plus éminent chef du parti, le grand Sertorius, ce fut encore lui qui s'imposa comme gouverneur de l'Espagne citérieure pour opérer de concert avec le gouverneur de l'Espagne ultérieure Cæcilius Metellus, et dans l'intention bien arrêtée d'éclipser son collègue et de prendre en mains la direction de la guerre. Le succès ne répondit pas à ses prétentions. Ses talents militaires, très réels, n'étaient somme toute que de second ordre. Mais il eut la chance de se trouver là, après le départ de Metellus, quand l'assassinat de Sertorius amena la fin des hostilités, et il était passé maître en l'art de se faire valoir. Une autre bonne fortune l'attendait à son retour en Italie, en 71. Pendant son absence, Rome avait été sérieusement menacée par le soulèvement des esclaves, sous la conduite de Spartacus. En descendant des Alpes, il rencontra sur son chemin les débris de l'armée servile écrasée par Crassus. Il n'eut pas de peine à les anéantir et put ainsi se glorifier d'avoir porté le dernier coup à la révolte, aux dépens du véritable vainqueur. Maintenant, à trente-cinq ans, cinq ans avant l'âge légal, alors qu'il n'avait pas même passé par la questure et qu'il ne figurait encore que sur les rôles de l'ordre équestre, il aspirait au consulat.

Son évolution politique était dessinée dès ce moment. Il s'était rallié à Sylla pour des raisons personnelles, par rancune, à la suite d'un procès qui lui avait été intenté en revendication des biens dont son père Cn. Pompeius Strabo s'était emparé indûment, au cours de la guerre contre les alliés où il avait exercé un commandement important, et bien qu'ayant obtenu gain de cause, il ne pardonnait pas aux chefs Marianistes d'avoir suscité ou toléré cette accusation. Peut-être aussi, et même très probablement, par sympathie, par un penchant naturel, car au fond il était, il fut toujours un aristocrate de tempérament, homme d'ordre et de discipline, arrogant, froid, hautain, tout le contraire d'un meneur populaire. Mais ses débuts extraordinaires, nullement justifiés par un mérite transcendant, avaient allumé en lui cette vanité insatiable, cette soif d'honneurs, de distinctions exceptionnelles dont il fut dévoré toute sa vie et qui, pour commencer, le lança tout de suite hors de sa voie véritable. A vrai dire, en fait d'opinions, il n'avait que des préférences instinctives, des inclinations dont il sut toujours faire abstraction quand son ambition était en jeu, et pour cette ambition égoïste, effrénée, il était trop évident que la législation Syllanienne et ses partisans constituaient un obstacle. Il avait pu le surmonter jusqu'à présent, mais le pourrait-il par la suite ? Il était en mauvais termes avec le Sénat qui, ayant dû à contre-cœur violer la légalité pour accepter ses services, lui en voulait de la contrainte subie et le lui avait témoigné en ne lui envoyant en Espagne ni matériel, ni argent, sur quoi il avait reçu de l'insolent général une lettre menaçante, équivalant à une déclaration de guerre. Brouillé avec ses anciens amis, il ne lui restait qu'à se tourner de l'autre côté. En même temps il tendait la main à Crassus, un autre ex-Syllanien dont l'ambition se trouvait elle aussi à l'étroit dans les limites de la constitution. L'accord ne fut pas conclu sans peine. Crassus était jaloux de Pompée, de la gloire qu'il s'était acquise, et de celle qu'il s'était efforcé de lui dérober. Les deux rivaux étaient restés à la tête de leurs troupes, et l'on put craindre un instant un conflit armé. Mais le même intérêt qui les jetait dans les bras du parti démocratique les rapprocha, et c'est ainsi, en se prêtant un mutuel appui, qu'ils réussirent à se faire élire consuls pour l'année 70.

La constitution de Sylla s'écroulait pièce par pièce sous un effort pacifique mais continu. L'agitation avait repris de plus belle après l'insurrection avortée de Lepidus. En 75, à l'instigation du tribun Opimius, le consul C. Aurelius Cotta avait rendu au tribunat sa considération en obtenant pour ses titulaires l'accès aux magistratures supérieures. En 74, le tribun Quinctius Cethegus avait soulevé la question des tribunaux. L'année suivante, ce fut le tribun Licinius Macer, le plus éloquent des orateurs populaires, qui, dans un violent réquisitoire contre les nobles, engageait le peuple à briser leur résistance en refusant le service militaire. Le Sénat essayait à peine de lutter. Il jetait en pâture à la plèbe une loi frumentaire et, abdiquant entre les mains de Pompée, il déclarait ajourner toute décision jusqu'au retour du général victorieux. Il aimait encore à se faire illusion sur les dispositions de son ancien allié.

Le consulat de Pompée et de Crassus fut décisif. Les deux pierres angulaires de la constitution de Sylla étaient la loi sur le tribunat et la loi judiciaire. Le tribunat fut rétabli dans tous ses droits. La loi judiciaire fut abrogée. La juridiction des sénateurs n'avait pas été moins odieusement partiale que celle des chevaliers, et juste à ce moment un procès retentissant achevait de la discréditer en étalant les méfaits dont elle se rendait complice. Le jeune avocat qui, dix ans plus tôt, avait été un des premiers porte-parole de la réaction antisyllanienne, lui apportait encore une fois le concours de son éloquence en dénonçant, au nom des Siciliens, les pillages de Verrès, car, — il le savait bien — ce n'était pas Verrès seulement, c'étaient ses juges qu'il trainait devant l'opinion, et tel était alors le désarroi du parti que, n'osant pas absoudre le coupable, ils furent par là réduits à se condamner eux-mêmes. Il n'est pas fait allusion à la nouvelle loi judiciaire dans les deux premiers discours de Cicéron, les seuls qui aient été prononcés. On sait en effet que Verrès prévint la condamnation au cours du procès en s'exilant. C'étaient donc les juges sénatoriens qui siégeaient encore à ce moment. Les cinq autres plaidoyers furent publiés après coup avec les deux premiers, comme un document venant à l'appui de la réforme une fois accomplie. La nouvelle loi n'excluait pas les sénateurs de la judicature, mais elle la partageait entre eux, les chevaliers, et une troisième catégorie de juges pris vraisemblablement au-dessous de l'ordre équestre, dans la deuxième classe du cens. C'était une loi de conciliation, s'inspirant des mêmes principes qui avaient présidé en 89 à la conception de la loi Plautia, œuvre elle aussi d'un aristocrate modéré, le préteur L. Aurelius Cotta, frère de ce C. Aurelius qui, étant consul en 75, avait fait prévaloir la proposition du tribun Opimius.

On s'en prit aux hommes comme aux choses. Les censeurs institués en cette même année 70, L. Gellius et Cn. Cornelius Lentulus, procédèrent à une épuration sévère du Sénat d'où ils n'expulsèrent pas moins de soixante-quatre sénateurs introduits par Sylla. La réapparition de la censure était par elle-même un événement, la preuve que tous les rouages supprimés par le dictateur recommençaient à fonctionner.

Sylla était mort depuis six ans seulement et déjà, si l'on met à part quelques innovations administratives, il ne restait rien de son œuvre, rien que de nouveaux ferments de discorde, de nouveaux germes de dissolution introduits dans le corps malade par cette médication sanglante et inefficace. La réforme par le Sénat avait échoué comme la réforme contre le Sénat, si bien qu'après tant d'expériences manquées, tant d'efforts avortés, tant d'espoirs déçus, il semble qu'une sorte de lassitude, de découragement ait succédé aux grandes initiatives, et désormais la République, retombée dans l'ornière et en proie à une anarchie sans issue, ira se débattant entre les assauts de la démagogie et les compétitions des généraux jusqu'au jour où le plus fort d'entre eux, l'homme de génie surgi dans la tempête, viendra imposer la solution, rendue inévitable par les fautes de tous et la fatalité des circonstances, et tentera, lui aussi, de restaurer l'Etat, non plus dans le sens démocratique ou aristocratique, mais par la monarchie.

§ 5. — **Catilina et la tentative de révolution sociale.**

Les années qui suivirent le consulat de Pompée et de Crassus furent des années relativement paisibles, mais travaillées par un malaise profond, assombries par l'approche d'une crise où la République faillit succomber. Tout ce qui, à tous les degrés, avait intérêt à un bouleversement, ambitieux de haute volée et prolétaires misérables, les uns avec leurs revendications légitimes, les autres avec leurs convoitises malsaines ou leurs vues à longue portée, tous ces éléments hétérogènes se trouvèrent associés en une sorte de coalition disparate et d'autant plus redoutable, car elle ne laissait en dehors aucune des forces de destruction qui s'agitaient au sein de la société romaine.

Pompée était absent. Il n'était pas homme à rentrer dans le rang après avoir déposé le consulat. Le développement de la piraterie dans tout le bassin de la Méditerranée depuis la disparition des marines grecque, phénicienne, carthaginoise était devenu une calamité publique. La nécessité d'en finir avec ce fléau lui fournit l'occasion cherchée. En l'an 67, sur la proposition du tribun Gabinius et malgré la très vive résistance du Sénat, un commandement lui fut confié qui sans doute répondait aux circonstances, mais dont le caractère anormal, les proportions démesurées étaient bien de nature à justifier les alarmes des conservateurs attachés au principe de l'égalité républicaine. Il s'étendait sur toutes les mers en ajoutant les côtes jusqu'à une distance de cinquante milles, et comportait en outre la faculté de recruter des navires, des marins, des soldats, de lever des impôts, de puiser dans le Trésor, autant qu'il paraîtrait utile. Pompée s'acquitta de sa mission avec un succès qui mit le sceau à sa popularité, mais à cet orgueil surexcité il fallait un champ toujours plus vaste, des victoires toujours plus éclatantes, une place de plus en plus haute dans l'admiration des hommes. La direction de la guerre contre Mithridate, qui naguère avait tenté si violemment Marius et Sylla, était maintenant l'objet de ses vœux. Elle était confiée à Lucullus, qui la conduisait brillamment. Il réussit à le supplanter. En 66, un nouveau plébiscite proposé par le tribun Manilius vint compléter le plébiscite Gabinien en lui attribuant le gouvernement de l'Asie, de la Bithynie, de la Cilicie, avec le droit de faire la guerre et la paix à sa volonté. L'heureux Pompée n'eut qu'à récolter ce que son prédécesseur avait semé, marchant de triomphe en triomphe, annexant des provinces, distribuant des Etats, traitant avec les cités et les rois, en véritable souverain. Au fond de cet Orient lointain où retentissait encore la gloire d'Alexandre, il apparaissait aux Romains émerveillés comme le digne héritier du grand Macédonien.

Crassus était resté à Rome, se morfondant dans l'inaction, importuné par les acclamations qui saluaient les bulletins de victoire de Pompée, jaloux de se tailler lui aussi une situation équivalente à celle de son rival. Dans cette intention, ne se sentant pas assez fort par lui-même, il lia partie avec un homme jeune encore, très peu avancé dans la carrière des honneurs, — il avait dépassé seulement l'étape de la questure et venait d'être élu édile pour l'année 65, — mais qui, dès ce moment, sous les dehors frivoles d'un élégant, d'un roi de la mode, laissait entrevoir aux plus clairvoyants la force de son génie et l'ampleur de ses desseins. C. Julius Cæsar, bien qu'appartenant à la noblesse patricienne, se rattachait par ses alliances, par sa femme Cornelia, la fille de Cinna, par sa tante Julia, la veuve de Marius, au parti démocratique. Aux funérailles de cette dernière, il avait osé, dès l'année 68, prononcer l'éloge des deux chefs populaires et faire porter, parmi les bustes de la famille, l'image encore proscrite du vainqueur de Jugurtha et des Cimbres. Trois ans plus tard, étant édile, il rétablissait de sa propre initiative le trophée qui lui avait été consacré au Capitole. En même temps il reprenait la tradition des grands tribuns, des Gracques et de Drusus, en plaidant la cause des Gaulois Transpadans réclamant le droit de cité à l'égal des Gaulois de la Cispadane. Il avait commencé par servir les intérêts de Pompée, devenu le grand homme de la réaction antisyllanienne, et il avait agi en faveur des lois Gabinia et Manilia. Mais il n'avait que des ressources médiocres, et il lui fallait suffire à sa vie de plaisir et se pousser dans la carrière politique. Il trouva en Crassus un prêteur complaisant. Crassus, enrichi par les proscriptions et par une série de spéculations plus ou moins avouables, était à la tête d'une immense fortune dont il faisait le levier de son ambition. Il savait qu'avec son argent il pouvait acheter les suffrages, et au besoin lever des armées, comme avait fait Pompée. En attendant, il se recrutait des obligés, des créatures. Ce cupide personnage avait avec les politiciens d'avenir la main toujours ouverte. C'est par ce lien qu'il s'attacha César, et c'est ainsi que du camp de Pompée César passa dans celui de Crassus.

Pour faire contrepoids à Pompée, ils jetèrent les yeux sur l'Espagne et sur l'Egypte. L'Espagne était un pays très riche en ressources financières et militaires, et dont l'importance avait été mise en lumière par les événements récents. C'était l'Espagne qui avait fait la force de Sertorius, et l'on se rappelait aussi qu'elle avait été le fondement de la grandeur des Barkides. Elle était destinée à un certain Calpurnius Piso, connu pour être l'ennemi de Pompée, et par suite à la dévotion de César et de Crassus. Mais la proie la plus convoitée était l'Egypte. Le roi Ptolémée Alexandre était mort sans postérité légitime et le bruit courait qu'au lieu de laisser son royaume à un bâtard, Ptolémée Aulétès, placé sur le trône par les Egyptiens, il l'avait légué au peuple romain. Le Sénat sans doute savait à quoi s'en tenir sur la réalité du testament, mais quoi qu'il en fût, il répugnait à une annexion dont il prévoyait les difficultés, et dont il sentait aussi le danger à un autre point de vue, car elle ne pouvait manquer de grandir démesurément l'homme qui en eût été chargé. L'Egypte était le pays le plus riche du monde ancien, et comme de plus elle fournissait maintenant à l'Italie et à sa capitale la majeure partie du blé nécessaire à leur alimentation, celui qui la tenait entre ses mains la subsistance de Rome et de l'Italie. L'annexion de l'Egypte fut le but visé par Crassus et César. Elle était réclamée avec eux par le peuple et les chevaliers. Le peuple se souvenait du flot d'or qu'avait fait couler, au temps de Ti. Gracchus, l'héritage d'Attale, et les gens d'affaires, considérant eux aussi les bénéfices que leur rapportait le royaume de Pergame devenu la province d'Asie, comptaient en tirer de plus beaux encore de la vieille terre des Pharaons et des Lagides réduite en province. Il n'est pas probable d'ailleurs que Crassus, à son âge et dans sa situation, ait revendiqué l'opération pour un autre que lui-même, mais il s'agissait de tout autre chose encore que de l'occupation de l'Egypte. L'annexion ne pouvait être obtenue qu'après un changement radical dans le gouvernement, et ainsi le plan conçu par les deux associés aboutissait en fin de compte à une révolution.

De ce moment datent leurs relations avec Catilina. L. Sergius Catilina est devenu pour nous un personnage légendaire, le type classique du conspirateur scélérat, une sorte de monstre chargé de tous les crimes.

A s'en tenir aux seuls faits avérés, en écartant les vagues racontars mis en circulation par la haine et la peur, avec tout ce que le goût du romanesque et du mélodramatique y a ajouté depuis, il ne semble pas avoir été pire que beaucoup de ses contemporains, en cet âge de corruption et de férocité. Il avait été un des massacreurs de Sylla, il avait pillé les provinciaux, et ses mœurs n'étaient rien moins qu'exemplaires. Mais de combien d'autres n'en pouvait-on pas dire autant? S'il sortait du commun, c'était par son intelligence, par son audace, et aussi par un don singulier de séduction. Son évolution politique, si déconcertante qu'elle soit, n'a rien d'exceptionnel. Il a changé de parti avec le cynisme qui caractérisait les hommes de son temps. Il avait débuté dans les rangs des oligarques où l'appelaient ses origines patriciennes et où il avait marqué sa place sanglante, mais il ne tarda pas à en sortir. En 66, il revint de son gouvernement d'Afrique avec l'intention de se présenter au consulat, mais un procès pour péculat l'attendait et le consul Volcatius Tullus refusa, comme c'était son droit, de tenir compte de sa candidature, tant qu'il ne se serait pas purgé de cette accusation. Or, en cette même année, les deux consuls désignés pour 65, P. Autronius Paetus et P. Cornelius Sylla, un neveu du dictateur, se virent de leur côté accusés de brigue, condamnés et supplantés, conformément à la loi, par leurs deux accusateurs, L. Aurelius Cotta et L. Manlius Torquatus. C'était un coup terrible, la fin de leurs ambitions politiques, une loi récemment votée interdisant l'accès de toute magistrature à tout condamné de ce fait, et c'était la ruine par-dessus le marché, car il n'était pas de candidat qui ne dépensât des sommes énormes avec l'espoir de les récupérer au centuple dans le gouvernement d'une province. Ils décidèrent de tuer leurs remplaçants le jour même où ils devaient entrer en charge, et ils attirèrent Catilina dans le complot en lui promettant l'ajournement de son procès, et le consulat ultérieurement. C'est ce qu'on appelle fort improprement la première conjuration de Catilina. Plus tard en effet ses ennemis ont essayé tout à la fois de le grandir et de l'accabler en lui prêtant le premier rôle, mais en réalité il n'agissait qu'en sous-ordre, et les deux chefs nominaux de l'entreprise n'étaient eux-mêmes que des instruments. Derrière eux, on distingue l'action de Crassus et de César. Ils n'avaient rien à espérer de Cotta et de Torquatus, et ils avaient tout à gagner à une catastrophe. Suétone nous dit que Crassus devait s'emparer de la dictature avec César comme maître de la cavalerie et que tous deux se proposaient de « réorganiser la République ». Le coup manqua, on ne sait trop pourquoi, et l'affaire fut étouffée, soit qu'on n'eût pas de preuves, soit parce qu'on craignait de trouver au bout de l'enquête les deux puissantes personnalités suspectes. Il y a plus. Dans leur désir de faire le silence et peut-être aussi pour ramener le transfuge, les conservateurs mirent de côté leurs griefs jusqu'à intervenir en faveur de Catilina quand il comparut devant la *quæstio repetundarum*. Il ne leur en sut aucun gré. L'éloquence de Hortensius avait contribué à son acquittement moins que l'argent versé aux juges, et ces largesses avaient épuisé ses ressources. Il sentait bien d'autre part que, malgré la protection dont ses anciens amis l'avaient couvert en cette circonstance, il ne pouvait compter désormais sur leur appui pour le but suprême de ses efforts, le consulat. Il ne lui restait qu'à marcher avec ses nouveaux alliés.

Il se présenta en 64 sous le patronage déclaré de Crassus et de César et échoua. Le danger que faisaient planer sur la République le pacte conclu entre ces trois hommes et les desseins subversifs qu'on leur prêtait avaient rapproché les deux éléments du parti conservateur, les sénateurs et les chevaliers. Les chevaliers, somme toute, avaient reçu une large satisfaction par la loi judiciaire Aurelia, et l'exploitation même de l'Egypte ne leur paraissait pas valoir un bouleversement général. Le candidat choisi pour symboliser cet accord fut Cicéron. Nul n'était mieux désigné par ses origines et ses antécédents. Il n'appartenait à aucune des opinions extrêmes. Homme nouveau, il ne risquait pas d'être confondu avec la fraction intransigeante du Sénat. Rallié à la cause de l'aristocratie, il avait donné assez de gages à la démocratie pour mériter encore sa gratitude. L'ordre équestre, dont il était sorti et qu'il avait servi en toute occasion, le soutenait de ses sympathies. Il put ainsi, une fois dans sa vie, réaliser le programme auquel il resta toujours attaché, à travers les vicissitudes de sa carrière et en dépit de toutes ses défaillances : constituer par l'entente des deux ordres la ligue des modérés, un parti également éloigné des étroitesses de l'esprit oligarchique et des violences populaires, se maintenant ferme sur le terrain de la constitution, décidé à la défendre contre toutes les attaques, d'où qu'elles vinssent, contre les entreprises des ambitieux et les assauts de la démagogie.

La victoire de Cicéron attestait la force d'une résistance dont n'avaient pu triompher Crassus et César. Dès lors, le pacte à trois perdait sa raison d'être. Crassus et César n'avaient pas d'intérêt à se solidariser avec un candidat malheureux, et Catilina n'en avait pas davantage à solliciter un concours qui ne lui servait de rien. Il se résolut à travailler pour lui-même, et maître de ses actes, n'ayant plus personne à ménager, il leva hardiment le drapeau de la révolution sociale.

Il est clair qu'il ne pouvait être suivi dans cette

voie par Crassus, le plus riche des Romains. César lui-même était trop avisé pour tremper dans le mouvement; il s'enferma dans une abstention équivoque, sympathique plutôt, épiant les événements avec l'intention d'en tirer parti. Mais ni l'un ni l'autre ne perdaient de vue leur grand dessein et, renonçant à atteindre le but directement, ils essayèrent d'y arriver par un chemin détourné, en lançant une nouvelle loi agraire par l'intermédiaire du tribun Rullus.

C'était une très bonne loi, sagement conçue. L'histoire de C. Gracchus avait démontré l'impopularité de la colonisation extra-italique. Il n'en fut plus question. Mais l'Italie n'offrait plus elle-même à la colonisation qu'un champ très restreint. La loi de liquidation de l'an 111 avait garanti les droits des possesseurs, et le domaine public, écorné encore par la colonisation Syllanienne, se réduisait somme toute au territoire campanien. Donc, puisque en dehors de la Campanie, il n'y a plus de terres à distribuer gratis en Italie, on en achètera. Sur quels fonds? En vendant les terres conquises en dehors de l'Italie depuis 88, et en faisant rentrer le butin non encore versé par les généraux et celui dont ils pourront s'emparer à l'avenir pendant cinq ans.

La loi fut rejetée grâce à l'intervention de Cicéron. Il déploya contre elle la magie de son éloquence, recourant à tous les arguments, bons ou mauvais, ne dédaignant pas les plus misérables, descendant jusqu'à flatter les goûts les plus malsains de la populace. On en est humilié pour lui en le lisant. Mais l'opposition aux lois agraires était le terrain où se rencontraient l'ordre sénatorial et l'ordre équestre, et il ne pouvait aller contre la pensée fondamentale de sa politique. Il avait une autre raison que nous saisissons fort bien à travers ses sous-entendus et dont tout le monde se rendait compte. On savait d'où partait l'initiative de Rullus, et qu'au fond il n'y avait pas autre chose dans sa proposition qu'une machination de Crassus et de César. Les décemvirs chargés de l'exécution de la loi n'étaient pas seulement autorisés à acheter et à vendre des terres sur toute la surface de l'empire; il leur appartenait de décider ce qui rentrait ou non dans le domaine public. Et il n'était pas douteux que Crassus et César ne dussent faire partie de la commission. On s'arrangeait pour assurer leur succès en empruntant aux élections pour les collèges sacerdotaux un mode de votation consistant à ne faire voter que dix-sept tribus tirées au sort sur les trente-cinq. Ce procédé, imaginé pour enlever à l'opération le caractère d'une élection proprement dite et la réduire à n'être qu'une sorte de désignation, de manière à sauvegarder, en apparence du moins, le vieux principe de la cooptation, n'avait ici aucune raison d'être, sinon qu'il permettait à une main experte de forcer le résultat en écartant les tribus les moins bien disposées. Ainsi les deux ambitieux pouvaient, en vertu du prétendu testament de Ptolémée Alexandre, classer l'Egypte dans le domaine et consommer enfin cette annexion dont ils escomptaient les merveilleux résultats. Ils n'avaient pas à craindre d'être contrecarrés par Pompée. On avait fait une exception en sa faveur en ne lui appliquant pas l'article relatif au butin, mais on l'excluait du nombre des décemvirs en exigeant la présence à Rome de tous les candidats.

La lutte sourde contre Crassus et César remplit les premiers mois du consulat de Cicéron. Catilina, pendant ce temps, ourdissait les fils de son complot. Il n'était pas décidé encore à procéder autrement que par les moyens légaux. Il attendait l'issue de sa candidature pour l'année 62. Mais il se tenait prêt. Quand il eut échoué une seconde fois, il comprit qu'il n'avait plus de recours que dans la force.

C'était un étrange champion pour le parti populaire que cet ancien sicaire de Sylla, avec son état-major formé à son image, composé de nobles obérés, jouisseurs et viveurs, de grandes dames galantes et décriées, toute la lie de la haute société romaine. Mais le chef de ce personnel taré, qu'était-il en somme et que voulait-il? Démolisseur aveugle ou profond politique? Serviteur d'une grande cause, ou ambitieux vulgaire sans autre but que de l'exploiter à son profit? Sur ce point encore, non moins que sur sa vie privée, nos témoignages ne lui sont pas favorables. Dans les discours qu'on lui prête, les seuls sentiments auxquels nous le voyons faire appel sont l'envie et la haine. A ses partisans de tout étage, il promet l'abolition des dettes. A ses amis, les magistratures, l'opulence, le luxe. Aux pauvres, le pillage. S'il a visé plus loin et plus haut, si la liquidation par le fer et le feu n'était dans sa pensée que la préface d'un ordre régulier et meilleur, s'il avait son plan en un mot, ce ne sont pas ses historiens qui nous le diront. Et si dans le mouvement auquel il donnait le branle il y avait plus et mieux qu'une simple coalition d'appétits criminels, ils pourront bien à leur insu, malgré eux, en laisser percer quelque chose, mais non pas s'en rendre compte nettement, encore moins en faire l'aveu.

Il ne faut pas demander à Cicéron d'être impartial. Il est engagé dans un duel et il fait son métier d'avocat. Mais n'eût-il pas cette raison de vilipender le parti adverse, il était encore le dernier homme capable d'en parler avec équité. Nous avons vu sa politique. Bien qu'étranger à la noblesse par ses origines et bien qu'ayant fait ses premières armes dans les rangs de l'opposition antisyllanienne, il n'avait jamais été un démocrate, et il l'était de moins en moins à mesure qu'il montait dans l'échelle des honneurs, à mesure aussi qu'il voyait se projeter sur l'avenir l'ombre menaçante de la tyrannie populaire. Il tenait pour ceux qu'il appelle les « *optimates* », les bons, qui en réalité ne sont autres que les classes possédantes. Ce n'est pas qu'au fond il se fasse beaucoup d'illusions à leur sujet. Il connaît leurs faiblesses et leurs tares, et il s'en ouvre volontiers dans ses confidences intimes. Néanmoins, il estime qu'à elles seules revient le pouvoir. Ses traités *De la République* et *Des Devoirs* sont tout pénétrés de cette idée. Sa morale, dans ce dernier ouvrage, est d'un pur aristocrate. Il est humain, il recommande la justice pour les humbles, voués à des occupations illibérales, basses, serviles, relégués dans une sphère inférieure, où ils doivent rester. Que l'Etat puisse avoir une autre mission que de maintenir cette hiérarchie, c'est une pensée qui ne lui vient pas ou qu'il écarte. De même, que les misérables ne soient pas tout à fait responsables de leur misère, qu'elle tienne à des causes profondes auxquelles il y aurait lieu de porter remède, il ne le voit pas ou ne veut pas le voir. Il a pu lui arriver, sous la pression des circonstances, par précaution oratoire, de rendre aux Gracques un hommage forcé, mais presque toujours, quand il les nomme, c'est pour flétrir leur mémoire. Pour la foule entraînée à la voix de Catilina, il n'a que des paroles de mépris : « Qu'ils succombent, qu'ils périssent, s'ils ne peuvent vivre honnêtement! » Condamnation justifiée sans doute s'il ne s'agit que de quelques grands seigneurs aux abois, mais combien inique et cruelle si elle retombe sur les malheureuses victimes de la grande décomposition sociale! Et quand enfin, longtemps après, revenant sur ces souvenirs avec cette complaisance intarissable, cette fatuité qui lui a été justement reprochée, il se vante d'avoir, par sa victoire, extirpé le fléau, rassuré les intérêts, rétabli la confiance, on ne sait ce qu'il faut le plus admirer dans cette assertion paradoxale, si complètement démentie par les faits, de son inconscience, s'il est sincère, ou de son audace, s'il ne l'est pas.

Il semble qu'on devrait s'attendre de la part de Salluste à des appréciations plus mesurées, à des vues plus larges. Il est franchement hostile à l'oligarchie qu'il a combattue dans la période active de sa carrière et dont il dénonce les vices, dans ses écrits, avec une extrême violence. Pourtant il ne parle pas de Catilina et des Catilinariens sur un autre ton que Cicéron. On s'est demandé souvent quel a été son but en écrivant l'histoire de la conjuration, et il faut croire que ce but ne ressort pas avec une parfaite clarté, puisque la question a pu être résolue diversement. Qu'il soit bien aise de déshonorer en Catilina l'ancien Syllanien, cela se comprend, mais qu'il n'ait pas fait effort pour distinguer entre les meneurs et la masse, il y a lieu d'en être surpris. Le plus vraisemblable, c'est qu'en montrant le désordre et la démoralisation à tous les degrés, il veut fournir un argument de plus contre le régime qu'il déteste et pour celui dont il souhaite l'avènement. Il a été Césarien et si, dans son deuxième ouvrage, dans le *Jugurtha*, on peut relever quelques traits qui paraissent dirigés contre la mémoire du dictateur, on ne trouve rien de semblable dans le *Catilina* publié peu d'années après la journée des Ides de Mars, au contraire. Le *Catilina* n'est pas précisément, comme on l'a dit, une apologie de César. Mais César y apparaît dégagé de toute solidarité avec l'anarchie, lavé des soupçons dont il n'avait pas cessé d'être poursuivi, en même temps que, dans le débat ouvert sur le sort des conjurés, il incarne la légalité, l'esprit de sagesse et de modération. Lui prêter cette double attitude, c'était lui rendre deux fois service.

Les doctrines que l'on peut, sans verser dans l'anachronisme, appeler socialistes, en entendant par là toutes celles qui se proposent de régler la répartition de la richesse par l'intervention de l'Etat, de manière à la distribuer plus équitablement entre tous les citoyens, ces doctrines qui ont eu en Grèce des représentants illustres dans la pensée et dans l'action, n'ont pas obtenu à Rome la même fortune, ni dans le domaine des faits ni dans celui des théories. Elles se sont heurtées dans la pratique aux répugnances invincibles de l'esprit conservateur, et elles n'ont trouvé aucun défenseur, aucun interprète parmi les auteurs survivants de la littérature latine. Mais ce serait une grande erreur de se figurer qu'elles soient demeurées tout à fait étrangères à ce peuple. Une telle conclusion ne serait pas seulement invraisemblable en elle-même, *a priori* : pour qui sait lire entre les lignes, elle serait démentie par les textes.

Les communications avec le monde hellénique étaient fréquentes depuis longtemps ; l'histoire des cités grecques était connue ; l'exemple d'un Agis, d'un Cléomène était contagieux. D'ailleurs, des deux côtés les problèmes étaient les mêmes et pouvaient paraître appeler des solutions identiques. Ici aussi l'écart était scandaleux entre l'extrême opulence et l'extrême pauvreté, le contraste dérisoire entre la fiction de la souveraineté populaire et la brutalité des réalités économiques se traduisant par l'oppression des masses. Ici aussi les pouvoirs attribués à l'Etat étaient assez étendus pour qu'on pût être conduit à leur sacrifier les droits de l'individu. La réduction ou l'abolition des dettes, si souvent réclamée et emportée, était déjà une atteinte grave à la fortune privée. Les lois des Gracques, bien qu'elles ne fussent en aucune façon, ni en elles-mêmes, ni dans l'intention de leurs auteurs, des lois spoliatrices, pouvaient cependant passer pour telles car, si elles ne s'attaquaient pas à de vrais propriétaires, elles n'en lésaient pas moins une possession consacrée par une longue prescription. Et en dernier lieu, le respect de la propriété même avait été plus qu'ébranlé par les confiscations de Sylla. Comment, avec de tels précédents, l'idée d'une expropriation totale n'aurait-elle pas surgi et fermenté dans la foule souffrante, et comment n'eût-elle pas gagné jusque dans les hautes classes quelques âmes généreuses, quelques esprits aventureux ?

Quand Cicéron, dans le *de Officiis*[1], rappelant le propos du tribun Philippus : « Il n'y a pas à Rome deux mille propriétaires », le déplore comme subversif et dangereux, sans d'ailleurs en nier la justesse, et quand il part de là pour s'élever contre l'idée du partage, de l'égalité des biens, « le plus grand fléau du monde — « qua peste quæ potest esse major ! » — dira-t-on qu'il se bat contre un péril imaginaire ? Si les discours, les pamphlets où ces aspirations ont pris corps sont perdus, nous en saisissons l'écho dans le roman historique recueilli et fixé pour nous par les écrivains du siècle d'Auguste. C'était un procédé familier de reporter dans le passé l'idéal dont on s'enchantait pour l'avenir, de manière à en montrer la réalisation possible, tout en lui conférant le caractère vénérable, le prestige acquis aux choses anciennes. L'histoire et la fable devenant ainsi un thème à l'usage des partis, le communisme égalitaire reculé dans le lointain de l'âge d'or, sous le sceptre du bon roi Saturne, évoquait pour les niveleurs l'image d'un temps plus heureux, proposé en exemple au présent. Utopies inoffensives, fantaisies de poètes dans la Rome pacifiée et asservie, mais où se traduisaient, pour les générations précédentes, en un langage transparent,

1. II, 21.

des espérances positives, des revendications redoutables.

En réfléchissant à tout cela, on s'explique mieux certains faits mentionnés par les historiens, mais dont la signification jure avec l'ensemble et la couleur générale de leurs récits. Certes, il serait absurde de nier tout ce qu'il entrait dans la conjuration, à tous les degrés, d'éléments véreux et impurs, mais le mouvement était trop vaste, trop profond pour ne pas être aussi très complexe, et il serait non moins injuste de l'envelopper tout entier dans la même condamnation globale et sommaire. Salluste ne nous montre-t-il pas, parmi ceux qui se réunissaient dans la maison de Catilina, des nobles qui n'étaient sollicités par aucun besoin d'argent et, derrière eux, en grand nombre, les principaux personnages des colonies et des municipes? Il ajoute, il est vrai, pour les premiers, que c'était l'ambition qui les poussait, mais les autres, quel pouvait être leur mobile? Il n'en dit rien. Et toute cette jeunesse enthousiaste, toute cette multitude qui applaudissait à l'entreprise, qui lui prêtait son concours ou la soutenait de ses vœux — nous ne faisons que reproduire les termes mêmes de notre auteur, — n'était-elle composée que de scélérats? C'est le même Salluste qui nous apprend que, malgré l'appât des récompenses, il ne se trouva pas, parmi les chefs et les soldats, un délateur, un traître ou un transfuge[1]. Il y a là tout au moins un trait singulièrement honorable, la preuve d'une conviction ardente, d'un dévouement fanatique qui devait survivre même à la défaite. Ne voyons-nous pas, cinq ans après, les partisans du vaincu lui dresser un cénotaphe et le parer de fleurs, dernier hommage rendu à l'homme qui, sincèrement ou non, dans des vues égoïstes ou

---

1. 17, 36 et 37.

désintéressées, avait fait briller aux yeux des déshérités la promesse décevante d'une aurore nouvelle[1]?

Le gros de l'armée révolutionnaire, les bataillons solides n'étaient pas à Rome. Ce n'est pas que les sujets de mécontentement fissent défaut dans la plèbe urbaine. Parmi ceux qui la travaillaient depuis longtemps, il en était un qui avait pris une acuité extrême. Une crise sévissait, que nous connaissons trop bien dans nos agglomérations modernes, la crise du logement. L'extension démesurée des habitations de luxe, des jardins de plaisance, coïncidant avec le flot toujours croissant de l'immigration italienne et étrangère, avait resserré dans des limites très étroites les espaces laissés aux pauvres. Dans les quartiers populeux, sur les pentes de l'Esquilin, du Viminal, du Quirinal s'élevaient les énormes bâtisses, les *insulæ*, où par centaines ils s'entassaient dans leurs taudis infects, de la cave au grenier. Alors comme de nos jours, il n'y avait pas de meilleur placement que ces maisons de rapport. Sur ce terrain comme sur les autres, la spéculation, le capitalisme s'étaient donné carrière. Des rues entières n'avaient qu'un seul propriétaire, et Crassus était arrivé à accaparer la plus grande partie de l'immense capitale. Aussi n'est-il pas étonnant que la question des loyers soit devenue aussi brûlante que celle des dettes, et que la remise des termes échus ait figuré au premier rang, avec l'abolition des créances, au programme des agitateurs. Pourtant, quels que fussent dans cette populace les motifs et les velléités de révolte, ce n'était pas de ce côté que venait le vrai danger. Elle était relativement satisfaite de son sort ou résignée ; elle avait pour soulager sa misère les libéralités de l'Etat et des riches, les distributions frumentaires, les congiaires,

---

1. Cicéron, *Pro Flacco*, 38.

la sportule ; pour s'en consoler ou s'en distraire, les spectacles, les jeux, les divertissements de la grande ville ; elle avait perdu son ressort dans cette dépendance ; elle s'était laissé domestiquer. On l'avait bien vu au rejet de la loi de Rullus, et l'on devait s'en apercevoir encore quand il suffit, pour la retourner, de l'éloquence de Cicéron lui dénonçant les conséquences de l'émeute, l'incendie dévorant ses tristes demeures, ses meubles et ses hardes.

Le danger venait de l'Italie. C'était le soulèvement de l'Italie que l'on préparait. Les classes rurales avaient été autrefois le plus ferme appui de la politique conservatrice, mais il n'y avait plus de classes rurales. Nous avons décrit l'état lamentable où Sylla avait laissé ce pays. Un symptôme alarmant s'était produit lors de la révolte de Spartacus. Des hommes libres, en grand nombre, étaient accourus à son appel, aussi désespérés que les esclaves dont il brisait les chaînes. Les émissaires de Catilina parcouraient la péninsule, cherchant des recrues partout, parmi les pâtres du Bruttium, les gladiateurs de Capoue. Mais le foyer de l'insurrection prochaine, le quartier général où elle concentrait ses forces était l'Etrurie, de toutes les régions en proie aux vengeances du dictateur la plus éprouvée. Là se rencontraient dans un commun dénuement les bénéficiaires des confiscations et leurs victimes, les propriétaires dépossédés et les vétérans, victimes de leurs habitudes de dissipation et de paresse. Avec eux, les échappés de l'*ergastulum* dépouillés par l'usure, non seulement de leurs biens, mais de leur liberté, en dépit des lois tutélaires qui avaient aboli la contrainte par corps et qui, grâce à la faiblesse ou à la connivence des magistrats, n'étaient pas observées. Ramassis de bandits de toute espèce et de toute provenance, dit Cicéron, mais comment se défendre d'une émotion sympathique en lisant la requête, d'un ton si mesuré, d'un accent si pénétrant, adressée au Sénat au nom de ces malheureux par leur chef, le vieil officier Syllanien Mallius, requête fidèlement et, il faut le reconnaitre, honnêtement reproduite par Salluste[1] ? « Nous attestons les hommes et les dieux que nous n'avons pris les armes ni contre la patrie ni contre la sûreté de nos concitoyens, mais seulement pour garantir nos personnes de l'oppression, nous indigents, misérables qui sommes, par les violences et la cruauté des usuriers, la plupart sans patrie, tous sans considération et sans fortune. A aucun de nous il n'a été permis d'invoquer la loi et, après la perte de notre patrimoine, de sauver notre liberté personnelle, tant fut grande la cruauté des usuriers et du préteur... Nous ne demandons ni le pouvoir ni la richesse : nous ne voulons que la liberté. Nous vous en conjurons, prenez en pitié de malheureux concitoyens ; ces garanties de la loi que nous a enlevées l'injustice du préteur, rendez-nous-les, et ne nous contraignez pas à ne plus chercher en mourant qu'à vendre le plus chèrement possible notre vie ».

La conspiration, déjouée à Rome par l'énergie et l'habileté de Cicéron, succomba au dehors, peu après, sur le champ de bataille de Fæsulæ. Aux prises avec des troupes solides et disciplinées, les soldats improvisés pour la lutte future, insuffisamment organisés et armés, ne purent que tenir parole en se faisant tuer jusqu'au dernier. Le consulaire triomphant put se vanter d'avoir sauvé la République et, qui plus est, de l'avoir sauvée par le seul ascendant du gouvernement civil. « Cedant arma togæ ! » s'écriait-il dans son ivresse. Courte illusion, vite dissipée. On attendait le retour de Pompée, et chacun sentait que devant ce vainqueur, le gouvernement civil, les magistrats, le Sénat ne comptaient pour rien.

1. 33.

CONCLUSION

Anarchie et Monarchie. — La Monarchie de César et la Monarchie d'Auguste.

L'idée du despotisme militaire était si bien entrée dans les esprits que tout le monde, en apprenant le débarquement de Pompée (janvier 61) s'attendait à ce qu'il mit la main sur le pouvoir. Déjà on voyait le nouveau Sylla marcher sur Rome à la tête de son armée. La surprise fut extrême quand on sut qu'il la licenciait. Sans doute, il comptait arriver à ses fins sans courir les risques et sans se donner l'odieux d'un coup d'Etat. Mais il reconnut bientôt ce que valait son prestige quand il n'était plus soutenu par la force. Le Sénat avait des rancunes à assouvir. Il ne résista pas à la tentation d'humilier l'homme qui, malgré lui et contre lui, s'était élevé si haut. Satisfaction dangereuse. Il jetait Pompée dans les bras de son ancien ennemi Crassus. La réconciliation fut ménagée par César, et l'entente entre les trois ambitieux fut le pacte connu sous le nom de premier triumvirat.

Le profit en fut surtout pour César. Il y gagna le consulat et le gouvernement de la Gaule. Ce consulat (59) est une date importante dans son histoire et dans celle de la République. Elle le fit passer décidément au premier plan et marqua une étape nouvelle dans la marche vers la monarchie. Les aristocrates avaient réussi à faire élire en même temps que César un des leurs, M. Calpurnius Bibulus, et Bibulus avait imaginé d'annihiler son adversaire en jouant contre lui de l'auspication. Elle avait été réglée de telle sorte que les deux consuls pouvaient se contrecarrer réciproquement en opposant à leurs actes respectifs des auspices déclarés défavorables et, qui plus est, en notifiant d'avance qu'ils déclareraient tels les auspices observés. Cette règle, conçue dans un intérêt purement politique, en vue d'assurer l'équilibre des pouvoirs, avait été respectée jusqu'alors, mais le malheur était qu'elle empruntait son autorité à des croyances surannées, si bien qu'il ne fut pas difficile à César de passer outre, aux applaudissements de son parti et au grand amusement des sceptiques, et ainsi, pendant que Bibulus brandissant son arme émoussée se renfermait dans son impuissante obstruction, il apparut par le fait comme le consul unique, seul agissant, tranchant du souverain, foulant aux pieds la constitution, se riant des protestations de son collègue et de celles du Sénat.

Il partit en 58, laissant pour servir ses intérêts et ceux de ses associés, P. Claudius ou Clodius. Encore un type curieux, représentatif, que ce patricien de haute race et de grandes manières, passé à la plèbe pour arriver au tribunat, éloquent, audacieux, impudent, vicieux, alliant toute la morgue aristocratique à toutes les violences d'un démagogue effréné. Un tel homme ne pouvait rester longtemps un instrument docile entre les mains de ses patrons. Il commença par les soutenir, puis les compromit par ses excès, puis se retourna contre eux avec une indépendance d'allures qui déconcerta toutes leurs prévisions. Quel était son but? On serait embarrassé pour le dire. Si l'on peut attribuer à Catilina un programme tout au moins négatif, on ne voit ici qu'une agitation sans objet, des passions et des haines sans idées. Toujours est-il que l'action de ce boute-feu, prépondérante pendant plusieurs années, ne fut pas un des moindres ferments qui activèrent la dissolution de la République.

On était habitué de longue date à voir le cours de la loi troublé par l'émeute. Maintenant elle régnait en maîtresse, à l'état continu. Clodius avait eu l'art de la discipliner, de lui fournir des cadres réguliers et permanents. La vie corporative avait toujours été très développée dans le peuple et la législation n'y faisait point obstacle. Des associations nombreuses (*collegia*, *sodalicia*) s'étaient formées, composées de petites gens, d'affranchis, d'esclaves même, associations ouvrières, religieuses, funéraires, devenues, par l'intervention des politiciens, des espèces de clubs, de sociétés secrètes, officines électorales et foyers insurrectionnels au besoin. D'autres avaient surgi qui ne se couvraient d'aucun prétexte et étaient simplement politiques. En l'an 64, sous la menace de la candidature de Catilina, le Sénat avait pris le parti de dissoudre tous ces groupements. Le premier acte de Clodius fut de les rétablir, de les réorganiser, de les multiplier. Les enrôlements se faisaient en public et n'excluaient aucun des éléments les plus impurs de la populace, échappés de prison et malandrins de toute sorte. Dès lors, Rome fut à la merci de ces bandes empressées, comme il était inévitable, à profiter de toutes les occasions pour se livrer à leurs instincts de pillage et de meurtre. Le Sénat, dépourvu de troupes de police, était impuissant. Il essaya de traiter avec Clodius, puis, la tentative ayant échoué, il imagina de le combattre par ses propres armes, en mettant les mêmes moyens anarchiques au service de la légalité. Un autre factieux, Annius Milo, fut chargé de la besogne et, grâce à lui, la résistance fut possible. Mais le désordre ne fit qu'augmenter. Entre l'armée de Clodius et celle de Milon, la guerre fut ouverte jusqu'au jour où le premier fut tué dans une de ces rencontres, au début de 52.

L'usure de la machine gouvernementale se trahissait de toute manière. Les élections étalaient toutes les tares au grand jour. Celles de 54 furent scandaleuses. On découvrit un marché honteux passé entre les candidats au consulat et les consuls en charge. Cet incident, joint à l'obstruction tribunicienne, eut pour résultat d'empêcher les opérations électorales. Il n'y eut pas de consuls, pas de magistrats pour 53, et cela dura jusqu'au milieu de cette année, et quand enfin on put aboutir, ce fut pour recommencer. Milon briguait le consulat pour 52 et Clodius la préture. La bataille se déchaîna aussitôt dans la rue. Les deux consuls furent blessés en voulant tenir les comices. Cicéron manqua être tué. L'année 53 finit ainsi, et l'année 52 s'ouvrit sans magistrats comme la précédente.

Il y avait un groupe d'hommes sincèrement attachés à la constitution et résolus à la défendre envers et contre tous. Ils avaient espéré l'emporter à la faveur d'une première réaction déterminée par le tribunat de Clodius. Malheureusement, ils eurent la maladresse de s'aliéner Pompée. Jaloux de César, trahi par Clodius, conservateur au fond par tempérament, il ne demandait qu'à leur revenir, mais il leur était suspect, non sans raison d'ailleurs : ils ne voulurent pas d'un concours dont par avance ils calculaient le prix. Repoussé de ce côté, il se rejeta vers César qui, lui aussi, avait besoin de son appui pour obtenir la prolongation de son commandement, de manière à éviter le procès dont il était menacé, une fois rentré dans la vie privée, pour toutes les illégalités commises pendant son consulat. Crassus, enfin, attendait du renouvellement du triumvirat la direction de la guerre contre les Parthes. Le pacte, dont les liens avaient paru se relâcher, fut resserré à l'entrevue de Lucques (56). Les triumvirs s'y montrèrent dans tout l'apparat de leur puissance, entourés d'une véritable cour de magistrats et de sénateurs. C'était un coup terrible pour leurs adversaires, mais les mêmes causes ne tardèrent pas à produire les mêmes effets, et de nouveau l'anarchie croissante rendit le courage aux conservateurs. Cette fois, ils ne tombèrent pas dans la même faute : ils sentirent la nécessité de se rapprocher de Pompée. Pompée, impassible, assistait aux troubles ; il les entretenait et les fomentait par son inertie, épiant, dans son ambition prudente et sournoise, le moment où l'on viendrait lui proposer la dictature. Ce ne fut pas la dictature qu'on lui offrit, mais quelque chose d'approchant, le consulat unique, en 52, quand on désespéra de sortir autrement que par cette mesure extraordinaire de la situation où l'on se débattait. Crassus venait de succomber dans l'extrême Orient. Désormais Pompée et César étaient seuls, en face l'un de l'autre. Par la force des choses, Pompée se trouvait incarner la République, mais nul n'ignorait qu'elle était perdue, quelle que fût l'issue du conflit. On sait comment il finit : César vainqueur et le monde à ses pieds.

De son œuvre accomplie ou ébauchée dans les courts répits de la guerre civile et dans les six mois qui précédèrent sa mort après Munda, il nous reste à dégager sommairement les traits essentiels. Elle étonne moins encore par la rapidité de la conception et de l'exécution que par son ampleur et son infinie portée. Ce n'était qu'un canevas, mais que les siècles devaient se charger de remplir. Jamais homme d'Etat n'eut à ce degré la vision de l'avenir, la claire conscience de ce qu'on peut appeler la mission historique de sa nation.

Pendant son consulat, ses vues ne s'étaient pas étendues au delà de l'Italie. Il avait promulgué une loi agraire excellente à laquelle ses adversaires mêmes avouaient n'avoir rien à objecter, sinon le profit qu'il en escomptait pour sa popularité. Les historiens évaluent à vingt mille le nombre des citoyens pourvus. Maintenant qu'il était le maître, libre de toute contrainte, ses regards embrassaient un horizon plus large. Héritier des Gracques, il reprit dans d'autres proportions la grande pensée lancée par Caius. Il ne se désintéressait pas de la question du paupérisme, mais il en cherchait la solution en dehors de la péninsule. Il ne restait plus de terres à partager sur le sol italien, et sans doute on en pouvait acheter, mais c'était une opération onéreuse, difficile, et à quoi bon quand on avait celles dont on disposait par droit de conquête? Au delà des mers, Rome occupait de vastes pays, fertiles et médiocrement peuplés, qui ne demandaient qu'à être fécondés par le travail. Pour cela, les bras, les bonnes volontés ne manquaient pas. Il n'y avait pas seulement les prolétaires, mais les vieux soldats qui attendaient la récompense de leurs services. Établis en Italie, ils pouvaient céder encore une fois aux tentations révolutionnaires. Transférés au loin, ils deviendraient de paisibles et robustes paysans.

Les colonies furent semées un peu partout, en Asie, en Grèce, en Afrique, en Espagne, dans la Gaule du midi. Mais la Gaule du midi et l'Espagne furent la terre d'élection. La Gaule du midi, plus particulièrement la future Narbonnaise, fut une création de César. La République n'avait su tirer aucun parti de ce beau pays. Il n'avait guère été jusqu'alors qu'un lieu de passage pour les légions, une matière exploitable pour les gouverneurs et les hommes d'affaires. Désormais et au bout de quelques années, couvert de villes florissantes, il devint une annexe de l'Italie.

De toutes ces colonies, celles dont la fondation frappa le plus vivement les esprits furent Carthage et Corinthe, Carthage que déjà C. Gracchus avait voulu relever, Corinthe qui avait été la même année que Carthage vouée à la destruction, victime des mêmes haines impitoyables. Restaurer en même temps ces deux vieilles métropoles, c'était proclamer bien haut que le temps des anciennes luttes était clos, qu'une ère s'ouvrait où les germes de prospérité, jadis étouffés, devaient renaître et se développer pour le bien de tous. La rupture avec le passé était si éclatante que, plus tard, la légende s'en mêla. On raconta que l'idée de la restauration de Carthage fut inspirée à César par un songe, par un avertissement divin.

Les préoccupations d'ordre économique n'intervenaient pas seules dans l'œuvre de la colonisation et, si importantes qu'elles fussent, elles n'étaient pas prépondérantes. Les colons avaient une tâche dont ils s'acquittaient naturellement, et pour ainsi dire sans s'en douter. Par le seul fait de leur présence, ils propageaient autour d'eux la langue, les mœurs, les institutions de Rome. Ils ne pouvaient exercer une action très profonde sur les civilisations helléniques, mais ils préparaient l'assimilation de l'Occident barbare. La conséquence devait être l'extension du droit de cité dans les provinces. La participation de l'Italie au droit de cité avait été réalisée sous la République. La participation des provinces au même droit devait s'ensuivre fatalement. César inaugura le mouvement par une impulsion décisive. Dès le début de sa carrière, il avait manifesté ses dispositions en appuyant les revendications des Transpadans, et un de ses premiers actes, à l'ouverture de la guerre civile, avait été de leur donner satisfaction. Puis il continua en répandant le droit de cité dans les provinces, multipliant les concessions individuelles, ménageant d'ailleurs les transitions, transférant dans ce milieu la gradation savante imaginée autrefois pour l'Italie, fondant des colonies latines à côté des colonies de citoyens, octroyant le droit latin à défaut du droit de cité complet et faisant par là de ce dernier échelon le but suprême de toutes les ambitions, la récompense de tous les dévouements. Une de ses mesures les plus hardies fut l'introduction dans la curie de sénateurs espagnols et gaulois. Nulle autre ne scandalisa davantage et ne montre mieux combien il était en avance sur son temps.

Les conservateurs n'avaient pas tort de protester, à leur point de vue. Si déjà le maintien de la vieille constitution depuis les lois Julia et Plautia Papiria était un insoutenable anachronisme, qu'allait-elle devenir maintenant, et qu'allait devenir la primauté romaine et italienne qui en était inséparable? Puisque Rome, par le plus étrange des paradoxes, avait étendu le régime de la cité à l'Italie, c'était l'Italie avec Rome qui se trouvait dépossédée de son privilège et ramenée au niveau des peuples soumis. Et puisque, d'autre part, elle n'avait pas su élargir ce régime, le transformer, en adaptant ses institutions libres à la taille d'un grand Etat, il apparaissait de plus en plus nettement que le seul gouvernement qui lui convînt était le gouvernement monarchique, la royauté.

L'idée de royauté évoquait pour les Romains le souvenir odieux de la tyrannie des Tarquins. Mais ce n'était là qu'une réminiscence, étrangère aux réalités contemporaines. Quand ils pensaient à une royauté actuelle, vivante, ce n'était pas vers la Rome légendaire que se tournaient leurs regards. C'était vers les monarchies gréco-orientales issues du démembrement de l'empire d'Alexandre, et vers Alexandre lui-même.

Le héros était mort depuis deux siècles et demi, mais sa gloire remplissait encore le monde : elle exerça sur César une véritable fascination.

Entre la monarchie d'Alexandre et celle de César, il y avait cette ressemblance qu'elles étaient l'une et l'autre universelles, cosmopolites, planant au-dessus des nationalités diverses groupées sous leur domination. De même que les cités grecques ne tenaient pas dans l'empire macédonien une place prééminente, de même Rome et l'Italie étaient destinées à se perdre dans le grand empire méditerranéen dont le dictateur romain traçait le plan et dont il prétendait devenir, à l'imitation de son modèle, le roi, le *Basileus*. La chose ne lui suffisait pas ; il voulait le mot, mais pour le mot comme pour la chose, il était trop tôt.

Sa situation était difficile. Comme tous les politiques de son envergure, il rêvait la fusion des partis. Mais il en était un avec lequel il avait dû rompre, et c'était celui-là précisément qui l'avait porté au pouvoir, les hommes de désordre dont il s'était servi et qui comptaient à leur tour faire de lui leur instrument, les survivants de l'entourage de Catilina qui attendaient de sa victoire ce que Catilina n'avait pu leur donner. Il ne se prêta pas à leurs desseins. Il n'entendait pas se laisser enchaîner par son passé. Il voulait édifier après avoir démoli. Il fit au parti les concessions indispensables, justifiées d'ailleurs et imposées par les circonstances. Il autorisa, pour éviter la banqueroute générale, une banqueroute partielle. Il fit remise des petits loyers pour une période d'un an. Mais en même temps il licenciait l'armée de l'émeute en prononçant la dissolution des *clubs* rétablis par Clodius, il réduisait de près de la moitié le nombre des participants aux distributions frumentaires, il faisait face aux tentatives insurrectionnelles suscitées par ces mesures impopulaires. Brouillé avec ses anciens amis, il se retourna vers ses adversaires. C'était là, il le sentait bien, dans le camp des conservateurs, des aristocrates que se trouvaient les éléments d'un gouvernement solide, respectable, les noms illustres, les réputations intègres, un Cicéron, un Sulpicius, un Marcellus, tout ce qui pouvait donner au nouveau régime la considération, le prestige, la force. Il ne négligea rien pour désarmer les opposants, pour les attirer et les gagner. Il ne se borna pas à leur faire grâce, il leur prodigua les magistratures, les commandements. On admire sa clémence, et à juste titre, mais on n'oubliera pas le but qu'il se proposait. Il était clément, nous dit un de ses historiens, par nature et par système. En d'autres termes, si sa clémence fait honneur à ses sentiments, elle en fait autant et peut-être plus à son intelligence. Il y eut un moment où cette politique parut réussir. Il ne manquait pas, à côté des violents, des intransigeants, d'esprits conciliants, modérés, ouverts, comprenant la nécessité d'une réforme, la consentant radicale et profonde, résignés à en confier le soin au vainqueur, disposés à lui en faciliter les moyens, prêts à lui en témoigner leur gratitude, hostiles seulement à la tyrannie, et plus encore à celle qui empruntait à l'imitation de l'étranger un caractère particulièrement odieux.

Quand ils virent où on allait, ils se détachèrent, révoltés dans leur orgueil national et ramenés par là plus vivement au regret de la liberté perdue. Les Romains éprouvaient, pour ce monde gréco-oriental qui ne fut jamais très étroitement soudé au monde latin et dont on prétendait maintenant transporter chez eux les mœurs politiques, un mélange de sympathie et de mépris. Ils admiraient ces antiques civilisations toutes brillantes de l'éclat des lettres et des arts, mais ils étaient repoussés par l'odeur de corruption qui s'en dégageait, par le servilisme de ces populations façonnées depuis des siècles à l'idolâtrie monarchique, par le scandale de ces cours en proie aux tragédies de palais et aux intrigues de sérail. Ils éprouvaient aussi cette appréhension vague de voir l'axe de l'empire se déplacer au profit de ces pays plus peuplés, plus riches et où se trouvait la vraie capitale mondiale, qui n'était pas Rome, mais Alexandrie. A tous ces motifs de mécontentement, s'ajoutait l'irritation produite par les procédés du maitre. Ce fut sa grande faute, qu'on ne peut s'expliquer que par le vertige de la toute-puissance, probablement aussi par un état morbide résultant du surmenage et dont on nous signale divers symptômes. Il oublia que les hommes sont plus sensibles aux apparences qu'aux réalités, plus facilement choqués de la forme que du fond. Non content d'abaisser le Sénat, il affecta de lui signifier son néant, il le blessa et l'humilia de toute manière. Lui, qui d'abord s'était montré si mesuré, si habile à tout ménager, n'était plus qu'un despote arrogant, capricieux et brutal. La contradiction était surprenante entre ses intentions et sa conduite, entre les pardons qu'il ne cessait de prodiguer et les outrages dont il abreuvait ceux-là mêmes qu'il avait pardonnés. De là une désaffection, une exaspération générale, qui gagna jusqu'aux premiers artisans de sa fortune, jusqu'à ses confidents et ses intimes. Il est remarquable que parmi ses meurtriers on compte autant d'ex-Césariens que de Pompéiens.

Auguste a été le fils adoptif de César, son vengeur et son héritier. Il a fondé la monarchie que César a voulu fonder, mais sa monarchie diffère de celle de César, autant que lui-même de la personne de son prédécesseur.

Il y a des génies impétueux, excessifs, démesurés, avec une part d'imagination, de romanesque, les César, les Alexandre, les Napoléon. Il n'était pas de cette famille. C'était un esprit positif, avisé, plus porté à restreindre ses ambitions qu'à les étendre, et toujours préoccupé de les renfermer dans les limites du possible. Le parti républicain n'était pas mort. Les Ides de Mars l'avaient prouvé. Il eût été dangereux de le heurter de front. Et l'attitude commandée par la prudence était celle que les circonstances imposaient. Ce fut le conflit avec Antoine qui dicta à son rival sa politique. Contre l'aventurier, le traître qui, justifiant les pires soupçons encourus par César, entreprenait d'opposer à Rome cet empire hellénistique dont la menace ne cessait pas de hanter les patriotes, il se trouva être, par la force des choses, le représentant, le chef de la réaction latine, italienne, et cette réaction ne pouvait être qu'une réaction conservatrice. Tradition nationale et tradition républicaine, c'était tout un. En donnant des gages à l'une, il en donnait à l'autre. Il fut amené de la sorte à proclamer comme étant le but final de ses efforts la restauration de la République.

Il savait bien, et tout le monde savait qu'il n'en était rien et qu'il n'en pouvait rien être, mais il fallait sauver les apparences dont César avait eu le tort de faire fi, et au surplus il n'y avait pas là que des apparences. La monarchie de César avait été révolutionnaire. Celle d'Auguste fut traditionaliste. Tout en se substituant par le fait à la République, elle prétendit y revenir ou tout au moins la continuer, et cela n'était pas absolument faux. Le nouveau souverain ne fut ni roi, ni même dictateur. Il fut le « premier », le *princeps*. Il exerça son autorité sous le couvert des anciennes magistratures, et sans doute il les dénatura, il les amplifia à son usage, investi à vie de la puissance tribunicienne, de l'*imperium* proconsulaire illimité, etc., etc., mais ces pouvoirs extraordinaires, il les tenait, conformément au principe fondamental du droit public, de la délégation populaire. Et ce Sénat même, écarté par César avec mépris, il voulut le rattacher à son système, l'associer à son gouvernement, se réservant d'ailleurs les moyens de le composer à son gré, de l'annuler au besoin. On lui a reproché de n'avoir pas établi franchement l'hérédité, et il est à croire que, fonctionnant normalement, elle eût épargné bien des catastrophes, les conspirations, les *pronunciamentos*, mais la notion de l'hérédité ne s'improvise pas. L'idée mystique familière à l'Orient et au Moyen Age, l'idée d'un droit divin reconnu à une dynastie prédestinée, était totalement étrangère aux Romains. Ils ne concevaient la souveraineté que comme résidant dans le peuple, qui pouvait par un acte de sa volonté s'en dessaisir momentanément, mais non pas en être dépossédé.

Et pourtant, ce fut la conception de César qui prévalut. Elle devait s'imposer : elle était la seule répondant à la réalité, la seule anticipant sur la marche fatale des événements. Elle prévalut au dedans et au dehors. Au dedans, par les progrès ou, plus exactement, par l'affirmation de plus en plus nette de la forme monarchique : magistratures républicaines, partage avec le Sénat, vain décor qui bientôt s'effritera pour laisser transparaître et s'étaler la vérité toute nue, l'avènement de l'autocratie. Au dehors, par la romanisation des provinces, par leur assimilation graduelle à l'Italie, et en retour par l'assimilation de l'Italie aux provinces. La réaction italienne avait déterminé une limitation dans l'expansion du droit de cité, mais le mouvement était irrésistible : il reprit pour ne plus s'arrêter. Et ainsi l'on peut dire qu'à tous les points de vue, l'Empire ne cessa pas d'évoluer vers la fin marquée par le premier et le plus grand des empereurs.

FIN

TABLE DES MATIÈRES

LIVRE I

LE PATRICIAT ET LA PLÈBE

Chapitre I. — Le patriciat. 1

§ 1. La famille romaine 1
§ 2. La gens 8
§ 3. La cité patricienne 16

Chapitre II. — La plèbe. 24

§ 1. L'origine de la plèbe 24
§ 2. La situation politique et juridique de la plèbe. Le démembrement de la gens 30
§ 3. La situation économique de la plèbe 38

Chapitre III. — La lutte des deux ordres. 51

§ 1. Les tribus locales. 51
§ 2. Le tribunat de la plèbe 57
§ 3. La conquête de l'égalité civile et politique 68

LIVRE II

LA NOBLESSE ET LES CLASSES MOYENNES APOGÉE ET DÉCADENCE

Chapitre I. — Les dernières luttes du patriciat et de la plèbe. 86

§ 1. *La réaction patricienne et le soulèvement de 342*. 86
§ 2. *La question des comices et la loi Publilia Philonis (339)*. 96
§ 3. *La censure d'Appius Claudius (312). L'avènement de la richesse mobilière et la question des humiles et des affranchis* 109
§ 4. *Les lois Hortensiennes (286) et la réforme des comices centuriates*. 120

Chapitre II. — Les transformations de la société romaine 135

§ 1. *Le gouvernement de la noblesse et la constitution romaine d'après Polybe* 135
§ 2. *La décadence des classes moyennes et la prépondérance du prolétariat urbain* 145
§ 3. *L'oligarchie politique et l'oligarchie financière* 169

LIVRE III

LES TENTATIVES DE RÉFORME

Chapitre I. — La réforme contre le Sénat. — Les Gracques. 191

§ 1. *Flaminius et Caton* 191
§ 2. *Tiberius Gracchus. La loi agraire* 201
§ 3. *La question italienne et Scipion Emilien* 216
§ 4. *Caius Gracchus. — L'omnipotence tribunicienne* 231

Chapitre II. — **La réforme par le Sénat. Drusus et Sylla**................... 248

§ 1. *Les commencements de la démagogie dans l'armée et à Rome. Marius et Saturninus*.................. 248
§ 2. *La tentative du parti sénatorial réformiste. Drusus et la révolte des Italiens* 261
§ 3. *Les premières guerres civiles. Marius et Sylla*........ 272
§ 4. *La réaction oligarchique. La dictature de Sylla. — La réaction antisyllanienne*..................... 280
§ 5. *Catilina et la tentative de révolution sociale*.......... 300

Conclusion. — **Anarchie et monarchie. — La monarchie de César et la monarchie d'Auguste**...... 318

7842. — PARIS — IMPRIMERIE HEMMERLÉ et Cⁱᵉ.
Rue de Damiette, 2, 4 et 4 bis. — 8-13.

2° PSYCHOLOGIE ET PHILOSOPHIE

BERGSON, POINCARÉ, Ch. GIDE, Etc., **Le Matérialisme actuel** (6ᵉ mille).
BINET (A.), directeur de Laboratoire à la Sorbonne. **L'Ame et le Corps** (9ᵉ mille).
BINET (A.). **Les Idées modernes sur les enfants** (13ᵉ mille).
BOHN (Dʳ Georges), directeur de Laboratoire à l'Ecole des Hautes-Etudes. **La Naissance de l'Intelligence** (40 figures) (5ᵉ mille).
BOUTROUX (E.), de l'Institut. **Science et Religion** (14ᵉ mille).
COLSON (C.), de l'Institut. **Organisme économique et Désordre social.**
CRUET (J.), avocat à la Cour d'appel. **La Vie du Droit et l'impuissance des Lois.**
DAUZAT (Albert), docteur ès lettres. **La Philosophie du Langage.**
DROMARD (Dʳ G.). **Le Rêve et l'Action.**
GUIGNEBERT (C.), chargé de cours à la Sorbonne. **L'Evolution des Dogmes** (6ᵉ m.).
HACHET-SOUPLET (P.), directeur de l'Institut de Psychologie. **La Genèse des Instincts.**
HANOTAUX (Gabriel), de l'Académie française. **La Démocratie et le Travail.**
JAMES (William), de l'Institut. **Philosophie de l'Expérience** (6ᵉ mille).
JAMES (William). **Le Pragmatisme** (5ᵉ m.).
JANET (Dʳ Pierre), professeur au Collège de France. **Les Névroses** (6ᵉ mille).
LE BON (Dʳ Gustave). **Psychologie de l'Éducation** (15ᵉ mille).
LE BON (Dʳ Gustave). **La Psychologie politique** (9ᵉ mille).
LE BON (Dʳ Gustave). **Les Opinions et les Croyances** (9ᵉ mille).
LE DANTEC (Félix). **L'Athéisme** (12ᵉ mille).
LE DANTEC (Félix). **Science et Conscience** (6ᵉ mille).
LE DANTEC (Félix). **L'Égoïsme** (8ᵉ mille).
LE DANTEC (Félix). **La Science de la Vie.**
LEGRAND (Dʳ M.-A.). **La Longévité à travers les âges.**
LOMBROSO. **Hypnotisme et Spiritisme** (6ᵉ mille).
MACH (E.). **La Connaissance et l'Erreur** (5ᵉ mille).
MAXWELL (Dʳ J.). **Le Crime et la Société** (5ᵉ mille).
PICARD (Edmond). **Le Droit pur** (6ᵉ mille).
PIERON (H.), Mᵉ de Conférences à l'Ecole des Htᵉˢ-Etudes. **L'Evolution de la Mémoire.**
REY (Abel), professeur agrégé de Philosophie. **La Philosophie moderne** (8ᵉ mille).
VASCHIDE (Dʳ). **Le Sommeil et les Rêves.**

3° HISTOIRE

ALEXINSKY (Grégoire), ancien député à la Douma. **La Russie moderne.**
AURIAC (Jules d'). **La Nationalité française, sa formation.**
AVENEL (Vicomte Georges d'). **Découvertes d'Histoire sociale** (6ᵉ mille).
BIOTTOT (Colonel). **Les Grands Inspirés devant la Science. Jeanne d'Arc.**
BLOCH (G.), professeur à la Sorbonne. **La République romaine.**
BOUCHÉ-LECLERCQ (A.), de l'Institut, professeur à la Sorbonne. **L'Intolérance religieuse et la politique.**
BRUYSSEL (E. van), consul général de Belgique. **La Vie sociale** (6ᵉ mille).
CAZAMIAN (Louis), maître de Conférences à la Sorbonne. **L'Angleterre moderne** (5ᵉ mille).
CHARRIAUT (H.), chargé de mission par le Gouvernement français. **La Belgique moderne** (6ᵉ mille).
COLIN (J.), Chef d'Escadron d'Artillerie à l'Ecole supérieure de Guerre. **Les Transformations de la Guerre** (6ᵉ mille).
CROISET (A.), membre de l'Institut. **Les Démocraties antiques** (7ᵉ mille).
GARCIA-CALDÉRON (F.). **Les Démocraties latines de l'Amérique.**
GENNEP. **La Formation des Légendes** (5ᵉ mille).
HARMAND (J.), ambassadeur. **Domination et Colonisation.**
HILL, ancien ambassadeur. **L'Etat moderne.**
LE BON (Dʳ Gustave). **La Révolution Française et la Psychologie des Révolutions** (9ᵉ mille).
LICHTENBERGER (H.), professeur adjoint à la Sorbonne. **L'Allemagne moderne** (11ᵉ m.).
MEYNIER (Commandant O.), professeur à l'École militaire de Saint-Cyr. **L'Afrique noire.**
NAUDEAU (Ludovic). **Le Japon moderne, son Evolution** (8ᵉ mille).
OLLIVIER (Émile), de l'Académie française. **Philosophie d'une Guerre (1870)** (6ᵉ mille).
OSTWALD (W.), professeur à l'Université de Leipzig. **Les Grands Hommes.**
PIRENNE (H.), professeur à l'Université de Gand. **Les Anciennes Démocraties des Pays-Bas.**
ROZ (Firmin). **L'Energie américaine** (5ᵉ mille).